本书获得教育部国别和区域研究培育基地——西南科技大学拉丁美洲和加勒比研究中心出版资助

… 西南科技大学拉美研究中心

Embassy of Peru in the P.R. of China
秘鲁驻华大使馆

中国－秘鲁：
海内相邻，携手并进
纪念两大文明古国中国与秘鲁建交45周年文集

[秘鲁]胡安·卡洛斯·卡普纳伊（Redactores en jefe: Juan Carlos Capuñay）主编
汤铭新（Tang Mingxin）

西班牙语校对：Cecilia Lozano

中国社会科学出版社

图书在版编目（CIP）数据

中国—秘鲁：海内相邻，携手并进：纪念两大文明古国中国与秘鲁建交 45 周年文集 /（秘鲁）胡安·卡洛斯·卡普纳伊，汤铭新主编 . —北京：中国社会科学出版社，2017.5
　ISBN 978 - 7 - 5203 - 0125 - 1

　Ⅰ. ①中… Ⅱ. ①胡… ②汤… Ⅲ. ①中外关系—研究—秘鲁 Ⅳ. ①D822.277.8

中国版本图书馆 CIP 数据核字（2017）第 074475 号

出 版 人	赵剑英
责任编辑	张　林
特约编辑	文一鸥
责任校对	高建春
责任印制	戴　宽

出　　版	中国社会科学出版社
社　　址	北京鼓楼西大街甲 158 号
邮　　编	100720
网　　址	http://www.csspw.cn
发 行 部	010 - 84083685
门 市 部	010 - 84029450
经　　销	新华书店及其他书店
印刷装订	北京君升印刷有限公司
版　　次	2017 年 5 月第 1 版
印　　次	2017 年 5 月第 1 次印刷
开　　本	710×1000　1/16
印　　张	21.25
插　　页	2
字　　数	311 千字
定　　价	88.00 元

凡购买中国社会科学出版社图书，如有质量问题请与本社营销中心联系调换
电话：010 - 84083683
版权所有　侵权必究

目　录

序　言

中国—秘鲁：海内相邻，携手
　并进 ……………… ［秘鲁］胡安·卡洛斯·卡普纳伊　汤铭新（3）

第一部分
悠久的友好关系和丰厚的人文交流

亚洲和拉丁美洲
　——从展望未来的角度审视历史
　………………［秘鲁］费尔南多·德特拉塞格涅斯·格兰达（3）
中秘关系源远流长 ………………………………… 朱祥忠（89）
一位为秘中友好毕生耕耘的传奇人物——阿尔赛 …… 汤铭新（98）
中国与秘鲁的文化交流横贯长空 ………………… 徐世澄（105）
试论华侨华人对秘鲁的影响 ……………… 袁　艳　安　梁（112）

第二部分
高层交往密切和政治互信不断巩固的政治关系

中秘友好的光辉历程与前景 ……………………… 黄敏慧（123）

最近十年秘鲁和中国牢固的关系
………［秘鲁］法比安·诺瓦克　　［秘鲁］桑德拉·娜米哈斯（137）

第三部分
拓展合作和互利共赢的经贸关系

从经济角度看中国与秘鲁的全面战略伙伴
　关系…………………………………………………［秘鲁］
　　卡洛斯·阿基诺　　［秘鲁］玛利亚·伊莎贝尔·奥斯特尔罗（179）
中国和秘鲁的经贸关系：回顾与展望……………………王　飞（222）
中秘经贸合作的新前景与建议………………………………李仁方（233）

第四部分
两国全方位关系发展的灿烂前景

跨越大洋——秘鲁与中国………………………………范　蕾（245）
友谊越重洋　携手谱新章
　——纪念中秘建交45周年………………………陈久长（263）
中国和秘鲁中期关系发展的前景
　（2016—2021）………………［秘鲁］卡洛斯·阿基诺（270）
中国与秘鲁人文交流45年：回顾与展望…………………冯　春（285）
中国与秘鲁教育合作与交流回顾、现状与展望………何霖俐（297）

秘鲁作者简介……………………………………………………（307）

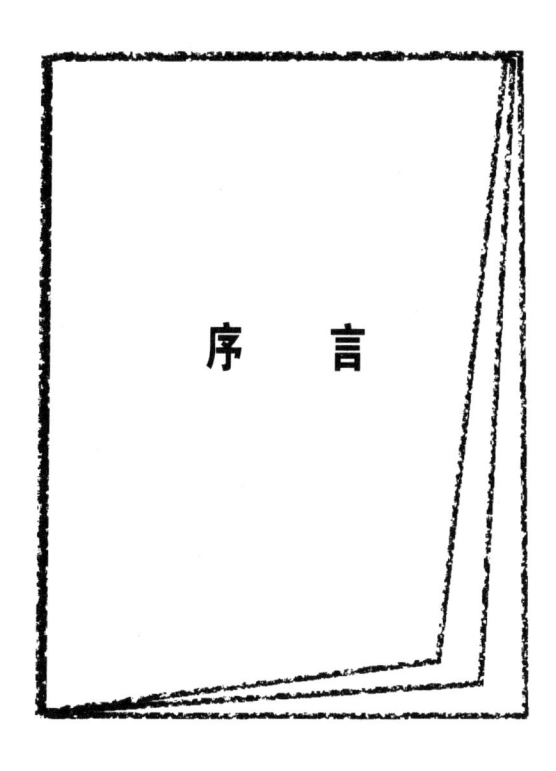

序言

PERÚ - CHINA: DOS ORILLAS DE UN MISMO OCÉANO, DOS PUEBLOS Y UNA SOLA AMISTAD

中国—秘鲁：海内相邻，携手并进

[秘鲁] 胡安·卡洛斯·卡普纳伊　汤铭新[①]
Juan Carlos Capuñay y Tang Mingxin

Una de las principales características de la globalización en las relaciones internacionales contemporáneas es el tema de la Conectividad, entendida desde una perspectiva amplia y que involucra una dimensión económica - comercial, una proyección política y una gestión pueblo a pueblo. La iniciativa de la Universidad de Ciencia y Tecnología del Suroeste (Mianyang, Sichuan) de publicar con la Embajada del Perú en China un libro conmemorativo por el 45 Aniversario del Establecimiento de Relaciones Diplomáticas entre el Perú y China permitirá un mayor acercamiento entre ambos países a través de una revisión de los

---

① 作者系本书主编，胡安·卡洛斯·卡普纳伊，现任秘鲁驻华大使；汤铭新，中国前驻玻利维亚和乌拉圭大使，中国前外交官联谊会名誉副会长。Los autores son los editores principales del Libro: Juan Carlos Capuñay, Embajador del Perú en China, y Tang Mingxin, Ex Embajador chino en Bolivia y Uruguay, Vicepresidente Honorario de la Asociación de Los Diplomáticos Veteranos de China.

alcances de sus políticas recíprocas y mostrará la transparencia que ha caracterizado estas relaciones y la implicancia que tienen los vínculos creados en el contexto de la conectividad, la globalización y la interdependencia.

现代国际关系中全球化的主要特点之一，从广泛的角度来分析就是互联互通。该特点涉及经贸领域、映射政治层面和人文交流。在中秘建交四十五周年之际，西南科技大学提出同秘鲁驻华使馆共同出版一本纪念两国建交的文集，将通过回顾两国互惠政策取得的成就，更加密切两国的关系，也将展现两国关系的高度互信和在互联互通、全球化以及相互依存的背景下所发生的重大变化。

El Perú fue el segundo país de América del Sur en establecer Relaciones Diplomáticas con la República Popular China, en noviembre de 1971. Desde esa fecha, esta relación ha sido intensa y ha contribuido a la formación de estrechos lazos de amistad sincera y recíproca. Existe en estas relaciones un claro contenido humano que ha dado forma a lo que es hoy en día la idiosincrasia nacional y quizás la mayor industria creativa de exportación para el futuro, como lo es la gastronomía peruana. Desde su establecimiento, estos vínculos han ido ampliándose en su diversidad, al tiempo que profundizándose en su intensidad.

1971年11月，秘鲁同中华人民共和国建立外交关系，是南美洲第二个与中国建交的国家。从那以后，两国关系便日益密切，并为两国间建立起真诚互信的友谊纽带贡献了力量。在这种关系中包含有一种很鲜明的人文内涵，正是这个元素深深融入了秘鲁文化中，形成了今天的民族特性，也许这是未来对外交流最具创造性的因素，就如同世界闻名的秘鲁的美食文化。自建交以来，两国间的关系向拓展广度和加强深度方向不断发展壮大。

Este rico devenir reflejado en coincidencias milenarias ha permitido que, en las actuales circunstancias, las relaciones del Perú con China puedan mirarse en el futuro con optimismo. China tiene tres instrumentos que son el sustento de sus relaciones con otros países. El Perú es el único país de América Latina que tiene los tres mecanismos bilaterales: el Tratado de Libre Comercio, del año 2010, la Asociación Estratégica Integral, del año 2013, y el Comité de Diálogo Estratégico sobre Cooperación Económica, del año 2014.

两国丰富而悠久的文化交融，使我们在当前观察秘鲁和中国未来的关系时，态度会更加乐观。2010年中国同秘鲁签订了自由贸易协定，2013年两国关系提升为全面战略伙伴关系，2014年中秘建立了经济合作战略对话机制，上述三种双边机制在中国外交中占有至关重要的地位，秘鲁也是拉丁美洲唯一一个同中国同时签有三种双边机制的国家。

Como resultado de este proceso, hoy en día las crecientes relaciones del Perú con China se basan en un marco jurídico y económico estable que le otorga un carácter sustentable a la voluntad existente para un entendimiento mutuo. Estas relaciones comprenden las diferentes áreas del desarrollo nacional y constituyen una agenda con claros beneficios para los intereses de ambos países. La existencia de vestigios de una presencia china en la historia del Perú, tanto en la Cultura Mochica como en la Sierra Andina, representa una ventaja para la sociedad peruana frente a otras en países latinoamericanos. Perú es el país que cuenta con la mayor comunidad de descendientes chinos en América Latina y con la segunda en el hemisferio occidental. Es evidente que ello ofrece una base sólida para el desarrollo de una política "Pueblo a Pueblo".

中国—秘鲁：海内相邻，携手并进

发展至今，在完善的法律框架和稳定的经济环境中，中秘加深相互理解的意愿更加坚定，为国家各项领域发展和双方互惠合作方面创造了条件。在秘鲁莫切卡文化和安第斯山地文化的遗迹中有很多中国元素的体现，这正是秘鲁区别于其他拉美国家的优势所在。秘鲁是在拉丁美洲中华裔最多的国家，在西半球也位居第二，这些都使这种人民间的交往发展有了更加稳固的基础。

El Tratado de Libre Comercio ha incrementado el intercambio comercial a la cifra de 16000 millones de dólares en el 2015, cifra que ha convertido a China en el primer socio comercial del Perú. La composición que muestra este intercambio comercial pone en evidencia tanto la voluntad de ambas partes de avanzar hacia un esquema con beneficios recíprocos, como el apoyo de la parte china para el incremento de la capacidad productiva. La Asociación Estratégica Integral representa el marco idóneo para la complementariedad económica, para la transferencia de tecnología y para el surgimiento de una plataforma de entendimiento común en materia de desarrollo regional. En la actualidad, China es el mayor inversionista en el sector minero en el Perú, con un 34% de la cartera de inversiones, al mismo tiempo que es el primer mercado para las exportaciones peruanas, y un socio cercano para nuestros propósitos de inserción económica en la región del Asia Pacífico. El Comité de Diálogo Estratégico sobre Cooperación Económica está orientado a profundizar la cooperación entre los dos países, promover las inversiones y la transferencia de tecnología en las áreas de energía, minería, infraestructura, capacidad productiva y desarrollo industrial.

自由贸易协定的签订使得2015年的中秘贸易额增长到了160亿美元，中国也成为秘鲁第一大贸易伙伴。这样的贸易交往证明了双方向着互惠互利发展的共同意愿和在产能发展上中方给予的支持。全面战略伙伴关系给经济互补、技术转让和区域发展共识平台的形成提供了一个理想环境。如今,中国在秘鲁拥有34%的矿产投资,是最大投资国。同时,中国也是秘鲁对外出口的第一大市场,还是在亚太地区实现两国共同目标经济一体化的亲密伙伴。两国经济合作战略对话机制致力于深化双边合作,促进在能源、矿产、基础设施、产能和工业发展等领域的投资和技术转让。

El Perú promueve las inversiones extranjeras. Existe un gran número de recursos que pueden ser procesados para los fines de exportación. El esquema de tratados comerciales que tiene establecido el Perú, les asegura a dichas inversiones un acceso privilegiado a un mercado que engloba más del 50% de la población mundial. La participación del Perú en el APEC y su próxima inserción en la OECD lo convierten en un socio válido y seguro para las inversiones.

秘鲁促进外商投资。秘鲁可被加工出口的资源极其丰富。秘鲁同很多国家签订了自由贸易协定,这意味着秘鲁拥有超过全球50%人口的市场,而这些制度保障了在秘鲁的投资可以优先进入这些国家。秘鲁是亚洲太平洋经济合作组织(APEC)成员国,并将加入经济合作与发展组织(OECD),对于投资者来说这意味着秘鲁是一个有效和安全的合作伙伴。

El señor Presidente de la República del Perú, Pedro Pablo Kuczynski, escogió a China como destino de su primera visita oficial al exterior luego de haber asumido el cargo en julio de este año. Durante su reciente visita a China mencionó en cada uno de sus encuentros que el propósito de ésta era promover inversiones que hagan factible la transformación de la estructura productiva nacional y la matriz exportadora del Perú. Y así fue entendido por sus contrapartes chinas, las cuales han expresado su interés en efectuar inversiones en parques industriales y transformación productiva en el Perú.

秘鲁共和国总统佩德罗·巴勃罗·库琴斯基先生选择了中国作为他今年7月就任总统后第一个进行国事访问的国家。在此次访问中，他在所有会谈中都提到了他访问中国的目的就是促进投资，并尽可能改变国家生产结构和秘鲁出口格局。就此，中方也做了积极回应，表示有意在秘鲁工业园区和生产转型方面实现投资。

A su vez, a principios del mes de octubre, el señor Canciller de China Wang Yi, efectuó una visita de trabajo al Perú, en tanto que en noviembre, el señor Presidente de la República Popular China, Xi Jinping, visitó el Perú en el marco de la celebración de la Cumbre de Líderes del Asia Pacífico – APEC en Lima y efectuó una Visita de Estado.

另一方面，今年十月初，中国外交部部长王毅先生对秘鲁进行了工作访问，就习近平主席即将在11月份到访秘鲁参加在利马举办的亚洲太平洋经济合作组织领导人峰会，并对秘鲁进行国事访问一事，进行前期协调和筹备工作。

Este importante intercambio de visitas de tres altos dignatarios de ambos países, en tan corto tiempo, evidencia aún más el óptimo momento por el que atraviesan las relaciones bilaterales hoy en día y constituye el mejor homenaje a la Conmemoración del 45° Aniversario del Establecimiento de Relaciones Diplomáticas entre el Perú y China.

在如此短的时间内，两国三位高层领导人频繁互访，无疑证明了当前秘中关系迎来了历史上最好的时期，对于纪念秘中建交45周年也是最好的庆贺。

序　言

El Océano Pacífico no es lo que nos separa. Representa la Ruta Marítima del Siglo XXI, que servirá para acrecentar aún más los intereses en común. Es esencial que China y el Perú trabajen juntos para encontrar ese destino.

太平洋并没有将我们分开。她代表着 21 世纪的海上航道，将会把两国的共同利益更加紧密地联系在一起。关键的是中国和秘鲁将携手共进，一起奔向这个美好的未来。

第一部分

悠久的友好关系和丰厚的人文交流

亚洲和拉丁美洲
——从展望未来的角度审视历史

［秘鲁］费尔南多·德特拉塞格涅斯·格兰达[①]

美洲人类来源最有说服力的理论，是由捷克后裔美国人类学家阿列斯·赫尔德利奇卡提出的。他认为，美洲最早的居民来自亚洲。在历史上最后一个冰川时期，白令海峡水位比现在低300英尺，这一片巨大的陆地便成为两个大陆之间交流的桥梁。与此同时，不能忽视的是，在此不远的南部还有另外的交流渠道，即被认为阿拉斯加半岛延伸部分的阿留申群岛。这一连接亚美大陆通道具有更为重要的意义，因为它不仅在远古时代存在，而且在之后的世纪里仍然没有消失。可以毫不怀疑地认为，最早的美洲人与从海上迁移来的亚洲人有关。因此，如果说15000年之前亚洲人能够穿过北太平洋来到美洲大陆，之后随着造船与航行技术的发展，那么就没有理由怀疑3200年之前中国商朝时期，当然更不应该怀疑1300年之前的唐朝。

对此，存在着如下两个问题。一方面，由于缺乏公元前10世纪到公元16世纪期间考古方面的有力证据，使这26个多世纪双边交流，目前无法确定其是否属实。所以，亚美两个大陆远古期间发生的第一回碰撞，不仅变得非常久远，而且产生了让人无法理解的事实，即人们在掌握了

[①] 费尔南多·德特拉塞格涅斯·格兰达，秘鲁前外交部部长，秘鲁著名法律专家、历史专家。目前为秘鲁在职大律师，秘鲁天主教大学法律系首席教授。

先进的造船和航行技术之后，居然没有了解海洋对面的好奇心。另一方面，人种、宗教信仰、艺术的相似性，以及美洲大陆出现的中国象形文字等各种迹象表明，亚美两个大陆互动具有不可否认性。

正如贝蒂·梅格斯所述，亚洲古代文化和美洲古代文化方面所发现的许多相似之处，可能是没有任何因果关系上的巧合，属于某种形式上的共同发明。因此，这些简单的巧合，往往是人类为适应大自然限制共同性所作出的随机反应。同样也可以说，还有某些一致的地方，则是缘于人类面临差不多的自然现象。譬如中国人和秘鲁人共同崇拜太阳，如果没有先期的事实，就不能用来证明两个民族之间具有互动。这是因为，太阳在人类活动中占据着非常重要的地位，不仅中秘两个民族，世界上许多文化都将其作为神圣供奉。

同时，贝蒂·梅格斯还指出，在装饰技术和目的、瓷器制品边缘修饰等许多方面，则并不受制于共同的限制条件，考古学家正是看到了这些物品的任意性，将其视为古代人类存在相互交流的主要凭证。利用类似的研究方法，约瑟夫·基米希则坚持认为，不能将人类之间具有的相似习惯作为兄弟或者同一祖先后代的证据。北美人使用箭并不能证明他们来自亚洲，这是因为，研究和创造的精神属于人类共性，世界上其他地区也使用该武器。所以，语言和图案相对来讲具有更为重要的例证作用。

如果仔细比较中国饕餮与秘鲁库比斯尼克陶瓷画面二者的嘴部，可以发现惊人的一致。更为重要的是，这种一致并不是对实际存在物的简单复制，即不是对世界各地不同时期共同存在的嘴复制，而是来源于艺术对实际的扭曲和加工，并使其为宗教信仰和艺术服务。两个图案的对比表明，对实际的扭曲和加工非常巧合：一致的并不是实际参照物，而是对现实偏离；相同的是两个图案利用同样方式创建了一个神话般的共同现实。基于此，亚洲文化和美洲印第安文化之间肯定存在有交流。

（刘学东[①]　编译）

[①]　刘学东，墨西哥国立自治大学终身教授、博士生导师。

ASIA Y LATINOAMÉRICA: UNA VISIÓN HISTÓRICA CON PERSPECTIVA DE FUTURO

Fernando de Trazegnies

ÍNDICE

I. INTRODUCCIÓN
II. LAS PRIMERAS MIGRACIONES ASIÁTICAS A AMÉRICA
III. CONTACTOS PRECOLOMBINOS
    a. Similitudes raciales
    b. Similitudes religiosas
    c. Similitudes artísticas
    d. Presencia de ideogramas chinos en América Precolombina
    e. Visitantes asiáticos
    f. Nombres toponímicos
    g. Comunicación por elSur

IV. CONCLUSIONES TENTATIVAS
V. LA AMÉRICA ESPAÑOLA
VI. LA AMÉRICA INDEPENDIENTE
VII. HACIA EL FUTURO

中国—秘鲁：海内相邻，携手并进

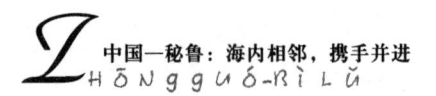

I . INTRODUCCIÓN

Hemos estado acostumbrados durante siglos a pensar el mundo desde una perspectiva europea. Europa era el centro de la Tierra y, a sus lados, se extendían Asia y América. Esta perspectiva se advierte en la mayor parte de los mapamundis que pretenden mostrarnos el planeta Tierra en su integridad.

Esta visión no era equivocada si la situamos dentro de su propio contexto histórico, dado que el Imperio Romano fue sin duda el centro de la civilización dentro de un área muy extensa del mundo y, a partir de ahí, la cultura que ha prevalecido durante los últimos siglos se irradió desde Europa en todas las direcciones.

En estos mapas, América y Asia Oriental constituían los dos extremos del mundo, los confines de la humanidad. Quedaban absolutamente apartados el uno del otro. Hacia el Oeste, estaba América como límite del espacio terráqueo; hacia el Este, China y las otras naciones delllamado Lejano Oriente conformaban el otro límite. Por otra parte, el hemisferio norte tenía predominancia sobre el hemisferio sur: Europa era la fuente de la civilización; mientras que América Latina y Áfica pertenecían al hemisferio sur y constituían - a lo sumo - un residuo de la civilización europea.

Pero esta visión ciertamente no es sino una perspectiva desde un determinado punto de vista, porque existen en el espacio y en el tiempo otras perspectivas totalmente diferentes.

Muy cerca de Europa, el mundo islámico llegó a sentirse el centro cultural y político durante buena parte de la Edad Media. Frente a una Europa medieval dividida en múltiples señoríos con luchas intestinas y con bastante atraso tecnológico, el Islam presentaba una civilización muy refinada con un dominio cultural que iba desde España hasta Persia. En toda esa región era posible entenderse en el mismo idioma, se compartía la misma manera de pensar y ciencias tan importantes como las matemáticas, la química, la astronomía, entre otras, se encontraban en un marcado proceso de desarrollo.

Por su parte, China también se había sentido durante siglos como el centro del mundo, al denominarse precisamente el Imperio del Medio (*Zhōngguó*). A su vez, el Imperio de los Incas, en el Perú, llamó a su capital Cuzco, que en quechua significa "ombligo espiritual o centro energético". Incluso Europa, si bien se reconocía a sí misma como la región cristiana por excelencia, durante los primeros siglos de Cristianismo, admitía, por otra parte, que el ombligo del mundo se encontraba en Jerusalén.

Sin embargo, no cabe duda de que el ombligo del mundo, a partir de la modernidad, se ubicó en Europa. Y, desde esta perspectiva, Asia y América parecían estar sumamente lejos, separadas por un océano tan grande que no podía decirse que estuvieran mirándose una a otra sino que, por el contrario, en tanto que extremos opuestos, estaban de espaldas; y la poca relación que pudiera existir entre ellas se debía a la intermediación europea.

Pese a ello, este punto de vista no era correcto. Asia y América no están en las dos esquinas del mundo sino que se sitúan una frente a otra y la Historia demuestra que tuvieron una significativa relación desde los orígenes remotos de la humanidad, la que se ha mantenido a lo largo de los siglos de alguna manera en el anonimato. Esa relación ha sido muy íntima en algunas épocas y, aunque se debilitó en ciertos períodos, nunca se perdió. Sin embargo, lo que sí se perdió fue la conceptualización de esta relación, tanto por los países americanos como por los países asiáticos, en razón de muchos prejuicios. Ello hizo que, desde la cúspide europea, esa relación entre los elementos aparentemente terminales de la civilización pasara desapercibida.

Mi propósito es mostrar que históricamente, después de las primeras migraciones, hubo contactos ocasionales entre Asia y América de una manera quizá fugaz – a través de visitas esporádicas – pero que tuvieron lugar persistentemente en la Antigüedad ya que encontramos indicios de ellas desde 2000 a. C. hasta la colonización de América por Europa.

II. LAS PRIMERAS MIGRACIONES ASIÁTICAS A AMÉRICA

La teoría con mayor resonancia académica sobre el origen del hombre americano fue propuesta por el antropólogo checo – norteamericano Ales Hrdlicka, quien sostuvo que los primeros habitantes de América vinieron del Asia cruzando el Estrecho de Behring, cuando durante el último período glaciar el océano estaba 300 pies más bajo que hoy en día y, por tanto, dejaba en seco una inmensa explanada como puente entre Asia y América. Esta migración asiática en los albores de América se encuentra documentada con numerosos esqueletos. Luego el océano habría retomado su nivel, cubriendo de agua tal puente natural episódico; de lo cual algunos historiadores deducen que eso hizo imposible toda comunicación entre ambos continentes posterior a esa fecha.

Sin embargo, esta última conclusión de la teoría parece actualmente que debe ser corregida. No cabe duda de que el paso por Behring, convertido en una suerte de puente natural, facilitó el traslado de poblaciones asiáticas a América. Pero no puede olvidarse que un poco más al sur se encuentra otra suerte de puente que existe desde tiempos muy antiguos y que se va a mantener durante todos los siglos siguientes. Este es el constituido por las islas Aleutianas que parecen ser una prolongación de la península de Alaska, las cuales se extienden prácticamente hasta el continente asiático[①].

En consecuencia, por esta ruta era posible navegar de isla en isla entre Asia y América, aún en embarcaciones primitivas hechas de huesos y pellejo de ballena, sin dejar de ver tierra por más de un día. Es como atravesar un río sin mojarse, pisando piedra tras piedra que asoma sobre el agua. A ello hay que agregar que la corriente marina Kuroshiwa impulsa las embarcaciones precisamente de Asia hacia América, hasta el punto de que ha ocurrido que embarcaciones pesqueras japonesas a fines del s. XIX, que perdieron el rumbo, hayan encallado en las costas de California. Un argumento que se utilizaba contra la tesis de la migración por vía marítima era que el cruce del océano tomaría

---

[①] W. Fitzhugh et al.: Paleoamerican Origins. Smithsonian Institution. Anthropology Outreach Office. 1999.

un año y que todos los viajeros llegarían muertos. Pero, como lo señala la antropóloga Betty Meggers del Smithsonian Institute, esta objeción ha sido refutada en 1980 con el viaje de la embarcación japonesa Yasei-go Ⅲ que cruzó el Océano Pacífico desde Japón hasta San Francisco impulsada solamente por los vientos y las corrientes; y llegó en escasamente 50 días[②].

Ahora bien, si ese camino ya era transitable en épocas remotas de la historia de la humanidad, a medida que pasaban los siglos y que las embarcaciones se perfeccionaban enormemente no cabe duda de que pudo ser utilizado aúncon mayor facilidad; por tanto, no hay ninguna

---

② Betty J. Meggers: Transpacific Voyages from Japan to America. Report on Visit to Japan sponsored by the John Manjiro - Whitfield Commemorative Center for International Exchange, East Historical Society and Jomon Culture Research Group. 25 October to 4 November 1995. Smithsonian Institution, Washington D. C., USA, p. 33.

razón para pensar que nunca más hubo contacto entre Asia y América.

La tesis de Hrdlicka fue desarrollada y corregida posteriormente por el Profesor Paul Rivet, otro gran estudioso de la América prehistórica[3]. Rivet propuso otra vía migratoria entre Asia y América por el Sur, esto es, por lo que ahora llamamos Oceanía. Aquí, una vez más, las islas y las corrientes ayudan a los osados navegantes. Es posible internarse en el Océano Pacífico desde el Asia, pasando de isla en isla de la Melanesia y de la Polinesia, para luego tomar la Corriente de Humboldt que corre de Sur a Norte frente a las costas sudamericanas y llegar a lo que hoy es Chile, Perú y Ecuador.

Y hoy día se escuchan tesis que sostienen que hubo otros viajes a lo que hoy es América desde distintos puntos del mundo. Es así como se habla con bastante verosimilitud de la llegada de los nórdicos europeos en tiempos todavía bastante remotos. Algunos esqueletos muy tempranos encontrados en Nuevo México parecen mostrar una inmigración europea del grupo "solutrense"[4].

III. CONTACTOS PRECOLOMBINOS

Ahora bien, si hemos venido hablando de épocas muy remotas en laHistoria de América, - el tiempo en que llegaron los primeros pobladores - la vinculación entre Asia y América resulta aún más fascinante cuando nos referimos a épocas posteriores, tales como ese

---

[3] Paul Rivet: Los orígenes del hombre americano (1943). Fondo de Cultura Económica. México, 1960.

[4] Dennis Stanford y Bruce Bradley. 2002. Ocean Trails and Prairie Paths? Thoughts About Clovis Origins. En *The First Americans: The Pleistocene Colonization of the New World*, Nina G. Jablonski (ed.), pp. 255-271. San Francisco: Memoirs of the California Academy of Sciences, No. 27.

período que cubre la Dinastía Shang en China, la época Olmeca en México y Chavín – Cupisnique en el Perú. Y más tarde encontraremos otros signos de vinculación entre la China de las dinastías Han, Jin, Sui, Tang, Yuan y Ming y las diferentes culturas americanas contemporáneas; entre éstas últimas, en el Perú, con las culturas Mochica, Nazca, Chimú e Inca.

Como decía anteriormente, si se admite que los primeros pobladores vinieron del Asia también por el mar, no hay ninguna razón para pensar que esos viajes no se repitieran en el futuro; particularmente si se tiene en cuenta que las embarcaciones posteriores son mucho más eficientes y seguras. Si algunos lograron cruzar el Pacífico Norte 15000 años atrás, no existe razón alguna para pensar que no lo pudieron hacer 3200 años atrás, durante la dinastía Shang en China o 1300 años atrás durante la dinastía Tang y, con mayor razón aún, en los siglos anteriores a Colón, cuando la técnica para construir embarcaciones y los conocimientos de navegación estaban muy desarrollados en China.

Esto justificaría la presencia de tantas similitudes de las culturas asiáticas – y la china, en particular – con numerosos elementos de las culturas de América. Quisiera mostrar algunas de estas coincidencias, comenzando quizá por las más generales y analizando luego las más cercanas.

a. Similitudes raciales.

En primer lugar, encontramos similitudes raciales bastante notables. No cabe duda de que la población latinoamericana tiene una base asiática muy antigua y sólida, que aún hoy en día se puede percibir en los pueblos racialmente menos contaminados con las etnias occidentales o de otras procedencias.

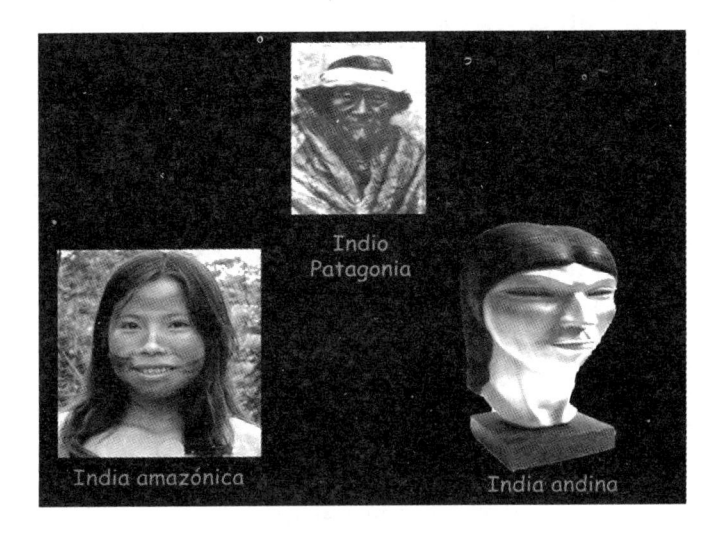

Estos rasgos pueden constituir la herencia de esas primeras migraciones asiáticas que poblaron el continente americano, hace cerca de 15000 años. Pero, obviamente, no se trata de rostros perfectamente asiáticos, porque debe tenerse en cuenta que estamos ante caras de distintas épocas y de distinto grado de contaminación racial con las etnias de origen europeo y también con otras etnias americanas que han desarrollado caracteres propios.

b. Similitudes religiosas.

Otras similitudes interesantes pueden encontrarse en las creencias religiosas.

En este campo observamos que China acoge como dios al Sol, según se muestra en las grutas de Kizil, cuyo período floreciente se ubica entre el s. Ⅵ y el Ⅶ d. C. ⑤

Como es sabido, en América precolombina también se adora al Sol y los Incas, en el Perú, lo establecen como deidad principal, y

---

⑤ Tianshu Zhu: The Sun God and the Wind Deity at Kizil. http://www.transoxiana.org/Eran/Articles/tianshu.html.

se considera al Inca o Gobernante como el Hijo del Sol. En realidad, esta coincidencia podría decirse que corresponde a una tendencia innata del ser humano, dado el papel tan importante que juega el Sol para la vida del hombre. Es así como encontramos el mismo tipo de culto en lugares ciertamente que no tienen nada que ver con China ni con el Perú, como es el caso del Egipto antiguo.

Pero es curioso que también encontramos otro elemento religioso en común entre China y Perú que no es tan usual en las culturas: la divinización de los cerros. En China antigua se considera que todas las montañas tienen dioses y espíritus[6]. En el Perú se consideraba – y se considera todavía entre la población campesina de los Andes – a las montañas como lugares religiosos que alojan a dioses y espíritus a quienes es preciso mantener contentos para que sean favorables. Por ello, se realizan ofrendas a estos dioses: en el Perú, las apachetas. Y, en la zona andina, hasta hoy el cerro principal de una región es considerado por las comunidades campesinas indias como el *Apu*, es decir, el Señor de ese valle.

También un elemento mítico – religioso en común es el dragón.

Mientras que el dragón europeo tiene cuatro patas y tiene alas, el chino es una suerte de serpiente con un lomo surcado de la cabeza a la cola por aletas en punta como las del stegosaurius y no tiene patas sino cuatro garras. El dragón peruano es también una serpiente (sin alas), generalmente con cuatro garras, con la misma apariencia de stegosaurius y se encuentra muchas veces rodeado por serpientes propiamente dichas, como se puede apreciar en la imagen comparativa siguiente:

En la siguiente imagen, podemos ver la pieza de cerámica mochica de la cual se tomó el dibujo del dragón peruano, que nos permite

---

⑥ Terry F. Kleeman: Mountain deities in China: the domestication of the mountain god and the subjugation of the margins. The Journal of the American Oriental Society, Vol. 114, No. 2 (April – June 1994), pp. 226 – 238.

apreciar un elemento más: la bipolaridad, representada por los dos colores – rojo y blanco – que dividen el huaco en dos y se alternan en la parte superior y la parte inferior. Esta bipolaridad es una característica del mundo andino y de alguna manera se asemeja a la bipolaridad china representada por el *Yin* y el *Yang*.

El dragón mochica ha sido tomado de una pieza de colección privada

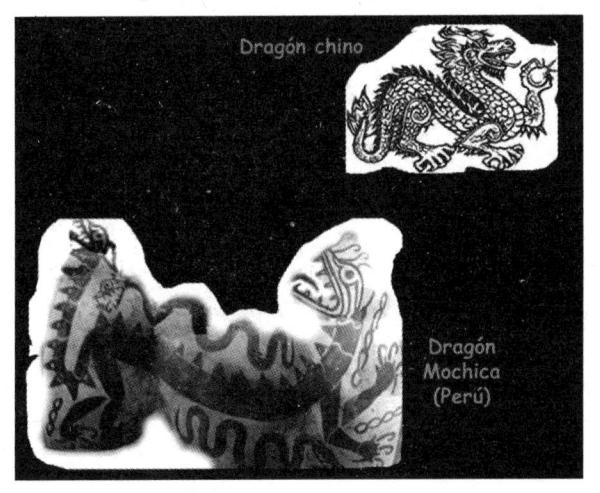

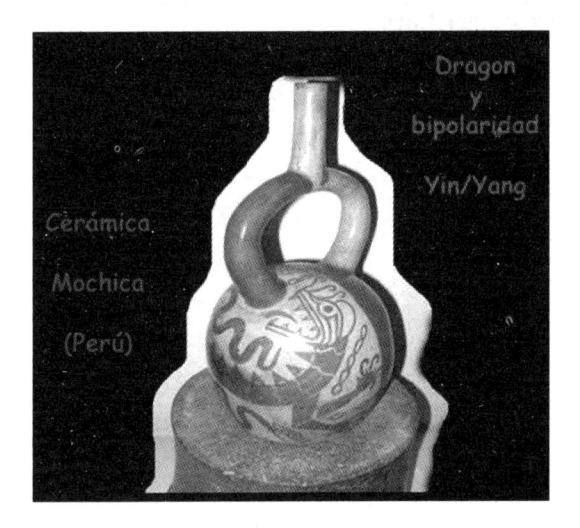

Colección privada

Y, mientras el dragón europeo significa, por regla general, un personaje maligno y se identifica incluso con el demonio cristiano, el dragón chino y el dragón peruano se identifican con el poder, que puede ser usado para el bien o para el mal.

Vale la pena detenerse en una representación que algunos historiadores peruanos consideran como un dragón y otros como un felino[7], sin perjuicio de que pudiera ser una combinación de ambos. A pesar de la distancia en el tiempo entre la pieza Shang que dibuja Paul Shao[8] y la cerámica mochica, hay una semejanza entre ellas que hace pensar que obedecen a un mismo espíritu, a una misma tradición.

Museo Rafael Larco Herrera

Comparemos ahora ese mismo dragón Shang con una pieza de cerámica mochica bastante más refinada que la anterior, adornada con

---

[7] Krzystof Makowski: Los Señores de Loma Negra, en Krzystof Makowski, Christopher B. Donnan et al.: Vicús. Colección de Arte y Tesoros del Perú. Banco de Crédito del Perú. Lima, 1994, fig. 70.

[8] Paul Shao: The Origin of Ancient American Cultures. Iowa State University Press. Ames, 1983, fig. 81.

incrustaciones de nácar. Una vez más, las semejanzas son impactantes.

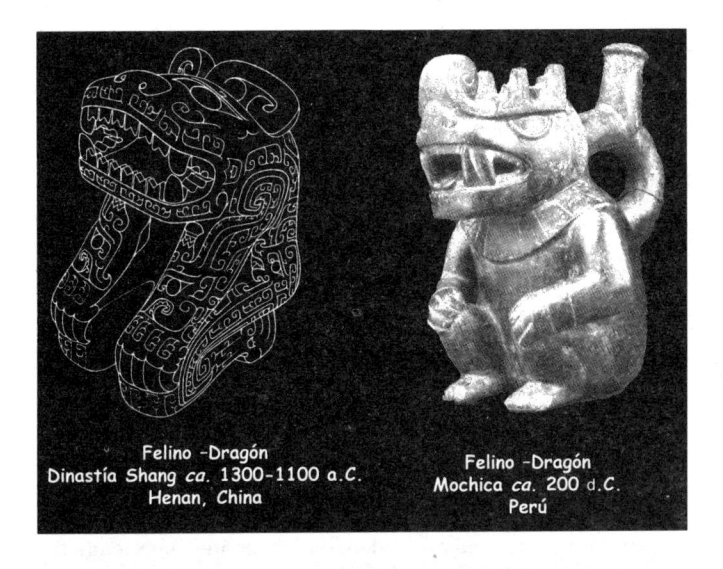

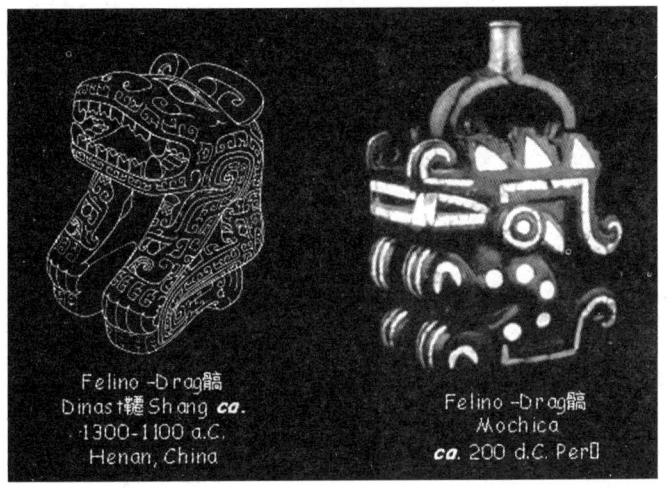

Felino -Dragón
Dinastía Shang ca. 1300-1100 a.C.
Henan, China

Felino -Dragón
Mochica ca. 200 d.C.
Perú

Felino -Dragón
Dinastía Shang ca.
1300-1100 a.C.
Henan, China

Felino -Dragón
Mochica
ca. 200 d.C. Perú

Otro elemento mitológico, en el que coinciden Asia y América, son los llamados "perros de Fú", es decir, las esculturas de generalmente dos leones estilizados o dos felinos, que se colocan en China en las puertas de las casas o de los templos budistas, como guardianes del lugar contra los malos espíritus. Estos fueron muy importantes durante la dinastía Han (206 a. C. - 220 d. C.). Después de un período sin ser utilizados, reaparecen en época de la dinastía Tang (618 - 917 d. C.).

Estas figuras también estuvieron presentes en la América precolombina, bajo la forma genérica de felinos. El cronista Francisco de Xerez, quien llegó al Perú con los primeros conquistadores, da cuenta de que, en 1533, fue a dormir a Paramonga, cerca del mar, en una construcción prehispánica importante que tenía dos tigres en la puerta[9]. Por su parte, los historiadores Mariano Eduardo de Rivero y J. J. Tschudi informan, a mediados del s. XIX, sobre un palacio precolombino en Huánuco Viejo que tenía en la puerta dos leones, perros o tigres[10]. A su vez, el viajero alemán y gran americanista E. W. Middendorf relata que en la Isla Titicaca, que ha dado su nombre al Lago y donde las antiguas leyendas incas cuentan que el dios Sol dejó ahí a su hijo como primer Inca para que conquistara los Andes, hay un templo cerca de la llamada Roca Sagrada, donde, al lado de la puerta, están esculpidos dos leones americanos o pumas, por lo que se la llama *Puma puncu* o puerta del león[11].

Finalmente, el historiador Valcárcel da cuenta de que en la casa de la familia Romainville, en el Cuzco, había dos leones en piedra que habían pertenecido originalmente al ingreso del Templo del Sol

---

[9] F. de Xerez: Conquista del Perú. Colección Enrique de Vedia. Madrid, 1886. T. II, p. 339.

[10] Mariano Eduardo de Rivero y J. J. Tschudi: Peruvian Antiquities. New York, 1856, p. 276.

[11] E. W. Middendorf: Perú. Observaciones y estudios del país y sus habitantes durante una permanencia de 25 años. (1895) T. III. Universidad Nacional Mayor de San Marcos. Lima, 1974, p. 324.

(*Ccoricancha*), uno de los cuales se puede apreciar en la imagen siguiente, al lado de la imagen china de un perro de Fu⑫.

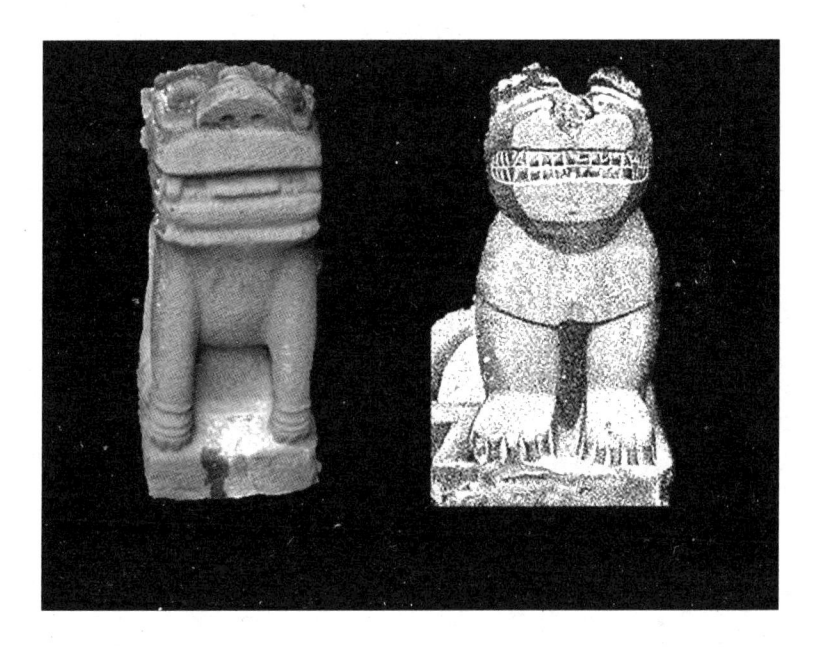

Las representaciones de descomunales guardianes considerados deidades auxiliares, humanizadas pero de aspecto feroz, en la entrada de los templos y palacios, que se aprecian en China y Japón, se advierten también en el Perú, cuando menos en el Templo de Chavín de Huántar, construido *circa* el año 300 a. C. Las imágenes muestran estas similitudes.

---

⑫ Cit. p. Francisco A. Loayza: Chinos llegaron antes que Colón. Los pequeños grandes libros de Historia Americana. Serie I. T. XIV. Lima, 1948, p. 192. He podido comprobar que Luis E. Valcárcel reproduce la imagen de frente de uno de los felinos del Ccoricancha (la que se inserta en este trabajo) y otra de costado, en Arte antiguo del Perú, Revista del Museo Nacional. Lima, 1933. T. II. No. 2, p. 180.

中国—秘鲁：海内相邻，携手并进
Zhōngguó-Bìlǔ

Divinidad china

Guardián del Templo de Chavín de Huantar
Perú

Guardián Templo
Chavín de Huantar
Perú

Guardián Templo
Takanawa
Japón

Pero quizá la semejanza más llamativa entre las deidades chinas y las indoamericanas es la presencia por toda América de un rostro que recuerda impresionantemente al "*taotie*" chino.

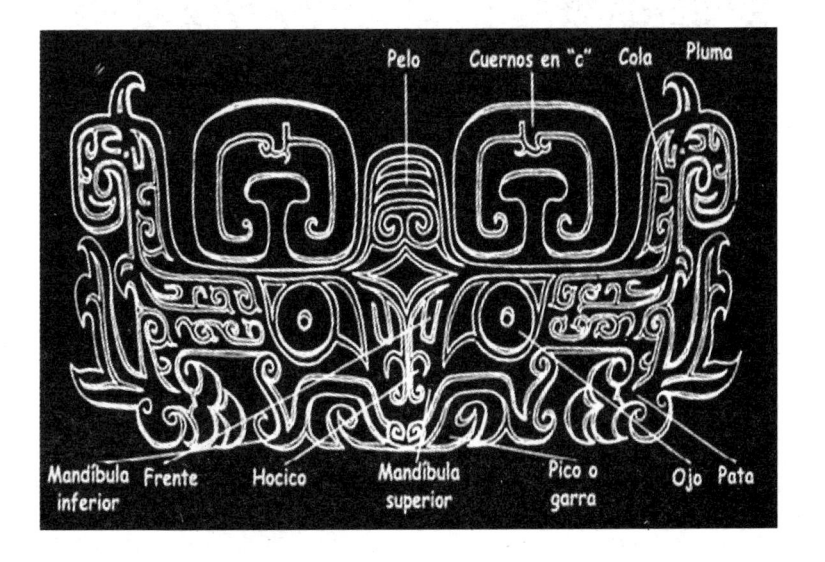

中国—秘鲁：海内相邻，携手并进

Este personaje aparece en el imaginario chino como una mezcla de dragón y de felino, con ojos protuberantes, marcadas ventanas nasales, colmillos, cuernos y garras. Puede representar las fuerzas del mal (lo que desde el punto de vista cristiano llamaríamos el demonio), pero también denota valentía, dignidad y poder. En cualquier caso, es un personaje que es temido y que debe ser respetado. Su imagen es conocida en China desde el año 2000 a. C., durante la dinastía Shang[13]. Curiosamente, imágenes muy similares a las del rostro de este personaje son reproducidas en México y en el Perú por las civilizaciones americanas contemporáneas de la dinastía Shang, en múltiples incisiones en piedra o en dibujos sobre cerámica; y luego estas imágenes se perpetúan a través de las culturas posteriores.

Jade Liangzhu (China, 2000 a.C.)
Jade Olmeca (México, 900-600 a.C.)   Cerámica Cupisnique (Perú, 900-200 a. C.)

---

[13] Song Baozhong y Wang Dayou: En busca de los ancestros comunes. Chinatoday. com. cn. http://www.chinatoday.com.cn/hoy/2007n/s2007n05/p59.html.

En la imagen siguiente podemos ver un *taotie* chino y, debajo, representaciones de deidades americanas de México antiguo y del Perú antiguo, donde es posible apreciar la enorme semejanza de estas figuras de los dos lados del Océano Pacífico. Pediría que se fijaran especialmente en el dibujo de la boca del personaje de jade chino y lo compararan con la boca del personaje de la cerámica peruana.

Nuevamente, en la composición que se presenta a continuación, podemos comparar los dibujos de los *taotie* de China y los equivalentes de América. No se puede negar el extraordinario parecido.

En algunos casos, la versión americana es bastante más esquematizada, como en la figura que sigue; pero no dejan de reconocerse los ojos que tienen un gran protagonismo, las cejas o cuernos, el hocico y las garras.

中国—秘鲁：海内相邻，携手并进

[Taotie chino Shang / Cultura Vicús (Perú) 100-400 d.C.]

En otros casos, las similitudes con más complejas.

[Taotie chino / Detalle de Estela Chavín - Perú]

Algo notable es que esta figura se ha conservado en el Perú – con algunas variantes – hasta nuestros días en la zona del Lago Titicaca, bajo la forma de máscaras que se utilizan en un baile y fiesta especial que se conoce como "La Diablada" o Danza de los Diablos. Una

第一部分　悠久的友好关系和丰厚的人文交流

de las imágenes que se presentan a continuación es un dibujo de una máscara actual y la otra es una fotografía de la "fiesta de los diablos" en época muy reciente.

c. Similitudes artísticas

Nos encontramos con similitudes también muy impresionantes cuando comparamos el arte de Asia y el arte de América, especialmente en la cerámica.

Ya en 1965, Betty Meggers había hallado extraordinarias semejanzas entre la cerámica de la época Jomon Media en Japón y la cerámica denominada Valdivia, en lo que hoy es Ecuador, ambas producidas alrededor de 5000 años a. C. ⑭

Pero en las épocas posteriores encontramos que esas coincidencias se repiten. Observemos la siguiente imagen donde se ve un animal del neolítico chino y uno de la cultura Vicús. Las semejanzas de estilo son notorias.

Cerámica china del nedítico Dawenkou, China, 2300 a.C.

Cerámica Vicús Perú 100 a.C.

---

⑭ Betty J. Meggers: *Op. cit.*, p. 133.

第一部分　悠久的友好关系和丰厚的人文交流

A continuación puede verse cómo tanto en China como en el Perú se utilizaron decoraciones similares en la cerámica.

En el Perú, la cerámica Vicús emplea la técnica de la pintura negativa. Esta es una evolución del uso del horno, que primitivamente deja abierta la salida del humo y así produce una cerámica rojiza. Sin embargo, después se descubre que si se bloquea la salida del humo, la temperatura aumenta considerablemente y se obtiene una cerámica de mejor calidad. Así se alcanzan temperaturas de alrededor de 1,000 grados Celsius. Pero de esa forma se pierde contenido de oxígeno en el horno, lo que provoca una reducción del hierro que está en la arcilla; y, consecuentemente, la cerámica resulta de color negro. Este es el caso de la mayor parte de la cerámica denominada Chavín o Cupisnique en el Perú (ca. 900 a. C.) y quizá también de la cerámica neolítica en China (2000 años a. C.)[15].

---

[15] Fanf Lili: Chinese Ceramics. Cultural China Series. 2005.

Posteriormente, las culturas prehispánicas del Perú descubren que si cubren la pieza de cerámica con un aislante y dejan descubiertas otras partes, obtendrán lo que se denomina pintura negativa; esto es, con el horno cerrado, las partes cubiertas están protegidas de la falta de oxígeno y permanecen rojas, mientras que las partes descubiertas reducen el hierro de la arcilla y producen una coloración negra. De esta manera, se comienza a decorar la cerámica no solamente con incisiones (como en la época del negro) sino también con variaciones de colores: el rojo básico y el negro que imprime la decoración artística.

Lo que nos interesa en los ejemplos propuestos es que, más allá de si se emplea la misma técnica de pintura negativa (lo que pudo ser reinventado en muchas partes del mundo independientemente), vemos que la decoración artística es muy parecida entre las piezas chinas y las peruanas; no solamente la técnica sino las formas y el gusto artístico es muy semejante. Y toda decoración no es una copia de la realidad sino una construcción cultural que difícilmente encuentra similitudes sin una conexión de causa a efecto.

Un elemento de comparación bastante sugestivo se encuentra en los modos de expresión que usa el artista.

Es así como el artista chino - siguiendo el mismo método que utiliza en su escritura para enfatizar la cantidad o la calidad de algo - multiplica el motivo muchas veces para darle importancia. De esta manera, podemos encontrar figuras en las que el rostro de una deidad ha sido reproducido repetidamente por encima de ésta hasta formar un personaje de muchas cabezas superpuestas. La misma forma expresiva la encontramos en la cultura maya y en las culturas precolombinas peruanas.

A continuación se muestra una comparación entre una imagen china, otra maya y la llamada Estela Raimondi del Templo de Chavín de Huantar en el Perú. Al mencionar las dos primeras, Paul Shao hace

第一部分　悠久的友好关系和丰厚的人文交流

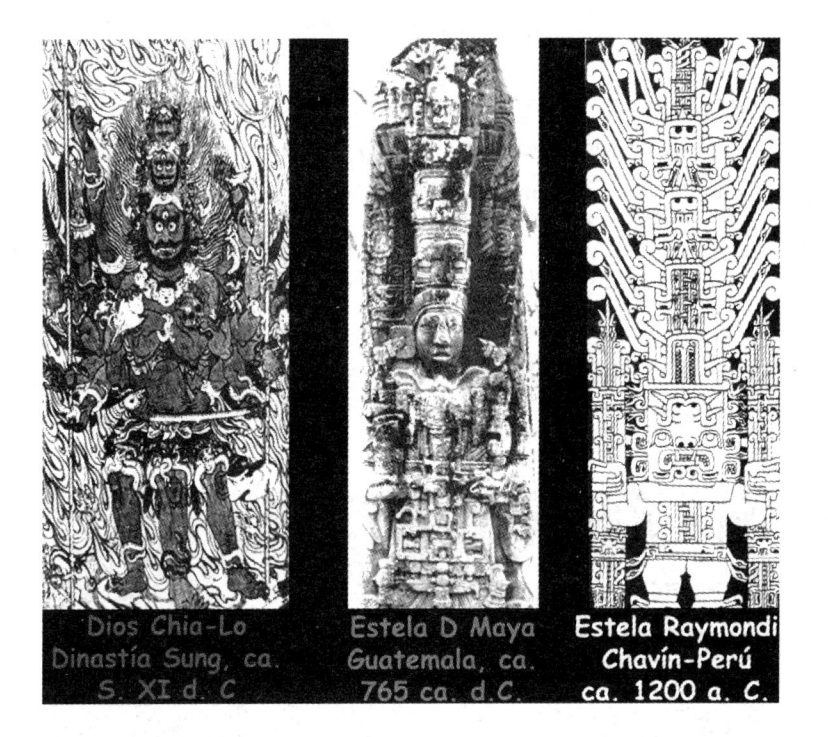

Dios Chia-Lo Dinastía Sung, ca. S. XI d. C

Estela D Maya Guatemala, ca. 765 ca. d.C.

Estela Raymondi Chavín-Perú ca. 1200 a. C.

una referencia tanto a las cabezas superpuestas como a la coincidencia de los pies en ángulo de 180o[16]. Lo mismo puede decirse de la Estela Raimondi de Chavín. Pero además, debemos hacer notar que la deidad china tiene dos lanzas o bastones, uno en cada mano de los brazos abiertos, como símbolo de poder; y el "dios de los dos bastones", con la misma presentación, se encuentra profusamente en el Perú, tanto en las manifestaciones de la religiosidad de Chavín como también en la deidad principal de Tiahuanaco. Adviértase también que el rostro de la deidad Chavín que se repite hacia arriba, tiene mucha semejanza con el "taotie" chino de la Dinastía Shang, dinastía que corresponde a la época de Chavín de Huantar.

---

[16] Paul Shao: Asiatic Influences in Pre-Columbian American Art. The Iowa University Press. Iowa, 1976, p. 67.

d. *Presencia de ideogramas chinos en América Precolombina.*

Un elemento más complejo de apreciación es el relativo a la posibilidad de que existan vestigios de escritura china en la América precolombina.

Ante todo, cabe señalar que tanto en China como en el Perú se utilizó un sistema primitivo de escritura en forma de diferentes nudos hechos en soguillas de distintos colores y tamaños, que en el Perú se llamaron Quipus.

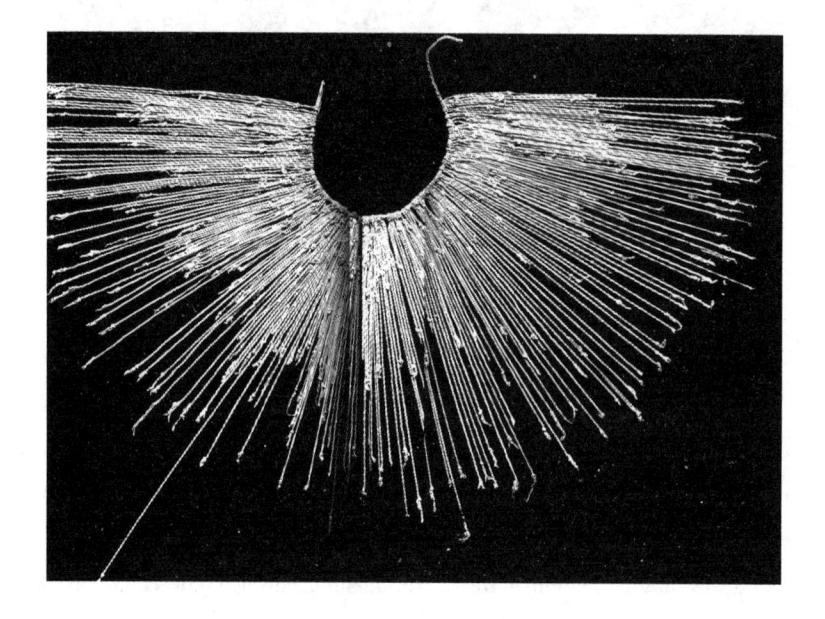

Si bien se había considerado hasta hace poco que los Quipus peruanos no eran sino un recurso mnemotécnico para llevar una suerte de inventario por los funcionarios del Estado inca, en la actualidad hay un grupo de arqueólogos y otros científicos en la Universidad de Harvard, entre los cuales se encuentra el Prof. Gary Urton, que están abriendo las posibilidades de que estos quipus hayan sido realmente una forma de escritura[17].

Según tengo entendido, en China se usaron las sogas con nudillos como una forma de escritura primitiva. Sin embargo, la dificultad que existe para relacionar la China con el Perú en este tema es que estaríamos ante un anacronismo: mientras que en China las soguillas con nudos se usaron 3000 a. C.[18], en el Perú los quipus recién se utilizan en el Imperio Incaico, es decir, a partir del s. XV d. C. La distancia en el tiempo es, pues, muy grande para hablar de una influencia. Es exacto que ahora se dice haber encontrado un quipu en la ciudad de Caral, que podría tener 5000 años. Pero no deja de ser extraño que no se encuentre ningún otro quipu en los más de 4000 años que transcurrieron entre esa civilización y los Incas.

Sin embargo, comienzan a aparecer, en los yacimientos arqueológicos datados a partir del s. X antes de Cristo, algunos signos que pudieran ser equiparables a la escritura china. Son todavía muy pocos, pero hay algunos muy significativos.

En México, la antigua cultura olmeca, contemporánea de la dinastía Shang en China, trabajó mucho el jade; y sus estatuillas contienen signos que parecen ser una escritura, aunque – cuando menos en general – no han podido ser descifrados.

Ahora bien, hace algunos años, el Prof. Han Ping Chen, de la Universidad de Beijing, especialista en escritura Shang, encontró coincidencias entre varios de esos signos con la escritura china, al punto de que una de tales inscripciones pudo ser leída como que: "El jefe y

---

[17] Gary Urton: Signs of the Inka Khipu. University of Texas Press. Austin, 2005. Vid. etiam Marcia and Robert Ascher: Code of the Quipu. Dover Publications. New York, 1981.

[18] Chinese Writing – its history and development (tomado de "La Historia de la Caligrafía" por Qiu Shaohua). http://www.chinahistoryforum.com/lofiversion/index.php/t2138.html.

中国—秘鲁：海内相邻，携手并进

Olmec Motifs	Shang Writing	Modern Character		English
卜	卜丫	卜	Bǔ	Divine
		聞	Wén	Hear
		聽	Tīng	Listen faithfully
	T	T	Shì	Spirit; worship
	8	糸	Mì	Thread; connection
		亘	Xuán	Circulation or name of a tribe
	且	祖	Zǔ	Ancestor
	厂	厂	Hǎn	Stone structure
	石	石	Shí	Stone
		宫	Guān	Temple; building
TT		俎	Zǔ	Sacrificial chopping block
		奠(皿+俎)	Diàn	Sacrificial worship

sus acompañantes establecieron las bases de un reino"[19]. No he podido verificar la autenticidad de esta información, que podría constituir un elemento clave en el tema de los contactos chinos precolombinos.

Pero podemos ver en los cuadros que siguen, algunos de estos signos olmecas, con su equivalencia en escritura Shang, presentados por el Profesor de Historia de China, Dr. Mike Xu, de la Texas Christian

---

[19] A Tale of Two Cultures. Información de *US News & World Report*, 4 de noviembre de 1996. *Vid. etiam* Carved in Stone?, en *The Dallas Morning News*, 13 de agosto de 1996.

Olmec Motifs	Shang Writing	Modern Character / English		
丨	丨	十	Shí	Ten
丅	丅 亓 T	示	Shì	Worship;sacrifice
二	二	二	Èr	Two
丿	八	入	Rù	Offer; contribute
三	三	三	Sān	Three

Olmec Motifs	Shang Writing	Modern Character / English		
小	小	小	Xiǎo	Small
丅	丅 亓 T	示	Shì	Worship;sacrifice
		小示		Colleteral ancestors

University[20].

Es importante señalar que ya en 1921, don Ramón Mena, Director del Museo Nacional de México, descubrió, junto con el señor WilliamNiven, una piedra en Teotihuacán en la que aparecían unos caracteres extraños; y el Secretario de la Legación China pudo leer algunas palabras aisladas[21]. A estos signos que se muestran a continuación, se les atribuyó los siguientes significados: uno – dos – tres; blanco – sol –

---

[20] Mike Xu: Transpacific contacts? Texas Christian University. http://www.chinese.tcu.edu/www_chinese3_tcu_edu.htm.

[21] Mechtild Rutsch: Ramón Mena y Manuel Gamio. Una mirada oblicua sobre la Antropología mexicana en los años veinte del siglo pasado, en Relaciones, otoño, Vol. 22, número 88. El Colegio de Michoacán. Zamora, México, 2001, p. 95.

luna; y luz – ojo – cuatro[22]

Y algo más notable aún fue el hallazgo, siempre en Teotihuacán, por Sir H. Wheeler, de un medallón de jade, con inscripciones aparentemente chinas. Cuando el Dr. Mena solicitó su lectura a varias personas chinas, obtuvo como respuesta las siguientes frases "Luna entre nubes o en el cielo" y luego "La carpa dorada que pasa por la Puerta de los Dragones, conviértese en dragón"; y también "La luna brillante luce entre los pinos o los abetos: buena fortuna". Lo curioso es que ese medallón cuyos trazos parecen indicar la luna, se encontró precisamente al lado de la construcción conocida como Pirámide de la Luna[23].

En el Perú también se encuentran algunos caracteres que sugieren una procedencia china.

Una primera información al respecto aparece ya a fines del s. XIX

---

[22] Francisco A. Loayza: *Op. cit.*, p. 44.
[23] Francisco A. Loayza: *Op. cit.*, p. 48.

cuando el doctor Teodorico Olaechea halla en 1866, en una huaca (colina ceremonial) cercana a la ciudad de Ica, un mate semejante a un plato, con algunos trazos similares a los ideogramas chinos dentro de la decoración, en los que un colono asiático de la hacienda habría leído "veinte días", sin poder descifrar el resto porque estaba muy borrado[24]. Pablo Patrón, quien escribe cincuenta años más tarde, acepta que se trata de caracteres chinos; pero discrepa de la traducción dada por Olaechea, sin proponer ninguna de reemplazo[25]. Más tarde, Francisco A. Loayza estudia los caracteres a partir de la fotografía de la pieza publicada en la "*Gaceta Científica*" de 1884 y en la "*Ilustración Americana*" del 15 de septiembre de 1890. Apreciando los dibujos con la ayuda de especialistas chinos, encuentra cinco ideogramas, de los cuales puede leerse – con dificultad, debido a su mal estado de conservación – cuatro de ellos. Los dos primeros dirían "origen o fundamento" y luego "sol"; el tercero y el cuarto podrían expresar "manos juntas" y "sol" o quizá "veinte días"[26].

---

[24] Pablo Patrón: Un huaco con caracteres chinos. Boletín de la Sociedad Geográfica de Lima. T. XXIII, año XVIII. Trimestre 3o, 30 de septiembre de 1908, pp. 242 – 243.
[25] Pablo Patrón: *Op. cit.*, p. 243.
[26] Francisco A. Loayza: *Op. cit.*, pp. 55 – 61.

中国—秘鲁：海内相邻，携手并进

Plato Nazca del Dr. Teodorico Olaechea

Los caracteres deben verse a la inversa de como aparecen en la fotografía.

Hay también dos piezas Chimú que fueron exhibidas en el s. XIX como de confección asiática, pero que nos merecen cuando menos alguna duda.

La primera de ellas es un ídolo en metal (cobre – estaño o plata) hallado en Trujillo en 1865 en un pozo y luego regalado al Conde de Guaqui, de la importante familia arequipeña de Goyeneche[27]. Representa a un anciano sentado sobre una tortuga, que lleva sobre la cabeza un sol con grandes rayos. En torno de la tortuga hay dos serpientes y, lo que interesa más para nuestro estudio, en las manos sostiene dos tablillas con las mismas cuatro letras chinas en cada una de ellas. Esta imagen fue presentada por el estudioso Marcos Jiménez de la Espada al Congreso de Americanistas reunido en Bruselas, en 1879, como una demostración de los contactos asiáticos precolombinos. Más tarde fue ex-

---

[27] La información sobre esta pieza y sobre la siguiente que se menciona a continuación ha sido tomada de Pablo Patrón: *Op. cit.*, pp. 243 - 247; de José Kimmich: Etnología peruana. Origen de los chimús. En *Boletín de la Sociedad Geográfica de Lima*, 31 de diciembre de 1917, pp. 441 - 462; y Francisco A. Loayza: *Op. cit.*, pp. 51 - 55.

hibido en la Exposición Histórica Americana de Madrid en 1892.

La segunda pieza fue dada a conocer en 1890 por el señor García y Merino en la "Ilustración Americana" (Nros. 5 y 6. Lima, 1890), quien sostuvo que la había visto y estudiado en 1872, e incluso había realizado un dibujo de ella con especial atención de los caracteres aparentemente chinos que contiene, cuando era de propiedad de un señor Landeras, quien se negó a venderla. Esta pieza guarda una notable semejanza con la del Conde de Guaqui. Pero esta vez se trata de un hombre joven, casi un niño, el que está sentado ya no sobre una tortuga sino sobre un amasijo de serpientes. Por lo demás, ese niño tiene una diadema del sol radiante muy parecida a la del atuendo del anciano y sostiene también en las manos dos tablillas con las mismas inscripciones en forma de caracteres chinos de la otra pieza anteriormente descrita.

Pablo Patrón sostiene no haber visto nunca ninguna figura legítima del Perú primitivo con estas características. Por consiguiente, – concluye – esas piezas no corresponden a la teogonía andina. Y, ante la falta de información segura sobre ellas, prefiere no pronunciarse sobre las mismas[28]. Por su parte el estudioso alemán Joseph Kimmich considera que esas figuras pertenecen al mundo religioso Indostán, que puede haber llegado a América a través de China. En su opinión, esos ídolos son la representación de Vishnú, en un caso como Sol naciente (representado por el joven) y en el otro como Sol poniente (representado por el anciano. Y proporciona una serie de argumentos para justificar su tesis, basados tanto en las características simbólicas de las partes que componen las piezas, como por algunas resonancias lingüísticas[29].

---

[28] Pablo Patrón: *Op. cit.*, pp. 246 – 247.
[29] José Kimmich: *Op. cit.*, p. 449.

A su vez, Francisco A. Loayza afirma que, independientemente del origen de la deidad representada, los caracteres son indudablemente chinos; el primero es la representación fonética del ídolo y los tres restantes pueden ser leídos como: "Sur", "Campo cultivado y "Pozo de agua". Para entender el sentido de esta sucesión de palabras, Loayza indica que el Norte es siempre una orientación negativa, de mal augurio. En cambio, el Sur es el paraíso futuro, la felicidad del más allá. El Budha, antes de morir, le pide a su discípulo Ananda que lo acueste entre dos árboles gemelos, con los pies orientados al Sur. Por otra parte, para los chinos, poseer un campo de cultivo y un manantial de agua, representa la felicidad terrestre. De esta manera, las tablillas de los dos ídolos habrían querido decir "Doble felicidad" o "Felicidad completa"㉚.

Un caso notable es la cerámica de la Cultura Nazca (alrededor de

---

㉚ Francisco A. Loayza: *Op. cit.*, p. 52.

500 d. C.), que se muestra a continuación, donde se advierte que debajo de la imagen de la divinidad probablemente felina, hay una suerte de ideograma chino[31].

Pablo Patrón – para quien este ideograma es chino, se pronuncia *Tien* y significa "cielo" – con esta pieza de cerámica nazca "gana

---

[31] Esta fotografía ha sido tomada del libro de Francisco A. Loayza antes citado, p. 63. Según indica dicho autor, esta pieza fue donada por la señora de Fracchia a la Sociedad Geográfica de Lima en el año 1908, habiendo sido encontrada en su Hacienda Las Trancas, en Nazca. La información se encuentra confirmada por Pablo Patrón en un artículo titulado "Un Huaco con caracteres chinos", publicado en el Boletín de la Sociedad Geográfica de Lima, tomo XXIII, año XVIII, trimestre 3o. Lima, 30 de Septiembre de 1908. En dicha publicación se reproduce la misma imagen de la pieza de cerámica que se presenta a continuación.

muchísimo la tesis sostenida sobre la existencia de los chinos en el Perú antiguo"[32]. Francisco A. Loayza concuerda en el significado de este ideograma pero agrega que también se usa para nombrar la divinidad misma[33].

Un hecho interesante es la discrepancia entre Patrón y Loayza sobre la figura que se halla encima del ideograma *Tien*. Para el primero, se trata de una representación compleja de números y caracteres cuneiformes, que deben interpretarse desde la base del sumerio[34]. Sin embargo, Loayza considera – no sin una buena dosis de ironía – que tal interpretación es una "fantasía arqueológica"; lo que parece una apreciación razonable si se tiene en cuenta la distancia en el tiempo entre los sumerios y los nazcas y que el alfarero que fabricó el vaso estaría mezclando tres culturas, como la sumeria, la china y la nazca, lo que ciertamente no parece plausible[35].

Lo curioso es que posteriormente Loayza identifica otra pieza Nazca que contiene el mismo símbolo con el mismo dibujo como contexto, sólo que esta vez aparece horizontalmente en vez de verticalmente. Esta vez la pieza perteneció al Museo Víctor Larco Herrera, cuya colección fue adquirida por el Museo Nacional. La imagen correspondiente – que, desde un cierto punto de vista, se acerca mucho a un *taotie* – ha sido reproducida también en una de las obras del Dr. Horacio Urteaga, antiguo Director del Museo Víctor Larco Herrera[36].

Veremos a continuación la fotografía del huaco y luego el esquema

---

[32] Pablo Patrón: *Op. cit.*, p. 247.
[33] Francisco A. Loayza: *Op. cit.*, p. 64.
[34] Pablo Patrón: *Op. cit.*, pp. 248 – 249.
[35] Francisco A. Loayza: *Op. cit.*, pp. 63 y 65.
[36] Horacio Urteaga: El simbolismo en los huacos de Nasca (sur del litoral peruano), en El Perú. Monografías históricas. Estudios arqueológicos, tradicionales e histórico – críticos. Librería e Imprenta Gil Armas. Lima, 1928, fig. 36, p. 34.

第一部分　悠久的友好关系和丰厚的人文交流

de ese dibujo.

　　El croquis "A" es tal como aparece el dibujo en los dos ceramios. Sin embargo, Loayza sostiene que el artista construyó el ídolo agregando unos ojos y una suerte de rostro a lo que, en realidad, era una combinación de ideogramas㉛. Por ese motivo, en el croquis "B" observamos el mismo dibujo despojado de sus elementos pictóricos.

A　　　　　　　　　B

　　Ahora bien, Loayza nos dice que ese croquis "limpio" nos pre-

---

㉛　Francisco A. Loayza: *Op. cit.*, p. 71.

senta tres ideogramas chinos combinados que cualquier chino hablante puede leer[38]. El primero es el carácter antiguo para nombrar "montaña" (*shan*), constituido por la suerte de corona superior, que hoy se ha simplificado bajo la forma de tres líneas verticales – la central más alta – y una línea de base. El segundo constituido por las dos líneas laterales, significa "manos juntas" o "manos" que imploran. Y el tercero, en la parte inferior, representa a "Dios, el Cielo". Esto significaría: "Desde la montaña se alzan las manos juntas al Cielo (o a Dios)". Y Loayza recuerda que en uno de los libros de Confucio, el Chu – King, se lee textualmente "Desde la montaña se implora a Dios"[39].

El Dr. JosephKimmich señala – en 1917 – que el señor Gustavo Latorre[40], en Trujillo, se ha dedicado por muchos años a coleccionar objetos de Chan – Chán, la capital del Gran Chimú, siendo él mismo propietario de un terreno dentro de las ruinas. Y es así como ha reunido una muy grande colección de objetos importantes y originales, entre los que se encuentran cinco piezas con valor paleográfico. El Dr. Kimmich resalta que "No se trata de falsificaciones, como me he convencido, sino de objetos genuinos, sacados por Latorre mismo, del lugar de las ruinas"[41].

De los objetos descritos por Kimmich – entre los que se encuentra incluso uno con caracteres aparentemente persas – me limitaré a dar cuenta de aquel que denomina "Dioses gemelos"[42]. Se trata de

---

[38] Francisco A. Loayza: *Op. cit.*, p. 72.

[39] Francisco A. Loayza: *Loc. cit.* La cita que realiza al Chu – King la ubica en la Parte II, cap. I, párr. 9.

[40] Kimmich habla de Gustavo Latorre y Loayza se refiere a la misma persona como Gustavo de la Torre.

[41] José Kimmich: *Op. cit.*, p. 442.

[42] José Kimmich: *Op. cit.*, pp. 444 – 446.

dos personajes desnudos, con grandes tocados y cargados de collares en el cuello, sentados aparentemente en el mismo trono y luciendo un rostro muy satisfecho. En el tocado hay varios caracteres y en el pedestal hay dieciséis caracteres.

La pieza Chimú

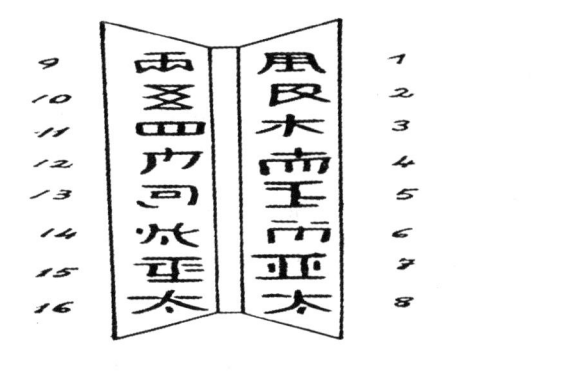

Caracteres del pedestal   **Traducción**

1: viento,
2: súbditos,
3: madera,
4: seguir,
5: justicia,
6: ciudad,
7: completar,
8: extenso,
9: lluvia,
10: diferentes,
11: cuatro,
12: de nuevo,
13: río,
14: norte,
15: caer,
16: extenso.

Los caracteres del pedestal fueron también conocidos por Loayza, ya que el señor La Torre le envió una copia a Japón, donde Loayza ejercía un cargo diplomático[43].

Con relación a los caracteres de los tocados, Loayza no se pronuncia debido a que no los tuvo a la vista. En cambio, Kimmich los consultó sin éxito con varios chinos de Lima. Sin embargo, el señor Choi Chi Chen, Director del periódico "*Kau Kuoc Po*" y herbolario, le dijo que los de uno de los personajes podía leerse como "dios de la lluvia" y los del otro como "diosa del aire", de manera que serían algo así como los "dioses de la tempestad". Kimmich manifiesta su discrepancia con esta traducción ya que él prefiere - aunque no sabemos la razón de su preferencia - pensar que uno representa al Sol y el otro a la Luna[44].

En el caso de los caracteres del pedestal, Kimmich se limita a objetar la traducción obtenida por Loayza, luego de consultar tres autoridades importantes en lingüística china: los profesores de la Universidad Imperial de Tokio, los sacerdotes del St. Joseph College de Yokohama y un orientalista y polígloto profesor austriaco, A. Nykl[45].

Extrañamente, Kimmich inicialmente acepta que se trata de ideogramas. Después Kimmich sostiene que no cree que se trate de caracteres chinos sino una mezcla del sánscrito (Devanagari) con caracteres chinos del tipo Li-shu (indochinos). Pero acto seguido declara que "Es cosa interesante: todos los chinos leen al menos 10 de estos caracteres, al primer golpe de vista y casi de la misma manera como Nykl-Loayza; sin embargo no alcanzan a formar una frase entera de

---

[43] Francisco A. Loayza: *Op. cit.*, p. 75.
[44] José Kimmich: *Op. cit.*, p. 445.
[45] Francisco A. Loayza: *Op. cit.*, pp. 75-76.

buen sentido"[46].

Por su parte Francisco A. Loayza acoge la traducción de A. Nykl, con algunas ligeras modificaciones. El conjunto de palabras aparentemente sueltas representadas por los ideogramas es entendido desde una perspectiva global, vinculando las palabras de acuerdo a las tradiciones culturales chinas. Y el resultado es sorprendente: *"Del Norte, pasando dos ríos, cuatro súbditos diferentes* (de cuatro pueblos distintos), *como maderos arrastrados por el viento y por la lluvia, siguiendo camino de justicia* (de honradez, de honestidad) *cayeron* (arribaron) *a esta ciudad extensa que perfeccionaron* (ayudaron a organizarla mejor)"[47].

Francisco Loayza da cuenta además de otros objetos que deben ser objeto de un estudio paleográfico desde esta perspectiva. Así nos habla de un fragmento de cerámica con un carácter chino, encontrado en 1938 en el fundo Miraflores de Cajamarca[48]. Nos dice también que en Trujillo, en la misma época, hay objetos con ideogramas chinos de propiedad del señor Michelsen; y que en el Convento de San Francisco de Ica existía allá por el año 1903 un cerámica de la región con ideogramas chinos[49]. Por último, señala que él mismo ha encontrado ceramios con caracteres chinos en el Museo Nacional en el año de 1933, tres de los cuales se presentan a continuación.

---

[46] José Kimmich: *Op. cit.*, p. 446.
[47] Francisco A. Loayza: *Op. cit.*, pp. 78-79.
[48] Francisco A. Loayza: *Op. cit.*, p. 81.
[49] Francisco A. Loayza: *Op. cit.*, p. 88.

中国—秘鲁：海内相邻，携手并进

Ceramio de la región de Chincha
Museo Nacional No. 20/693

Loayza indica que estos tres caracteres similares que lleva el ceramio como decoración significan en chino la semilla o, más propiamente, la germinación. Por consiguiente, este plato pudo servir para hacer las ofrendas al ídolo lugareño solicitando que los campos produzcan adecuadamente. Loayza agrega que el círculo debajo de cada uno de estos ideogramas pudo ser "la representación, muy lógica, de la tierra", donde tiene lugar la germinación y crece la planta[50].

Esa última afirmación - que parece más una presunción - no resulta tan clara ni tan lógica. Dado que no había un conocimiento de la redondez de la Tierra, lo más indicado hubiera sido representar el suelo como una línea recta de base antes que como un círculo.

---

[50] Francisco A. Loayza: *Op. cit.*, pp. 89 – 90.

Este vaso Nazca de cerámica – al que Loayza denomina con ligereza "tibor", aun cuando el tibor es un objeto chino de porcelana, de forma generalmente muy distinta a la del vaso decerámica cuya imagen se muestra – lleva un dibujo repetido que Loayza califica como ideograma chino cuyo sentido es "pozo" o "cisterna". Sin embargo, acto seguido se refiere a este ideograma con el significado de "caver-

Cultura Nazca
Museo Nacional No. 3/5159

na", lo que no hace clara la idea de que tal signo tiene un significado ideográfico.

Por otra parte, indica que la repetición no lo convierte en un simple elemento decorativo sino que, en China, repetir un ideograma es aumentar su sentido tanto en cantidad como en calidad; así, en este caso puede hablarse de "cavernas" (en plural), pero más lógicamente se trataría de una caverna especial, muy importante,

Retrato mochica
Museo Nacional No. 1/3863

donde probablemente se aloja un dios menor. De esta manera, ese vaso habría servido para que su dueño realizara ofrendas a una deidad de alguna caverna local[51].

En este huaco mochica del tipo retrato, nos dice Loayza, encontramos a un personaje con tres caracteres chinos iguales como insignias sobre la frente[52]. El ideograma consiste en una cruz sobre un círculo, en el interior del cual hay tres líneas paralelas.

Loayza explica[53] que la cruz significa "diez" y que el círculo es la forma primitiva de escribir "boca" (que hoy es un cuadrado). Y, citando al filólogo G. Bourgeois, explica que esa combinación significa tradición, porque "Lo que ya ha pasado por la boca de diez generaciones, ya es antiguo, ya es la tradición"[54].

Estas coincidencias son también curiosas cuando analizamos desde esta perspectiva ciertos signos que hasta el momento los historiadores no han podido descifrar su origen ni su sentido. Por ejemplo, en la costa Sur del Perú, en el lugar denominado Paracas, existe una gigantesca figura trazada en los cerros desérticos vecinos al mar – como un tronco con tres ramas – que es atribuida a la cultura Nazca, pero cuya significación es desconocida. La gente le ha puesto el nombre de "Candelabro", pero no cabe duda de que la figura no tiene nada que ver con un candelabro, artefacto que nunca existió en el mundo precolombino. Sin embargo, podemos encontrarle un gran parecido con un árbol mítico en China denominado Fusang, cuyas representaciones ideográficas podemos ver al lado de la fotografía de la figura trazada por manos desconocidas sobre el desierto peruano.

---

[51] Francisco A. Loayza: *Op. cit.*, p. 90.
[52] Francisco A. Loayza: *Op. cit.*, p. 92.
[53] Francisco A. Loayza: *Loc. cit.*.
[54] G. Bourgeois: Caractères idéographiques: dictionnaire et méthode d'étude. Librairie Sansaisha. Japon, 1908, p. 38.

第一部分　悠久的友好关系和丰厚的人文交流

El Candelabro
Paracas, Perú

¿El Árbol de la Vida?

e. *Visitantes asiáticos.*

Un tema que merece una mención especial es la existencia de piezas de cerámica de las culturas prehispánicas que representan personajes marcadamente asiáticos.

En México, Ramón Mena – quien, como se ha dicho, fue el Director del Museo Nacional de ese país – descubrió en 1921 una pieza que reproducía un personaje con claras características mongólicas; y al mostrarla al Secretario de la Legación China, éste reconoció el tipo, la indumentaria y los colores de una dinastía antigua de China y declaró que el traje y el casquete correspondían a un mandarín[55].

---

[55] Mechtild Rutsch: *Op. cit.*, p. 95.

中国—秘鲁：海内相邻，携手并进

ROSTROS ASIÁTICOS

Cultura Mochica (Perú)
S. I a S. VII d.C.

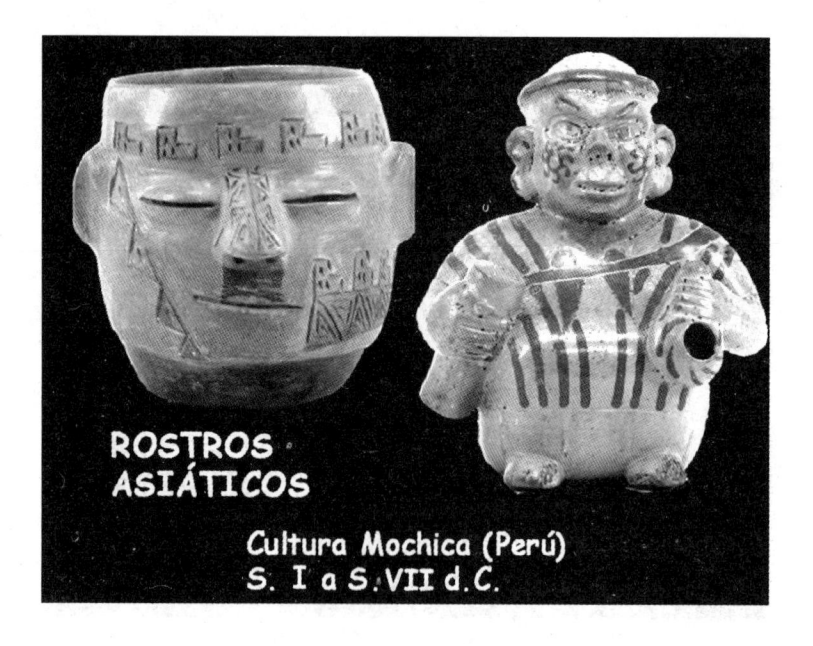

Museo Rafael Larco Herrera

Encontramos piezas arqueológicas en el Perú, hechas de cerámica, que retratan personajes de apariencia muy especial, totalmente diferentes del indio americano. La época de fabricación de estas piezas corresponde al desarrollo en China de lasDinastías Han (s. I a s. III d. C.), Jin (s. III a s. VI d. C.), Sui (s. VI y VII d. C.) y comienzos de la Dinastía Tang (s. VII y VIII d. C.). Ello ocurre fundamentalmente en la Cultura Mochica, que tiene su desarrollo desde el s. I hasta el s. VIII, en la Costa norte del Perú. Es importante destacar que estas cerámicas han sido calificadas por los arqueólogos como "retratos" porque se ha comprobado que no son invenciones artísticas sino que se trata de representaciones de hombres reales.

Uno de los personajes más notables es aquel que usa barba larga y bigotes igualmente largos, lo que no corresponde en absoluto al tipo indoamericano que es más bien lampiño y que nunca conoció ni la barba ni la forma de afeitarse; todo lo que usaban eran sólo pinzas para depilar el rostro. Sin embargo, este personaje tiene un bigote y una barba notables que, junto con su vestimenta exótica para la cultura mochica, parece representar alguien venido del Asia. El tipo racial asiático y sus rasgos culturales parecen revelar un manchú. En realidad, los manchúes provienen de la zona Noreste de China, donde nacen las rutas marítimas que permitirían atravesar el Océano Pacífico.

Museo Rafael Larco Herrera

Y este no es la única pieza de cerámica que representa un personaje barbado. Es importante señalar que se han encontrado hasta cinco o seis piezas con aparentemente el mismo personaje. Esto parece indicarnos que se trataba de alguien especial, que es retratado con un aire particularmente digno y hasta con rostro de sabio. Probablemente era un extranjero, que sorprendió a los mochicas por cuanto era bastante distinto de ellos; y es por ese motivo que se le hizo estos retratos en cerámica, que no vuelven a aparecer en la cultura mochica. Es posible que este extranjero de aspecto tan intrigante, pasara un tiempo en la costa peruana y luego partiera por el mar para no volver.

Figuras excepcionalmente barbadas
Cultura Mochica, Perú S. VI d.C.

Museo Rafael Larco Herrera

A continuación se muestran dos figuras barbadas, modeladas en cerámica. No es seguro si se trata de la misma persona. Pero, en todo caso, el de la derecha presenta el mismo rostro y el mismo tocado de cabeza que el de la imagen precedente. Sin embargo, en esta última pieza se encuentra con la barba blanca, mientras que en la anterior la tenía a rayas. Ignoro si las rayas son un artificio meramente artístico o si el cambio significa que este personaje se había hecho viejo y canoso. En este último caso, ello implicaría que el presunto viajero se quedó mucho tiempo en las costas peruanas. Nótese que ese personaje de la barba blanca lleva en la orla de su vestimenta la representación de las olas, símbolo muy conocido en las culturas de la Costa norte del Perú. En este caso podría significar un hombre que vino por el mar.

Cerámica mochica S.V d.C.

Emperador Gaozong Zhaoxin, 1127-1162 d. C.

Nótese aquí cómo el casquete del personaje barbado mochica y el del personaje barbado chino son parecidos: ambos presentan los dos extremos (sobre las orejas) levantados. Este tipo de casquetes no existe en la cerámica mochica.

Un elemento perturbador en estas asimilaciones de rasgos comunes es el hecho de que los personajes barbados de los ceramios mochicas llevan grandes orejeras, lo que no se usaba en China, mientras que era una característica del mundo andino. De manera que ése sería más bien un rasgo que aleja el parecido.

Las llamadas ahora orejeras eran una suerte de aretes que usaban exclusivamente los nobles. Era una prenda exclusivamente masculina, que se usaba como símbolo de poder político y social. La parte cilíndrica de la parte posterior que se introducía en el lóbulo de la oreja era muy gruesa, llegando hasta los 3 o 4 cm. Para poder crear orificios de esa magnitud, se perforaban las orejas de los niños nobles y se les introducía pequeñas ramas de arbusto, cada vez más anchas; hasta que la oreja y el orificio alcanzaban el tamaño necesario. Cuando el noble prehispánico se quitaba las orejeras, el lóbulo de la oreja le colgaba hasta el hombro. Por esta razón, los españoles llamaron a los nobles "orejones".

Ahora bien, cabe cuando menos preguntarse si ese personaje de aspecto chino, en el caso de que fuera realmente un visitante asiático, quizá hubiera optado por utilizar orejeras en América. Pero esto parece poco probable ya que necesitaban que las perforaciones fueran hechas desde la infancia, para que la oreja creciera más allá de lo normal. Otra hipótesis es que el retratista haya considerado conveniente colocarle orejeras cuando menos a la imagen, debido a que, siendo éstas un símbolo fundamental de nobleza dentro del mundo andino, a un personaje extranjero de tal importancia no podía retratársele sin orejeras.

Veamos una comparación más con relación a los rasgos étnicos del personaje barbado mochica.

Otros posibles visitantes extranjeros no tuvieron igual suerte. En la pieza que sigue se representa a una persona de tipo igualmente ajeno a la raza india americana, con bigotes negros y una pequeña barba, a pesar de que los indios peruanos no usaban bigotes ni barba. Pero, en este caso, la cerámica lo muestra como un prisionero atado. Por tanto, parecería que el extraño navegante – si lo fue – que llegó a las costas peruanas, fue aprehendido por los mochicas.

Museo Rafael Larco Herrera

Por tanto, parecería que el extraño navegante – si lo fue – que llegó a las costas peruanas, fue aprehendido por los mochicas.

中国—秘鲁：海内相邻，携手并进

Prisionero mochica   Personaje manchú

Notemos también que en este caso, el fabricante del ceramio no le ha colocado orejeras, ya que se trataría de una dignidad que no le correspondía en tanto que preso.

Adviértase el parecido de los rasgos: la forma de la nariz, las grandes orejas, el rostro alargado.

Aquí puede apreciarse, además de la similitud de tipo racial en personajes de la misma época, la presencia del mismo tipo de bigote y una pequeña barba en la imagen china y la imagen mochica.

En esta nueva imagen vemos otro prisionero, igualmente con bigotes y una pequeña barba, que ya ha sido desnudado a fin de prepararlo para el sacrificio humano en honor de los dioses.

第一部分 悠久的友好关系和丰厚的人文交流

Porcelana china
Holywood Road
Hong Kong.

Huaco Mochica
S.V d.C.
Museo Rafael Larco Herrera

Porcelana china
Holywood Road
Hong Kong.

Emperador
Dao Wu
Dinastía Hen del
Norte
368-409 d.C.

Ceramica
Mochica
S.V d.C.

Museo Rafael Larco Herrera

Preparado para ser degollado en honor a los dioses.

Museo Rafael Larco Herrera

Como señala Rivet, en muchas regiones de América se conservaba hasta la llegada de los españoles la leyenda de que hombres pálidos y barbados habían visitado estas tierras[22].

Por ejemplo, en el caso del Sur del Perú, los españoles recogieron la leyenda del dios Viracocha, una suerte de Dios Creador (no en el sentido cristiano de creación *ex nihilo*, sino en el sentido demiúrgico griego que transforma el caos en cosmos), en la medida que puso orden en las cosas, enseñó a trabajar la tierra y a gobernar la sociedad. Este hombre era de piel pálida, tenía una barba larga, llevaba sandalias y túnica. A veces la leyenda dice que apareció de la nada en el Lago Tititicaca. Otras veces sostienen que salió del mar y que luego se fue también por el mar. En algunas ocasiones cuentan que tenía varios ayudantes parecidos físicamente al dios principal.

Dentro de la misma línea, en el Norte del Perú encontramos una leyenda que da origen a la Cultura Lambayeque (hoy también llamadaSicán). Un rey muy poderoso, prácticamente un semidiós, llamado Naylamp, llegó por el mar, acompañado de un gran séquito, alrededor del año 700. Traía un ídolo tallado en una piedra verde (¿jade?) llamado Yampallec, el cual por derivación habría dado el nombre a dicha región: Lambayeque. Inmediatamente, Naymlap organizó a los habitantes de la región y logró establecer un reino de paz y prosperidad que tuvo hasta doce generaciones de gobernantes. Sin embargo, una vez que el pueblo estuvo organizado, Naymlap volvió a la mar y desapareció hacia el Poniente. No deja de ser significativo que los que pertenecieron a esta cultura Lambayeque tuvieran los ojos muy rasgados o almendrados, como se puede apreciar en las representaciones de personas humanas de toda su cerámica y en los dibujos en el oro labrado.

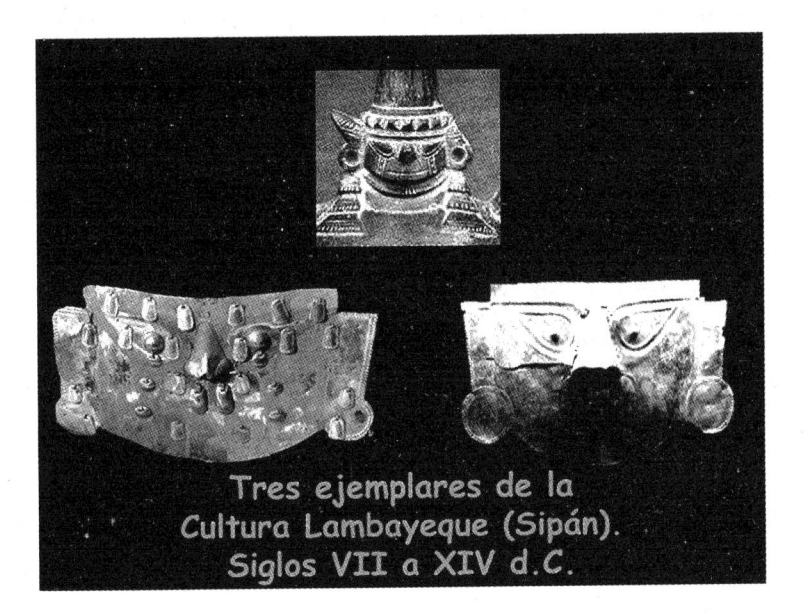

Tres ejemplares de la
Cultura Lambayeque (Sipán).
Siglos VII a XIV d.C.

Nótense los ojos rasgados en las tres representaciones

Según entiendo, en México la leyenda de Quetzalcoatl lo describe con características muy similares a Viracocha o a Naymlap.

Dejando de lado las hipótesis ridículas que dieron algunos cronistas de la Conquista española – como sostener que el personaje pálido y barbado se trataba de uno de los Apóstoles y hasta quizá de varios Apóstoles – Rivet indica que "El origen de este elemento étnico de color claro y barbado parece que debe buscarse en el Asia"[56], dejando constancia de que se trata de un tipo humano similar a los que pueden encontrarse en Armenia, la India, el Turquestán, Mongolia, Hainan y Japón[57].

f. Nombres toponímicos

Finalmente, hay autores que han sostenido también que un gran número de nombres de localidades del Perú, no tienen significado alguno en las lenguas andinas y, en cambio, pueden ser entendidos en chino como descriptivos del lugar al que se aplican o como reproducciones de nombres de ciudades chinas. Sin embargo, éste es un terreno demasiado discutible y en el que no tengo competencia por cuanto ignoro tanto el quechua como el chino.

Puede señalarse que hay coincidencias bastante curiosas[58], como es el caso de Chuicón, que es el nombre de una laguna al pie del nevado Misimi, en la provincia de Jauja; en chino, Chuy – Kong significa "cavidad con agua". También Colán, que es un pueblo al pie de un barranco y frente al mar en la provincia de Paita; en chino Ko – Lán significa "paso difícil". Por otra parte, Montán es una hacienda en Cajamarca sobre la cumbre de la cordillera donde nace el abun-

---

[56] Paul Rivet: Op. cit. p. 144.
[57] Paul Rivet: Loc. cit.
[58] Todos los casos que se mencionan a continuación han sido tomados de Francisco A. Loayza: *Op. cit.*, pp. 104 – 123.

dante torrente de Montán; en chino, Mong – Tan significa arroyo grande.

Sin embargo, veo con escepticismo esa relación cuando la palabra china que se parece al nombre peruano del lugar significa cosas tan poco vinculadas a la topografía como "esquivarse" o "templar metales" o cuando se refiere a "cubierto de arena" respecto de terrenos de cultivo en Huaraz, donde no existe arena; la misma sana incredulidad respecto de una posible vinculación filológica nos sobreviene frente a nombres de pueblos o parajes peruanos cuyo significado en chino sería "dormir" o "plebe" o "fecundar" o "hilaridad" o "qué nos importa". En realidad, estas palabras ajenas a la descripción meramente topográfica podrían todavía estar vinculadas a algún aspecto de la historia del pueblo o lugar. Por ejemplo, Monsefú, pueblo de la actual provincia de Chiclayo, significa en chino "negocio feliz" (Mong – se – fu) y podría denotar que el pueblo se desarrolló rápidamente por el comercio con los vecinos. Pero en ese caso, primero habría que demostrar la existencia de la historia para luego buscar su relación con la significación en chino del nombre, y no al contrario.

De igual manera, las aparentes semejanzas entre nombre de pueblos o parajes peruanos y nombres de lugares de China[59], para probar una relación precolombina entre las dos regiones, excede de toda proporción ya que son tantas que ello mostraría que los chinos – u otros asiáticos – tuvieron en el Perú antiguo una presencia de una intensidad que no se condice con los demás datos históricos. Por eso, tiene que ser vista simplemente como una coincidencia meramente por azar, mientras no se pruebe previamente la relación efectiva que justificaría que en el Perú se usara el nombre de una específica ciudad o región de China.

---

[59] *Vid.* Francisco A. Loayza: *Op. cit.*, pp. 125 – 154.

g. Comunicación por el Sur.

Hemos hablado hasta ahora de la conexión entre Asia y América por el Hemisferio Norte. Pero la conexión por el Hemisferio Sur tampoco era imposible y, de hecho, se encuentran muchas señales que hacen pensar en su realidad.

Aun cuando no hay pruebas arqueológicas de la presencia de habitantes de Australia en América del Sur[60] ni viceversa[61], resulta claro que las personas de Oceanía y de Asia podían navegar de isla en isla por la Melanesia y la Polinesia – como de hecho lo hicieron los Maoríes en los s. VIII y IX d. C. – y, aprovechando las corrientes de esta parte del hemisferio, acercarse a América por el Sur para remontarse luego con la ayuda de la Corriente de Humboldt hacia el Ecuador.

Un importante historiador peruano, José Antonio del Busto[62], ha puesto de relieve que tres cronistas españoles de la Conquista, quienes narran las historias que a su vez escucharon de boca de los indios, cuentan que el Príncipe Tupac o Topa Yupanqui, futuro Inca, conquistó la región de Quito y, encontrándose en el puerto de Manta,

---

[60] Sin embargo, recientes estudios realizados en Brasil con un número importante de cráneos del Pleistoceno Tardío y del Holoceno Temprano han llegado a la conclusión de que, mientras los primeros habitantes de América del Norte parecen corresponder al tipo asiático del Norte, los primeros habitantes de América del Sur tienen más afinidad con los grupos actualmente existentes australo - melanesianos. Vid. Walter A. Neves y Mark Hubbe: Santa, Brazil: Implications for the settlement of the New World. Laboratório de Estudos Evolutivos Humanos, Departamento de Genética e Biologia Evolutiva. Universidad de São Paulo, 2005. www. pnas. org/cgi/doi/10. 1073/pnas. 05071851020.

[61] Como se verá a continuación, existen suposiciones razonables, hechas por un importante y muy serio historiador peruano y basadas en las crónicas de la Conquista del Perú así como en leyendas y construcciones en las islas del Pacífico Sur.

[62] Las informaciones sobre este tema que siguen a continuación han sido tomadas de José Antonio del Busto: Tupac Yupanqui, Descubridor de Oceanía. Fondo Editorial del Congreso del Perú. Lima. 2006.

se enteró por unos mercaderes que habían llegado por mar y que existían unas islas muy prósperas en el Poniente.

Tupac Yupanqui era oriundo del Cuzco, en la región de alta montaña de los Andes peruanos, por lo que le llamó mucho la atención ese extraño gran Océano y lo entusiasmó la posibilidad de conquistar las islas. Para ello, decidió armar una expedición con 130 grandes balsas y 1500 hombres de guerra. Pero, como desconocía las técnicas de navegación, habría enrolado en su expedición a unos cierta cantidad de navegantes de la población costera a fin de llevar adelante la aventura de búsqueda de las islas misteriosas[63].

No se tienen noticias fehacientes de los lugares en que desembarcó. Sin embargo, en Mangareva, en el archipiélago de las hoy llamadas Islas Marquesas, existe hasta ahora la leyenda - e incluso una danza ritual conmemorativa - de que muchos años atrás (estamos hablando de mediados del s. XV) llegó un poderoso príncipe de un reino del Levante, que se llamaba Topa. Éste permaneció algún tiempo en la isla y, luego de construir una suerte de monumento en piedra, se fue para no volver nunca más. Indudablemente, ese príncipe debió ser muy especial como para dejar un recuerdo imperecedero entre los nativos. Y debe tenerse en cuenta que en quechua Túpac y Topa se pronuncian prácticamente de la misma forma[64].

La expedición inca habría tocado después la isla de Pascua en su regreso hacia el Levante, donde los hombres llevados por Tupac Yupanqui, acostumbrados a hacer edificaciones en piedra en los Andes, habrían construido una suerte de templo llamado Vinapú que hasta ahora existe y que, en realidad, tiene todas las características de los muros de Sacsahuamán (Fortaleza también construida por el mismo Tupac Yupanqui) y Ollantaytambo en el Cuzco.

La construcción con grandes piedras que, siendo desiguales entre ellas, calzan perfectamente entre sí, es uno de los elementos culturales propios de los Incas. Debe tenerse en cuenta que nohabían otros muros similares en la Isla de Pascua ni nunca se construyeron con posterioridad a los de Vinapú, quizá porque quienes poseían la técnica del ensamble de la piedra habían regresado al Perú[65]. Hay además una leyenda en la isla de Pascua que habla de un país situado donde nace el

---

[63] José Antonio del Busto: *Op. cit.*, p. 35.
[64] José Antonio del Busto: *Op. cit.*, pp. 85 - 98.
[65] José Antonio del Busto: *Op. cit.*, pp. 99 - 109.

Sacsayhuamán
Cuzco - Perú

Vinapú
Isla de Pascua

Muro incaico
Cuzco - Perú

Muro Vinapú
Isla de Pascua

Sol y gobernado por un Hijo del Sol (expresión traducida a la lengua nativa) que se habría llevado a una doncella pascuense[66].

Tupac Yupanqui, aprovechando vientos y corrientes remontó la Costa peruana llegando nuevamente de vuelta al puerto de Manta después de nueve meses de navegación. Regresó al Cuzco y fue nombrado Inca, teniendo un reinado bastante notable. Los cronistas dicen que trajo tres trofeos como testimonio de su aventura marítima: unas personas de piel negra (probablemente melanesios) y huesos y pieles de animales desconocidos (probablemente lobos marinos). Pero también mucho oro y una silla de latón (en realidad debió ser de cobre bañada en oro) que debió tomar del Imperio Chimú, en la Costa norte del Perú, que tenía grandes especialistas en metalurgia[67].

Es interesante señalar, como lo hace el Profesor del Busto[68], que el cronista Pedro Pizarro, a quien le tocó en la Conquista una encomienda en Moquegua, al sur del Perú actual, menciona que el curaca del lugar le contó que los pescadores dedicados a la caza de lobos marinos para aprovechar su piel y suave pelo habían algunas veces llegado hasta unas islas más al Sur y al Poniente que eran muy ricas, agregando que, para llegar a ellas, era preciso navegar en la época del año en que la corriente (hoy llamada de Humboldt, que corre de Sur a Norte) no es muy fuerte. En esta forma, utilizaban los vientos para ir hacia el Sur-Oeste; y al regreso volvía a usar el viento para ir hacia el Sur-Este a fin de encontrarse con la corriente que los traería de regreso a Ilo[69].

En realidad, las únicas islas que existen en esa dirección son las

---

[66] José Antonio del Busto: *Op. cit.*, pp. 109-112.
[67] José Antonio del Busto: *Op. cit.*, pp. 121-134.
[68] José Antonio del Busto: *Op. cit.*, pp. 113-115.
[69] Pedro Pizarro: Relación del Descubrimiento y Conquista de los Reinos del Perú, fs. 155 y 155v. Pontificia Universidad Católica del Perú. Fondo Editorial. Lima, 1978, pp. 247-248.

de Pascua más al Oeste y las de San Félix y San Ambrosio más al Sur, ambos grupos bastante lejanos; pero la única que estaba habitada era la de Pascua y, consecuentemente, sólo ella se adaptaría al relato de los indios pescadores de Ilo.

Es importante también advertir la coincidencia de que, proviniendo la planta de camote (*sweet potato*) de América Latina, se encuentra muy extendida en la Polinesia y en el Asia; y el nombre que recibe en la Polinesia es "kumara", que resulta afín al quechua "kumar" que significa precisamente camote en la región andina. Sin embargo, estudios genéticos parecen demostrar que las variedades de Asia y Oceanía estarían más cerca de la de México que la del Perú; y hay también quienes sostienen que la palabra maorí "kumara" proviene del proto-maorí "Kumal". De manera que, aunque la mayor parte de autores coincide en que el camote llega a Polinesia desde el Perú llevado por el ser humano, no hay suficiente acuerdo en las pretendidas pruebas.

Ⅵ. Conclusiones tentativas

¿A qué conclusiones podemos llegar tentativamente sobre los contactos precolombinos entre Asia y América Latina?

No cabe duda de que en el origen de la población americana hubo una fuerte inmigración asiática inicial.

La duda que persiste es si después de esos primeros contactos hubo una cierta comunicación a lo largo de los siglos.

En principio, la lógica nos hace pensar que si pudieron entrar en relación en épocas remotas, con cuánta mayor razón estaban dadas las condiciones para hacerlo cuando las embarcaciones y las técnicas de navegación de los países asiáticos habían mejorado considerable-

中国—秘鲁：海内相邻，携手并进

mente. No tenemos hasta el momento una prueba arqueológica irrefutable, concluyente, de la visita de asiáticos a América entre loss. X a. C. y s. XVI d. C. Pero más de veinticinco siglos de olvido, después de haber tenido un primer contacto, parece mucho tiempo. También la falta de curiosidad por conocer lo que hay más allá del océano teniendo embarcaciones capaces de aprovechar los vientos y las corrientes marinas, parece incomprensible. Por otra parte, según lo hemos visto en la parte precedente de este ensayo, hay una inmensa cantidad de indicios de que esos viajes se realizaron.

Es cierto que, como alguien ha dicho, la coincidencia es la madre de la superstición, mientras que la relación de causalidad es la madre de la ciencia. Pero la coincidencia es un indicio de causa. Cuando no hay pruebas causales porque el paso de las embarcaciones no deja huella en el mar o porque no se conocía la escritura y no pudo haber registro, la prueba indiciaria es la única que ayuda a hacer progresar el conocimiento.

Betty Meggers se pregunta si la cantidad de semejanzas encontradas entre las culturas asiáticas antiguas y las culturas precolombinas puede deberse a una simple convergencia a la distancia, a una invención paralela de ciertas formas sociales sin ninguna relación de causa a efecto entre ellas; o si, por el contrario, la explicación natural de esas similitudes es que hubo un contacto entre tales culturas. Y responde a ello de una manera muy inteligente. Puede haber una simple coincidencia cuando las similitudes responden a similares constreñimientos de adaptación dados por las circunstancias[70]: la rueda pudo ser reinventada muchas veces, sin ninguna relación entre tales inventos, como sim-

---

[70] Betty J. Meggers: Jomon - Valdivia Similarities: Convergence or Contacts?, en Donald Y. Gilmore y Linda S. McElroy (ed.): Across before Columbus? Evidence for Transoceanic Contac with the Americas prior to 1492. The New England Antiquities Research Association. NEARA Publications. Edgecomb, Maine, USA, 1998, p. 19.

ple respuesta natural a una necesidad de facilitar el movimiento.

De la misma manera, podríamos decir que otras coincidencias pueden surgir por lasimilitud de condiciones en que se encuentra todo ser humano frente a ciertos aspectos de la naturaleza. Por ejemplo el hecho de adorar al Sol en China y en el Perú no es en modo alguno concluyente de un contacto, que tendría que ser previamente demostrado para acreditar la conexión. Y ello porque el Sol es un elemento tan importante para la vida humana que se tiende naturalmente a divinizarlo; y así lo han hecho muchas culturas sin contacto entre sí.

Sin embargo, nos dice Betty Meggers, "no hay tales constreñimientos" – impuestos por la realidad – "en las técnicas y motivos decorativos, en el tratamiento de los bordes de los cántaros y en muchas otras características de la cerámica. En verdad, es la naturaleza arbitraria de estos elementos que los convierte en la principal categoría de evidencias usada por los arqueólogos para encontrar relaciones en el pasado"[71].

Dentro de una línea metodológica semejante, el Dr. Josef Kimmich sostenía que "no se puede deducir de la semejanza de ciertas costumbres de pueblos que ellos deben de haber sido hermanos o hijos, descendientes de la misma tribu primitiva. Si un pueblo norteamericano usa flechas, no prueba eso que ha descendido de Asia, donde los demás pueblos usaban también esta arma; pues el espíritu de investigación y de construcción se encuentra en todas las razas humanas"[72]. Pero también agrega que, pese a ello, "ciertas circunstancias concomitantes en las costumbres pueden ascender también al carácter de pruebas etnológicas importantes". Y, en este sentido, otorga gran peso a las pruebas lingüísticas y a las paleográficas[73].

---

[71] Betty Meggers: *Loc. cit.*.
[72] José Kimmich: *Op. cit.*, p. 442.
[73] José Kimmich: *Loc. cit.*.

中国—秘鲁：海内相邻，携手并进

Queda poco por agregar a este razonamiento extraordinariamente claro. Quizá sólo es necesario ver de nuevo, después de estas reflexiones, la comparación en detalle entre el dibujo – estilizado y nada realista, por tanto arbitrario – de la boca de un "*taotié*" chino y el de la boca del rostro dibujado en una cerámica cupisnique del Perú. Como se puede apreciar, estos dos diseños – de por sí caprichosos – parecen prácticamente calcados: son idénticos. Lo importante es que su similitud no obedece a la reproducción de una realidad física como la boca, realidad que de hecho existe en lugares y tiempos muy distintos sin conexión unos con otros. Por el contrario, esa realidad física es falseada, estilizada, con fines religioso – artísticos; y es ese falseamiento, es esa diferencia con la realidad física común, lo que resulta común entre uno y otro dibujo: lo que los hace similares no es la realidad sino la forma de alejarse de la realidad; lo común es la forma como estos dibujos crean una realidad mítica.

Pienso que esta comprobación nos habla necesariamente de un contacto entre las culturas asiáticas y las indoamericanas.

Sin embargo, después de haber aceptado tentativamente esta conclusión, quedan todavía muchos enigmas por resolver antes de poder demostrar el aporte cultural chino a la cultura americana.

Entre las principales dificultades se encuentra la enorme diferencia de tiempos que podemos encontrar entre unas y otras manifestaciones relativamente similares a ambos lados del Pacífico. A veces, la distancia temporal entre los elementos chinos y los americanos análogos puede ser de más de mil años. Este es el caso, por ejemplo, de la escritura china en soguillas con nudos y de los quipus incaicos; pero también la encontramos – aunque no tan distante, pero sí lo suficiente para crear una duda – en otros aspectos culturales. Sin embargo, en la época Shang de China, que corresponde a la cultura Olmeca en México y Chavín en el Perú, las semejanzas son contemporáneas y bastante pronunciadas.

Por otra parte, si la cultura china transmitió a diversas partes de América la figura del "*taotié*" que de alguna manera se conserva hasta nuestros días, si inspiró la deidad de los dos bastones y quizá las leyendas de Viracocha, Naylamp y Quetzalcoatl, si llegó al punto de transmitir una representación específica de la boca del "*taotié*" como la mostrada en la imagen anterior, ¿por qué no dio a conocer también la utilidad práctica de la rueda a los habitantes de la Costa peruana o la escritura al mundo andino en general? No tenemos una respuesta verosímil.

Todos estos cuestionamientos son importantes. Pero tampoco son pruebas de que el contacto entre la América precolombina y el Asia (en particular, la China) no existió a pesar de las coincidencias. Todo lo que nos muestran es que la investigación debe profundizarse mucho más, quizá con la intervención de un equipo conjunto de expertos chinos, mexicanos, centroamericanos y peruanos. Las dudas e inconsistencias anotadas no demuestran la imposibilidad del contacto sino que simplemente ponen de relieve nuestras ignorancias actuales, las lagunas que deben ser completadas para llegar científicamente a una conclusión, sea ésta en un sentido o en otro. Lo más probable, como siempre sucede, es que sea una conclusión matizada.

V. LA AMÉRICA ESPAÑOLA

Durante la época española, las relaciones entre Asia y América siempre existieron, aunque desde una nueva perspectiva. Tanto el Virreinato de Nueva España (hoy México) como el Virreinato del Perú, emprendieron exploraciones en el Océano Pacífico que vincularon América Latina con Oceanía y, por este medio, con el Asia.

Ruy López de Villalobos fue un osado marino español quien, a mediados dels. XVI, partiendo del puerto de Acapulco (hoy México) con cuatro navíos, navegó hacia el Poniente a la búsqueda de las Islas de las Especias. Es así como descubrió en 1543 el archipiélago que hoy llamamos Filipinas y lo llamó de esta manera en homenaje al rey Felipe II de España.

Otro gran navegante del Pacífico fue don Álvaro de Mendaña y Neyra quien, partiendo del Callao, en el Virreinato del Perú, en 1567 con dos barcos, descubrió las islas Salomón, a las que dio ese nombre porque pensaba que el Rey Salomón había obtenido ahí el oro con el que adornó el Templo de Jerusalén. Las enfermedades de su tripulación lo obligaron a regresar a América, llegando al puerto de la Navidad, en México. En razón de la posibilidad de seguir descubriendo y ocupando islas para España, se le autorizó un segundo viaje, esta vez con cuatro barcos y llevando a bordo a su esposa Isabel Barreto, que era excelente navegante. Así alcanzó las islas hoy llamadas Marquesas; y les puso este nombre en honor de la Marquesa de Cañete, esposa del entonces Virrey del Perú. Como nota curiosa, cabe mencionar que cuando Mendaña, allá en la Polinesia, se vio aquejado de la enfermedad de la que murió, en sus últimos momentos nombró Capitana de la expedición a su mujer; y es ella quien llevó a salvo los barcos hasta Manila.

También partió del Perú, en los primeros años del siglo XVII, la expedición del portugués Pedro Fernandes de Queirós, a la búsqueda de la mítica "*Terra Australis*".

Pero, sin duda, el mayor acercamiento entre la América Española y Asia se produjo cuando se instauró la ruta del llamado "Galeón de Manila". Este era un servicio regular de navegación entre Acapulco, en México, y Manila, en las Filipinas. El galeón partía siguiendo casi el paralelo geográfico y bajaba unos pocos grados hacia la Línea Ecua-

中国—秘鲁：海内相邻，携手并进

torial para llegar a Filipinas, siempre al amparo de la Corriente Ecuatorial que va en esas latitudes de Este a Oeste. El regreso era más difícil: había que subir hasta el Japón y de ahí tomar la CorrienteKuro-Sivo y la Corriente del Norte que llevaba la nave hasta California y de ahí bajar a Acapulco.

La Ruta de los Galeones

Lo interesante es que, antes de que se fundara propiamente Manila, ya ese lugar se había constituido en centro comercial, donde se reunía la mercadería de varios países asiáticos – y muy particularmente de China – a fin de enviarla a América y luego de ahí a España. En esta forma se instauró un intercambio comercial, que duró más de 240 años, entre el Asia y América. La mercadería que venía del Asia consistía básicamente en clavo de olor, canela, cuerdas, cerámica china, pero también sedas, oro en filigrana, marfiles y piedras preciosas⑭.

Una de las representaciones emblemáticas de este comercio entre Asia y la América española es el mantón de Manila.

En realidad, este mantón de seda nunca fue hecho en Manila sino en China. Pero se llamaba mantón de Manila debido a su procedencia inmediata: llegaba a América desde Manila.

El mantón chino, llamado "de Manila", tuvo una repercusión enorme en algunas partes de América, ya que una tradición - que duró desde el s. XVII hasta mediados del s. XIX - exigía, cuando menos en el Perú, que las mujeres no mostraran en público sino solamente un pie y un ojo. Para ello, vestían un ropaje de falda larga llamada la saya. Pero además utilizaban un manto sobre los hombros que les cubría la cabeza y que, coquetamente, la limeña sabía acomo-

---

⑭ Antonio Ponce Aguilar: De Cueva Pintada a la Modernidad. 2a. ed. 2002, p. 93.

dar para que solamente se le pudiese ver un ojo. Por eso se les llamaba "tapadas". Esta era sin duda una costumbre morisca, llegada a América vía España. Pero el elemento central de esta tradición cultural - que duró más de 200 años - era el manto; y los más preciados eran ciertamente los mantos chinos de seda que venían de Manila.

VI. LA AMÉRICA INDEPENDIENTE

1. El Siglo XIX

Obtenida la independencia de España en la mayor parte de las naciones de Latinoamérica, se iniciaron esfuerzos por los nuevos países para promover el comercio entre América y el Asia.

En el caso del Perú, el primer contacto se realiza a principios de 1841, cuando una misión comercial peruana hace un viaje exploratorio a China. Como resultado de tal misión y ante las posibilidades promisorias de un comercio entre ambos países, se creó en el Perú la denominada Compañía Asiática. Esta fletó un bergantín llamado "Ana", que zarpó del puerto peruano El Callao el 15 de julio de 1841. Dado el éxito de las negociaciones, otros barcos peruanos comenzaron a realizar viajes de comercio a China. A fines de 1841, el bergantín peruano "Rimac" retornó del Asia con muy buenas noticias. La grana o cochinilla y el algodón peruano habían sido acogidos en China con mucho entusiasmo, pagando por ellos precios mayores que los pagados por la misma mercadería procedente de otros países asiáticos. A su vez, el bergantín "Rimac" traía en el viaje de regreso mercadería china surtida para ser vendida en el Perú.

En términos generales puede decirse que las mercancías peruanas más fáciles de vender en China eran el cobre en barras y el algodón; a su vez, las mercancías chinas que era interesante importar en el Perú consistían fundamentalmente en arroz, sebo, aceite, comestibles y sedas[75]. El negocio podía ser muy rentable. Los señores Terry, hombres de negocio y armadores peruanos, calculaban poder traer en un viaje casi 800 toneladas de arroz que les darían una utilidad en el Perú de 55 000 pesos (lo que equivale a la misma cantidad en dólares de la época, y eso significa más de un millón de dólares en la actualidad)[76].

Lamentablemente, pronto comenzó un comercio diferente: el negocio de la inmigración de trabajadores chinos al Perú. Tomando como ejemplo a Cuba quien inició este sistema, el Perú importó mano de obra china en la segunda mitad del s. XIX, en condiciones oprobiosas. Esta operación surgió como consecuencia de la abolición de la es-

---

[75] *Apuntes personales de un comerciante peruano de 1856*, cit. p. Fernando de Trazegnies: En el País de las Colinas de Arena. Reflexiones sobre la inmigración china en el Perú del S. XIX desde la perspectiva del Derecho. Pontificia Universidad Católica del Perú. Fondo Editorial, Lima, 1994. Tomo II, No. 57, p. 97.

[76] *Loc. cit.*.

clavitud, dado que los campos de cultivo de la Costa peruana quedaron sin operarios ya que habían sido en su mayor parte trabajados hasta entonces por los esclavos negros. Y la población india peruana no tenía interés en abandonar sus pequeñas propiedades agrícolas en la Sierra alta para bajar a trabajar en la Costa bajo las órdenes de un patrono. Como consecuencia de ello, un viajero europeo de la época decía que la agricultura peruana de la Costa se parecía a la Venus de Milo: bella pero sin brazos. En cambio, China podía ser simbolizada por Guanyin, la diosa de la misericordia, que tiene demasiados brazos para un solo cuerpo. Era tal la falta de puestos de trabajo y la cantidad de *youmin* o campesinos sin tierra que vagabundeaban por los puertos de China que, aunque prohibida y severamente penada por las leyes imperiales, la emigración constituía la única estrategia de supervivencia. No había otra solución para los *kuang kun* (esto es, "bastones pelados"), llamados así porque eran demasiado pobres para formar una familia y, por tanto, no podían tener retoños[⑰].

Entre los años 1849 y 1874 ingresaron al Perú cerca de 100,000 trabajadores chinos, la mayor parte oriundos de la región de Cantón y la mayor parte también embarcados en Macao, habiendo firmado un documento impreso en español y en chino – completado con los datos específicos en cada caso – denominado "contrata", en el que interviene el inmigrante chino, el agente peruano, el Procurador de Negocios Sínicos y el Superintendente de Emigración (ambos funcionarios portugueses), el Cónsul del Perú en Macao y un intérprete portugués que garantiza la identidad del texto en los dos idiomas.

[⑰] Jean Chesneaux: Movimientos campesinos chinos (1840 – 1949). Historia de los Movimientos Sociales. Siglo Veintiuno Editores S. A. Madrid, 1978, p. 9.

第一部分　悠久的友好关系和丰厚的人文交流

CONTRATA.

"AMERICA."

Compañía Marítima del Perú.

Convenio celebrado en Macao, China, hoy día *11* de *Abril* del año de Nuestro Señor de 1870 entre el Señor Dn. ENRIQUE W. PEARCE como agente de la "COMPAÑIA MARITIMA DEL PERU" por una parte; y por la otra de *Hungzeng-chy* natural del distrito de *Anping* en China, edad de *22* años y de oficio cult. *Cult.*

CONSTE, solemnemente en el presente contrato que yo *Hungzeng* libre y espontáneamente declaro haber convenido con el Señor Dn. ENRIQUE W. PEARCE, á embarcarme en el Buque que se me designe con el objeto de trasladarme al Perú, obligándome desde mi llegada á ponerme á las órdenes de la "COMPAÑIA MARITIMA DEL PERU" para llenar cuyo objeto, entraré á servir en clase de cultivador, hortelano, pastor, criado, ó trabajador en general, por espacio de ocho años, contados desde el día en que entré á servir, y durante cuyo período araré los campos, desmontaré terrenos, cuidaré ganados, atenderé á las huertas, y en suma haré cualquiera otra clase de trabajos, cuando para ello sea requerido, haciéndome útil además con aquellos conocimientos de mecánico y artesano que pudiera poseer. Menos en el trabajo de las ISLAS HUANERAS.

CONSTE, que convengo de mi voluntad, que el mencionado período de ocho años, comenzará á contarse desde el día que entro á servir como se ha dicho, y que tengo perfectamente entendido, que la palabra *mes* se tomará, y se toma como significado de un mes de calendario, y que la palabra *año* se tomará y se toma como significado de doce de dichos meses.

CONSTE, que concluido el dicho período de ocho años me será libre el disponer de mi trabajo, no pudiendo cualquiera deuda que haya contraído servir de pretesto para prolongar el tiempo de mi compromiso, debiendo tales deudas ser reclamadas según las leyes del país.

CONSTE, que no dispenso los beneficios que las leyes del país me concedan.

CONSTE, que durante el referido período de ocho años no trabajaré para mí, ni para ninguna otra persona, sino solo en beneficio de la "COMPAÑIA MARITIMA DEL PERU" ó de la persona á quien hubiere traspasado este Contrato, y que no me ausentaré de la casa de estos sin un permiso por escrito.

CONSTE, así mismo, que convengo se me descuente un peso fuerte, ó su equivalente en moneda corriente del País, todos los meses, del salario que he convenido recibir por mi trabajo, hasta el reembolso total de la suma de ocho pesos, que confieso haber recibido aquí del agente de la "COMPAÑIA MARITIMA DEL PERU," como por vía de préstamo adelantado sobre mis salarios.

CONSTE, que solo tendré una hora para cada una de mis comidas diarias, y que el tiempo y duración de mi trabajo cada día, será el mismo de costumbre del lugar ó pueblo á que se me destinare.

CONSTE, finalmente, para lo que pudiera haber lugar, que me obligo á la observancia de todas y cada una de las cláusulas arriba espresadas, no solo con la "COMPAÑIA MARITIMA DEL PERU" sus herederos, legatarios, apoderados ó agentes, sino con todas aquellas personas á quienes fuere traspasado el presente contrato, con arreglo al decreto de 7 de Enero 1859, para lo cual, los autorizo desde hoy entera y completamente, sin que después de hecho esto, pueda ligárseles ninguna responsabilidad hacia mí.

CONSTE ASI MISMO POR MI PARTE, que yo el abajo firmado, agente en China de la "COMPAÑIA MARITIMA DEL PERU," me obligo formalmente en su nombre á que, tan pronto como sea posible, después de la llegada á su destino del buque arriba referido, dicha "COMPAÑIA," ó el que hubiese traspasado este contrato, le pagará mensualmente por su trabajo la suma de cuatro pesos fuertes, ó su equivalente en moneda corriente del País, dándole además alojamiento, suficiente ración de alimento sano, médico, siempre que lo hubiere en el lugar, y asistencia y medicinas, que exijan sus enfermedades, continuando siempre su sueldo estipulado, salvo cuando la enfermedad haya sido adquirida por desjdés ó mal comportamiento. Que se le darán dos mudas de ropa, una camisa de lana, y una frazada anuales, además de tres mudas gratis que se le darán el día de su embarque.

CONSTE, que mi pasage y manutención desde aquí al PERÚ, serán de cuenta de la "COMPAÑIA MARITIMA DEL PERU," como así mismo cuantos gastos se viere en la necesidad de hacer en el tránsito.

CONSTE, que se concederán al mismo tres días de su año nuevo para cumplir sus funciones religiosas.

Y EN CUMPLIMIENTO DE TODO LO ESPUESTO ARRIBA, declaramos ambas partes que, antes de poner nuestra respectiva firma, hemos leído por la última vez, clara y detenidamente, todos y cada uno de los empeños á que mutuamente nos obligamos, á fin de que en ningún tiempo, ni en ninguna circunstancia, pueda alegarse ignorancia, ni haber lugar á reclamo, excepto en el caso de faltar al cumplimiento de cualquiera de las condiciones arriba espresadas, con todas, y cada una de las cuales, estamos de perfecto acuerdo.

EN PRUEBA de todo lo cual firmamos hoy, día de la fecha, el presente solemne contrato de nuestro propio puño.

Procurador.   *Agente.*

79

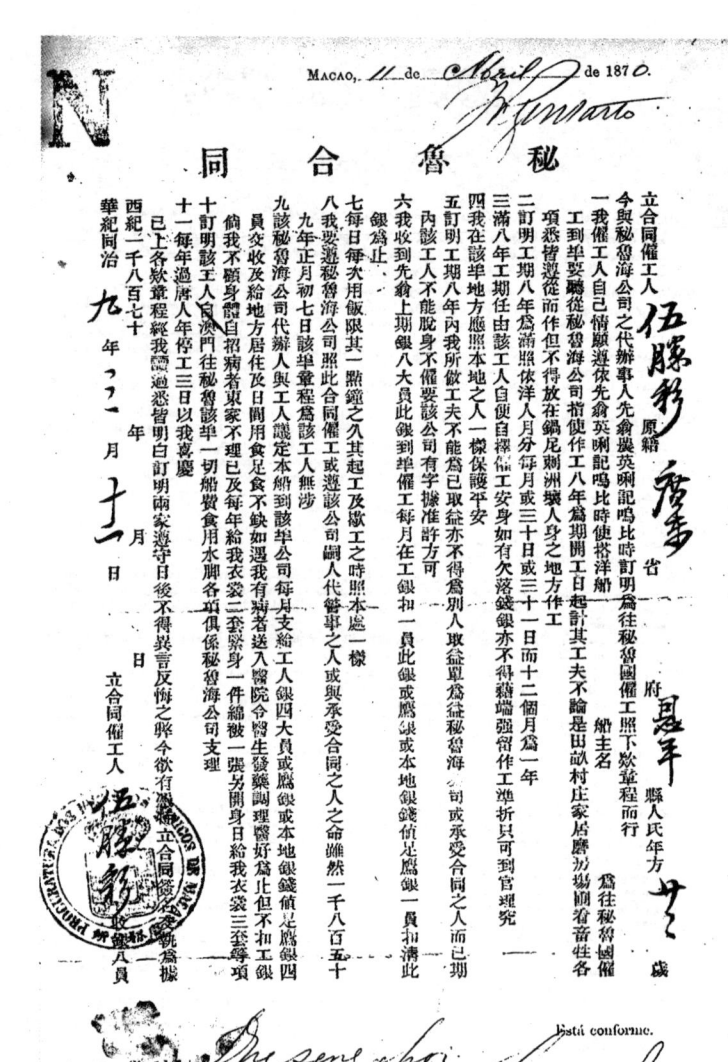

中国—秘鲁：海内相邻，携手并进

MACAO, 11 de Abril de 1870.

秘鲁合同

立合同催工人 伍滕彩 原籍 省 府 縣人民年方廿 歲

今秘魯海公司之辦事人先爺擺英唎記嗎比時訂明爲往秘魯國催工照下欵章程而行 船主名 爲往秘魯國催

一 我催工人自己情願遵依先爺英唎記嗎比時使搭洋船到埠要聽從秘魯海公司指使工八年為期開工日起許其工夫不論是由峨村庄家店鋪加場開看畜牲各項悉皆遵從而作但不得放在錫尼剌洲城人身之地方作工

二 訂明工期八年為滿照依入月分每月三十日或三十一日而十二個月為一年

三 訂明工期八年由該工人自便自擇催工安身如有欠落錢銀亦不得藉端強留作工準折只可到官理究

四 我在該埠地方應照本地之人一樣保護平安

五 訂明工期八年內我所做工夫不能為已取益亦不取別人取益單為徒給秘魯海公司或承受合同之人而已期內該工人不能脫身不能要該公司有字據准許方可

六 我收到先爺上期銀八大員此銀到埠催工每月在工銀扣一員此銀或鷹銀或本地銀錢值足鷹銀一員抵清此銀為止

七 每日用飯限其一點鐘之久其起工及歇工之時照本埠一樣

八 我要遊秘魯海公司照此合同催工或遊該公司副人代管事之人或與承受合同之人之命雖然一千八百五十九年正月初七日該埠程爲該工人無涉

九 該秘魯海公司代辦人與工人議定本船到該埠公司每月支給工人銀四大員或鷹銀或本地銀錢值是鷹銀四員交收及給地方居住及日用口食足不缺到該埠公司令醫生發藥調理醫好為此但不扣工銀

十 倘我不願身體已招病者及每年給我衣裳二套緊身一件綿被一張另開身日給我衣裳三至等項

十一 每年過唐人年停工三日以我萬慶

已上各欵章程經我體遊守日後不得異言反悔之弊今欲有憑立合同催工一紙為據

西紀一千八百七十 年 月 日

華紀同治 九 年 二 月 十二 日

立合同催工人 伍滕彩

Signal de Dyseng choi

Está conforme.

Después de los años muy duros de trabajo pactados en su contrato, estos sufridos inmigrantes se dedicaron a abrir pequeñas tiendas de abarrotes, modestos restaurantes de comida china (llamados entonces fondas y hoy en día "chifas"⑱), negocios de baratijas y también a emplearse como cocineros en las casas de las familias peruanas importantes. Como dice un escritor peruano de fines del s. XIX: "Tener un cocinero chino era un *desideratum*"⑲.

El efecto de esta inmigración marcó definitivamente al Perú. En primer lugar, el esfuerzo de la mano de obra china le permitió al Perú desarrollarse durante el s. XIX. Por otra parte, muchas costumbres chinas fueron introducidas en la vida peruana, especialmente en materia de

---

⑱ La palabra "chifa", tan difundida hoy en el Perú para designar los restaurantes de comida china, viene del chino "*chi - fa*" que significa "comer" (más particularmente, en cantonés, "comer arroz").

⑲ Juan de Arona (Pedro Paz Soldán y Unanue): La inmigración en el Perú. Monografía histórico - crítica (1891). Academia Diplomática del Perú. Lima, 1971, p. 104.

alimentación. La cocina peruana ha recibido una influencia importante de la china. Y los restaurantes chinos abundan en el Perú actual, con todas las calidades y precios. Incluso hay influencias muy sutiles pero absolutamente extendidas: todos los niños peruanos, cualquiera que sea su condición o clase social, resuelven sus controversias con el juego de presentar simultáneamente uno a otro sus manos, ya sea en forma de puño, en forma abierta o con los dedos índice y medio extendidos; y según la forma de las manos, gana uno o el otro. En realidad, se trata del juego denominado en mandarín *Pau Jien Tap* (envolver – tijera – martillo) y que en cantonés se llama *Shin Kin Pau*, lo que se ha castellanizado como *Yan – Quen – Po*. Sin embargo, es considerado tan peruano que he tenido que soportar la incredulidad de las personas cuando he tratado de explicar que se trataba de un juego chino, traído al Perú por los inmigrantes.

Esa emigración de China, muchas veces forzada, y la correspondiente inmigración en el Perú en condiciones poco dignas, finalizó con los acuerdos que suscribieron los Gobiernos de Perú y China en 1874. A partir de ahí, no hubo nunca más importación de mano de obra china bajo contrata. Sin embargo, quienes habían sido importados hasta ese momento bajo tal régimen, seguían sujetos a sus inicuos compromisos.

Sin embargo, no todos los chinos que llegaron al Perú en els. XIX lo hicieron en condiciones tan duras. Algunos vinieron como representantes de firmas chinas que buscaban establecerse en Lima, a fin de iniciar un comercio entre los dos países. También hubo el caso de personas que llegaron con un cierto capital y que, en unos casos, montaron una casa importadora de productos de China y en otros incluso alquilaron grandes haciendas (fincas agrícolas) a los peruanos, convirtiéndose en personas económicamente muy importantes[80]. Y hubo asimismo un gran número de herbolarios y de *taifu* o médicos chinos que se establecieron en Lima[81].

HERBOLARIOS

Kuan Beng   Chong Fung

Lima, Per? finales del S. XIX

2. El Siglo XX

Pero con la entrada al s. XX, todos esos rezagos de un sistema oprobioso desaparecieron. Volvió a surgir con mucha fuerza una inmigración china masiva. Pero esta vez se trataba de hombres libres que venían al Perú a buscar trabajo y fortuna. Una vez más, aunque la mayor parte eran campesinos sin tierra, había inmigrantes de todas las clases sociales y con muy diferentes condiciones económicas.

Dos familias que constituyen un emblema de la inmigración china del s. XX al Perú son la Wu y la Wong, ambas de Cantón.

---

[80] Fernando de Trazegnies: *Op. cit.* T. II No. 293, p. 483.
[81] Sobre los chinos independientes y prósperos, algunos incluso muy ricos, *vid.* Fernando de Trazegnies: *Op. cit.* T. I, cap. 18, pp. 314-329.

中国—秘鲁：海内相邻，携手并进

La familia Wu[20], procedente de Santin, Sze Yap, en la provincia de Guandong, con antecedentes genealógicos conocidos desde el s. XII, provenía de un General Wu, quien recibió territorios del Emperador como recompensa por su lealtad. Wu Yichang era, a fines del s. XIX, un hombre rico, propietario de tierras y negocios; y además un filántropo, especialmente en materia educacional. Pero en esa época había gran preocupación en China por la inestabilidad política interna y por el reto que implicaba Occidente. Aprovechando una suerte de tratado entre el Perú y China para fomentar la inversión extranjera – esto es, la inmigración de personas cultas y con capital – decidió venir a establecerse en el Perú y creó una casa comercial que hasta ahora pertenece a sus nietos y bisnietos. Pero además, otros miembros de la familia, entusiasmados por las nuevas ideas políticas que se producían en China con la República y la modernización, decidieron venir donde

---

[20] Celia Wu: Recuerdos de familia. Comunicación personal. Cambridge, UK, año 2006.

sus parientes del Perú buscando cosas nuevas y exóticas. Y desde entonces la familia se afincó entre el Perú y Hong Kong. Actualmente, los Wu en el Perú tienen un alto nivel económico e intelectual, como propietarios de importantes negocios y entre sus miembros figura, Celia Wu, una muy destacada historiadora peruana. Sin embargo, estas familias cargadas de tradiciones chinas no las abandonaron al establecerse en el Perú sino que conjugaron el Asia y la América Latina en su vida cotidiana y en su pasado culturalmente siempre activo.

Había también, durante el s. XX, otros inmigrantes con menor disponibilidad de dinero, que soñaban con instalarse en el Perú. Al llegar, algunos abrían un pequeño restaurante de comida china. Pero un gran número procedió a instalar minúsculas tiendas de abarrotes, haciendo la competencia a los italianos. Era tal el número de estas tiendas, llamadas "pulperías"⑧, que se decía que prácticamente en cada esquina de la ciudad, cualquiera que fuera el distrito, había una tienda de chinos.

Entre estos inmigrantes hubo personas verdaderamente notables por el esfuerzo desplegado para mejorar su situación económica. Un caso emblemático es el de la familia Wong. El padre llegó de China en condiciones muy modestas y abrió una de estas minúsculas tiendas de abarrotes en un distrito donde vive la gente económicamente más pudiente. A base de su esfuerzo y de su persistencia, esa pequeña tienda fue ampliándose, superando la venta de abarrotes para ofrecer también una serie de otros objetos a sus clientes. El señor Wong - quien ha fallecido hace muy poco tiempo - tuvo un manejo muy prudente de su negocio y lo ganado lo invirtió en la educación de sus hijos, quienes fueron enviados a estudiar en las mejores universidades norteamericanas. Cuando esta segunda generación regresó de sus viajes de estu-

---

⑧ El origen de este nombre es incierto.

dios, se hizo cargo del negocio familiar. El día de hoy, la familia Wong tiene la más importante red de supermercados en el Perú, es considerada como una de las fortunas peruanas y su empresa ha sido premiada como la más eficiente y moderna del país.

Si tenemos en cuenta la cantidad de inmigrantes chinos que llegaron al Perú desde el s. XIX hasta hoy y dado que la mayor parte se casó en el Perú con mujeres peruanas, podemos decir que en este país aproximadamente el 25 % de la población peruana tiene, de una manera o de otra, ancestros chinos. Y no me estoy refiriendo a las migraciones precolombinas sino simplemente a aquellas que tuvieron lugar durante los s. XIX y XX. Y, como muestra, puedo decir que yo mismo tengo nietos de origen chino y que llevan un apellido chino - Chang - porque mi hija mayor se casó con un peruano nieto de chinos.

Paralelamente, a partir de comienzos del s. XX, el Perú recibió también la inmigración japonesa. En este caso, los inmigrantes vinieron desde el inicio en condición de libres y se organizaron según sus posibilidades económicas. Algunos desarrollaron negocios de importación; pero muchos otros instalaron negocios menores, como peluquerías para caballeros, florerías y otros similares. Paradójicamente, la comida japonesa no fue originalmente aceptada por el cliente peruano, que prefería la comida china. Es solamente en los últimos diez o quince años que los restaurantes de comida japonesa compiten con los restaurantes chinos.

Esta inmigración japonesa tuvo proporciones también considerables, ya que el Perú tiene la segunda colonia japonesa más importante de América Latina, inmediatamente después de Brasil. Los inmigrantes japoneses también elevaron notablemente su nivel de participación en la vida social, al ocupar puestos importantes como ingenieros, técnicos e incluso como políticos; al punto que en la década pasada el Perú ha tenido un Presidente de origen japonés, que es *nisei*, vale decir, primera generación nacido en el Perú.

Ⅶ. HACIA EL FUTURO

Es así como llegamos a la época actual, desde la cual podemos contemplar el futuro. Hoy en día, Asia juega un papel importantísimo en el punto de vista latinoamericano. De un lado, las reuniones del APEC han contribuido notablemente a crear una consciencia de "Cuenca del Pacífico" como una unidad nuclear de relaciones económicas. De otro lado, los intercambios comerciales bilaterales entre los países latinoamericanos y los países asiáticos han aumentado en una forma insólita en los últimos años. Para el Perú, China es su principal comprador de harina de pescado, que es uno de los productos que lideran las exportaciones peruanas. Por otra parte, China también es gran comprador de minerales. Y últimamente comienza a convertirse en comprador de uvas y otros productos agrícolas.

Debemos recordar que dentro de la "Cuenca del Pacífico" encontramos a la mitad de la población mundial; asimismo, dentro de su marco, se crea más del 50% del Producto Bruto Mundial; y, por otra parte, en el interior de esta "cuenca del Pacífico" se lleva a cabo más del 47 % del comercio mundial.

Estas cifras son elocuentes y decisivas: Asia y América Latina deben formar un bloque común, basado en una consciencia de una historia común y de un futuro igualmente común y ventajoso para todos.

El nuevo mapa de las relaciones entre Asia y América no puede colocar a estas dos regiones en los extremos opuestos del mundo, de espaldas la una a la otra, sino que debe estar centrado en la Cuenca del Pacífico, con Asia y América mirándose frente a frente.

中国—秘鲁：海内相邻，携手并进

LA CUENCA DEL PACÍFICO

中秘关系源远流长

朱祥忠[①]

根据历史记载，大约在16世纪末和17世纪前半期，即我国的明清之际，已有一些中国商人、工匠、水手、仆役等经过西班牙殖民地菲律宾的马尼拉到达墨西哥和秘鲁，经商或做工，被称为"马尼拉华人"。但大批向拉美国家输入华工，是在19世纪中叶，即1840年第一次鸦片战争以后。西方列强用大炮打开了中国几千年封建王朝的大门。由于清朝反动腐朽的封建统治，加上战乱，百姓家破人亡，流离失所，被迫出国谋生。新独立的秘鲁等拉美国家百废待兴，迫切需要廉价劳动力。秘鲁当时全国只有约200万人口，平均每平方公里只有两人。为了吸引华工，1849年11月17日秘鲁国会还通过了移民法，因主要内容是鼓励输入中国移民（每引入一名华工政府奖励30比索），所以又叫"华人法"。秘鲁于1855年正式废除了黑人奴隶制和印第安人农奴制。19世纪西方列强已开始直接侵占和瓜分非洲大陆，也需要黑人劳动力。在这种情况下，西方人口贩子则乘机以欺骗的手段，大搞贩卖契约华工的贸易。这些华工大多数都是广东人，起初从厦门，后来则从香港、澳门出发，被运往秘鲁。据统计，1849—1874年间，共有10万契约华工被运往秘鲁。

---

① 作者于1988年6月至1990年10月任中国驻秘鲁第五任大使。

中国—秘鲁：海内相邻，携手并进

在当时的条件下，从中国到秘鲁九万海里的航程至少需要120天时间。由于船上卫生条件恶劣，拥挤不堪，闷热潮湿，又缺少起码的营养，从中国开赴秘鲁的十万人中就有一万人死在旅途中。

这些华工被运到卡亚俄港后，上岸前要经过身体检查，洗澡，换上一件新单衣。上岸后即被带到苦力市场，如同商品和牲口（被称为猪仔）一样，任人挑选，买主上下打量，摸来摸去，让苦力转身、走路。一位秘鲁学者在书中形容当时的情形说："不仅当事人感到莫大的耻辱，就连旁观者也感到羞辱。"这些"猪仔"按照身体条件，每个可卖到350—400比索，而卖主对每个华工的投资只有100—150比索，因而大发横财。

他们被买主选中后，即签一份如同卖身契一样的合同，成为买主的财产，可以随意转让。初期合同为五年，后来增至八年，合同规定，华工每年只有三天假期（即农历新年），其他的时间不得休息，没有主人允许不得离开。

在到达秘鲁的九万多华工中，除了约一万人被派去挖鸟粪和修铁路、公路、港口外，其余多数人都被赶到秘鲁沿海各地的庄园做工，主要是种植甘蔗和棉花。还有一些人被主人用来做佣人、厨师、面包工、花匠、搬运工、印刷工、店铺伙计等。

在庄园做工的华工，过着奴隶般的生活，每天工作12小时以上。他们住在破旧简陋的草房里，睡在草席上，仅有的财产是一条毯子和少量破旧衣物。一个月只发四个比索，因病缺工还要扣钱，实际上每月只能领到一个比索，有时一个比索都拿不到。

华工对秘鲁农业的发展作出了重大贡献。据统计，秘鲁北方90%的农场最初都是由中国人开垦的。还从中国引进了优良的稻种并试种成功，被秘鲁政府授予勋章。当时，一位秘鲁参议员说："如果没有来自中国的移民，田间就没有干活的人手，这样将势必无法维持我们的生存。"

华工从事的另一项工作，就是大规模的铁路、公路、矿山和港口的建设。先后从事这项工作的华工5000多人。他们参加了秘鲁中部、南部铁路，特别是中央铁路干线的修建。他们从事的都是最繁重和最危险的工作，有的铁路建在海拔4000米以上的山上，许多人因工伤事故和疾病而死亡。可以说，秘鲁的铁路是用华工的血汗建成的。秘鲁是南美洲最早修建铁路的国家，现有2000多千米长的铁路线，基本上都是以华工为主力建起来的。特别是中央铁路的建成，使秘鲁中部的矿产资源，如铜矿，可以直接通过铁路运到海港，为秘鲁的经济发展起了极为重要的作用。

最初来到秘鲁的华工，有相当一部分人被迫到钦查群岛挖鸟粪。他们的处境更加悲惨。

一个秘鲁历史学家关于华工的处境描写道："华工们在合约期间毫无人身自由，是没有被称为奴隶的奴隶。他们白天在工头和庄园主的监视下做工，夜晚被锁在工棚里过夜。被鞭打、戴铁镣也是司空见惯的事，更有的庄园主设私牢，关押华工。"

面对这种屈辱和压迫，具有反抗精神的华工，多次进行暴动和斗争。规模较大的一次是1870年9月4日，由利马以北不远的阿拉亚庄园的华工发起的起义，被称为"黄脸暴动"，引起其他沿海十几个庄园的华工起义，有1200多名华工参加，他们高举义旗，手持农具和夺来的武器，捣毁了庄园，杀死了一些庄园主或管家。一时间，起义风火遍及方圆数十里。

在当时的历史条件下，这种自发的起义是不可能成功的，他们被从利马等地派来的武警镇压下去了。但这次起义却深深地震动了秘鲁社会。

旅秘华工由于受到雇主的歧视虐待和残酷奴役，一再向清政府提出控诉和呼吁，而秘鲁政府也因与中国无外交关系不能在中国合法招工和进行贸易，再加上"玛尔西"号苦力船事件，便促成了两国政府之间的谈判。（1872年秘鲁"玛尔西"号船从澳门非法掠运华工230人回国，经日本横滨港，有华工投海自尽，被救起，日本当局将该船扣留，并通知清政府和请西方各国领事共同进行调查，该船华工纷纷控诉船主苛刻相待，要求恢复自由，返回祖国。当时中外舆论哗然，迫使该船把华工全部放回。）

1873年经英美等国驻华公使的中介，秘鲁政府致函清政府总理衙门，请求与中国订立有关条约。同年9月，秘政府派特使加西亚到天津，同清政府全权代表、直隶总督兼北洋大臣李鸿章举行了会谈，就华工问题进行了反复讨论，未能达成一致。后经英国驻华公使从中斡旋，1874年4月双方重开谈判，最后互相作了让步，秘方允诺订立查办华工事专条，并同意清政府派官员赴秘鲁调查。清政府这才同意于1874年6月26日在天津签订《中秘友好通商行船条约》，确定两国建立外交关系，互设领馆；两国人民之间可自由贸易往来、旅游、雇工或居留；严禁诱骗华工到秘鲁，在秘鲁华侨应享受平等之权利，并受到法律保护；秘鲁政府废除以前一切对华工之苛例。1875年8月7日秘政府派特使爱勒谟尔来华，同清廷巡抚丁日昌在天津换文，条约生效。因此，秘鲁便成为拉美地区第一个同我国清政府正式建交的国家，李鸿章奏请在秘鲁设立公使馆。

1878年，清政府派陈兰彬为出使美国、西班牙、秘鲁三国钦差大臣兼驻上述三国的首任公使，容闳为副使，常驻华盛顿。后因秘鲁和智利间发生南美"太平洋战争"，海上交通中断，陈兰彬未能去秘递交国书。1881年清政府又派郑藻如接替陈兰彬为上述三国第二任公使。1884年郑藻如赴利马向秘鲁总统递交了国书，正式在秘鲁设立公使馆。按国际法规定，递交国书后才能行使公使职权，所以实际上郑藻如是中国派驻秘鲁的第一任公使。

民国初年，拉美国家对孙中山先生领导的辛亥革命表示同情，巴西和秘鲁分别于1913年4月9日和10日宣布承认中华民国，继续保持外交关系。1944年9月，秘鲁总统普拉多提议，将驻中国的公使馆升格为大使馆，国民政府同意并派保君健为第一任驻秘鲁大使。

随着中秘两国政府之间的交涉、签约以至建交，旅秘华工的待遇和处境有所改善。但20世纪30年代发生了世界经济危机，秘鲁等拉美国家经济困难，失业增加，采取了限制华工、华商的政策，旅秘华侨大为减少。第二次世界大战期间和以后，该地区经济恢复发展，旅秘侨胞增加。新中国成立后，特别是中国实行改革开放政策以来，又有不少中国人旅居秘鲁。据估计，目前旅居秘鲁的侨胞约有四万人，而具有中国血统的华裔可能有上百万人。

前面已经讲到，过去的契约华工长期遭受秘鲁的大庄园主、矿厂主的残酷压迫和奴役，但他们同秘鲁人民，特别是那些黑人奴隶和印第安农奴们，同劳动，共甘苦，共命运，不仅一起为秘鲁的经济建设作出了重要贡献，而且结下了深厚的友谊。他们还互相通婚，传宗接代。

据历史记载，移入秘鲁的九万多华工中，只有150名妇女，其余都是男性。当时由于种族、宗教信仰和生活习惯的不同，男性华工同当地妇女结婚比较困难。他们主要同印第安人和黑人下层社会的女子同居或结婚，生儿育女，形成混血家庭。但在当时的历史环境下，这种家庭是临时拼凑起来的，是双方互相依赖的需要，没有真正意义上的爱情基础。

曾有这样的历史记载：一个承包人，根据华工的要求，拿到佣金后，到山区农村找来所需数量的女子，被引入一个房间列成一队，面向一面墙壁站好。然后再把同样数量的华工引进房间，站成一排，面向另一面墙。承包人一声击掌，叫道："新娘、新郎转过身来"，面对面的即成为夫妻。这种碰运气的婚姻是不允许反悔申辩的。

随着历史的发展变化，华工处境和地位也发生了变化，成了自由人，可以自谋职业。到了20世纪40年代，从事商业活动的已占旅秘华侨总数的80%。他们经营范围很广，如百货、粮食、房地产、进出口贸易、餐馆、茶楼、服装店、电影院、旅馆、旅行社等，几乎涉及所有的行业。后来则有不少在秘鲁出生的华侨子女受到了高等教育，文化素质大大提高。他们不仅在经商方面取得了很大成就（如黄炳辉、邓氏、戴氏、唐氏家族等），而且从政，进入了上层社会，其中不少人当了国会议员、政府部长、省长、将军，甚至当了政府总理等高级职位，这在其他拉美国家是少有的。

旅秘华侨、华人不仅学习、适应了秘鲁的文化传统，还把历史悠久的中国文化、习俗带进了秘鲁，使两种文化融为一体。据考证，印第安人不仅外貌上与中国人十分相像，而且在心理特征和人类基因方面也与中国人相仿，因此互相更容易接纳。

中国的饮食文化对秘鲁人的影响则更大。秘鲁全国到处都有中餐馆，中餐馆就叫"吃饭"，在利马就有3000多家"吃饭"。秘鲁人吃大米的习惯就是受中国人的影响。他们对炒饭、馄饨、春卷、葱、蒜、姜等的叫法，同中国人一样。绝大多数秘鲁人都爱吃中国饭，并且不少人自己都会做。

旅秘侨胞还利用报纸和办学传播中国文化。在秘鲁有一个全国统一的华侨组织叫"中华通惠总局"，在利马有下属八大会馆，各省市也都有自己的会馆。他们办了几份华人报纸，如《公言报》《民醒报》《华商报》《东方日报》等，还办了两所华人学校。另外还有以华人为主体的友好组织"秘中文协"和"秘中友协"。这些华侨、华人团体，通过各种渠道，特别是每年春节、国庆期间，举办展览、报告会、联欢会等活动，介绍中国的建设成就和优秀的民族文化，对促进两国人民的文化交流起了重要作用。

旅秘侨胞和华人虽已融入秘鲁社会，大部分加入秘鲁国籍，但从未忘记自己的根，一直关心着祖国的安危和建设，并为此作出了重要贡献。

1937年日本发动了侵华战争的消息传到秘鲁后，在当地华侨、华人中引起极大的震动，席卷全国的抗日救国浪潮波及世界各地的炎黄子孙。旅秘侨胞立即行动起来，开展声势浩大的宣传和募捐活动。他们联合成立了"秘鲁华侨抗日总会"和"航空建设委员会"，采取义演、售旗、卖花、认购公债、志愿捐款和规定性月捐等方式，筹集大量款项（上百万美元），由华侨代表送回祖国，买飞机支持抗日。

旅秘侨胞的义举受到了周恩来、冯玉祥、蒋介石等中国党政军领导人的高度赞扬，并为此写了不少有关抗战的中文条幅和题字。在抗战胜利45周年的时候，旅秘侨团中山隆镇隆善社用这些条幅原件专门搞了一次"墨宝展览"。我当时正在秘鲁工作，应邀出席并为展览开幕式剪彩。参观后我被旅秘侨胞的爱国精神深深感动。

他们积极支持祖国家乡建设事业。旅秘侨胞大多数祖籍广东。他们捐款或投资家乡盖工厂，办学校，建医院，修公路，为家乡的社会发展和经济建设作出了重要贡献。

1949年新中国成立后，秘鲁仍同台湾保持所谓"外交关系"。中秘之间来往较少。但1968年秘鲁总统贝拉科斯上台后，实行积极的对外政策，强调"在平等互利的基础上根据民族的利益，同一切国家建立关系"，为中秘建交打开了大门。此时中国政府积极支持包括秘鲁在内的拉美国家要求维护200海里海洋权的正义斗争。1970年5月秘鲁遭到严重地震灾害时，我国红十字会及时捐赠救济款人民币159万元，帮助秘鲁人民克服困难，增进了两国人民之间的友谊。1970年12月5日智利阿连德政府同中国建交，对中秘关系发展也起到了推动作用。同年联合国大会讨论恢复中国席位提案时，秘鲁政府代表投了弃权票（过去一直投反对票），而对阻挠恢复中国席位的美国提案投了反对票。

1971年4月，秘鲁政府请当地华人领袖人物何莲香前往智利，邀请当时正在智利访问并出席联合国第三次贸易和发展会议的我国外贸部副部长周化民访秘。访问期间贝拉斯科总统接见了周化民一行，周同秘鲁副外长贝多亚会谈，双方就发展两国贸易和互设商务处事交换了意见。同年6月，秘鲁农业部长坦塔莱安将军率领秘鲁贸易代表团访华，秘外交部副部长卡洛斯·阿尔萨莫拉同行。周总理接见了他们。双方签署了会谈纪要，同意各自尽快在对方首都设立商务办事处，作为建交的第一步。同年7月，中国驻秘鲁商务办事处在利马正式成立，王言昌同志为办事处主任。8月，秘鲁驻华商务办事处主任也抵达北京。此时中美外交僵局即将打破的消息公之于世，贝拉科斯政府加快了同中国建交的步伐。秘鲁驻华商务办事处还未来得及正式宣告成立，秘外长梅尔卡多·哈林和总统贝拉斯科就先后宣布决定同我国建交，并支持恢复中国在联合国的合法席位。同年9月，我国驻加拿大大使黄华与秘鲁驻加大使德拉福恩特，在渥太华进行了建交谈判，11月2日签署并公布了两国建交公报。中国在建交公报中"承认秘鲁对邻接其海岸的200海里范围内海域的主权"；秘方"承认中华人民共和国为中国的唯一合法政府"；"中国政府重申，台湾是中华人民共和国领土不可分割的一部分"，秘方表示"注意到中国政府的这一立场"。因此，两国刚刚在对方首都建立的商务办事处即被改做了大使馆。两国关系揭开了新的一页。

中国—秘鲁：海内相邻，携手并进

两国建交后人员来往增多，经贸合作得到迅速发展。1971年11月秘鲁动力和矿业部部长费尔南德斯率政府代表团访华，同中国对外经济联络部副部长陈慕华签署了两国间经济技术合作协定，决定中国政府在1972年1月至1976年12月31日五年内向秘鲁政府提供长期无息和不附加条件的1700万英镑贷款援助。这在当时的条件下，对中国来说是一个不小的数字。1972年8月，双方又签订了《中秘两国政府贸易协定》和中国五金矿业公司购买秘铜、铅、锌的长期协定。这些协定对当时正同美国关系恶化的秘鲁来说，无疑是有力的支持。同年贝拉斯科总统夫人访华，周恩来总理亲切会见了她。周总理热情赞扬她的来访"必将为进一步增进两国人民的相互了解和友谊，为促进中秘两国人民友好合作关系的发展作出积极的贡献"。贝拉斯科总统夫人表示："感谢你们的声援，最近你们为了减轻数以千计遭受自然灾害的秘鲁人民的痛苦，给了我们宝贵的援助。"

中秘建交45年来，两国友好合作关系得到了全面、长期、稳定、健康的令人满意的发展。两国领导人高层互访频繁，增进了互相了解和信任，有力地推动了双边关系的深入发展。2008年11月，国家主席胡锦涛对秘鲁进行国事访问时，双方建立了战略伙伴关系。2013年4月，秘鲁总统乌马拉访华时，两国关系提升为全面战略伙伴关系。2014年7月，国家主席习近平在对巴西进行国事访问并出席中国同拉美和加勒比国家领导人会晤期间与乌马拉总统会见，双方高度评价两国友好合作关系的发展，并一致表示将推动这一关系的不断向前发展。

2016年7月28日，秘鲁新总统库琴斯基在国会宣誓就职。他上任伊始就宣布，将选择中国作为首次出访的目的地，因为秘鲁政府高度重视秘中关系。在9月13日与习近平主席的会谈中，两国元首赞同从战略高度和长远角度看待和发展中秘关系，共同推动两国全面战略伙伴关系迈上新台阶。他表示，秘鲁人民钦佩中国坚持独立自主发展道路，通过自己的努力成为世界第二大经济体，最大工业国和国际事务中重要国家。库琴斯基总统还亲自邀请习近平主席出席2016年在秘鲁举行的APEC峰会。

在平等互利、取长补短、共同发展的原则基础上，两国经贸合作卓有成效。2009年4月，中秘签署了双边自由贸易协定，并于2010年1月正式生效。这一协定对两国经贸关系的发展具有重要意义。中国已成为秘鲁全球第一大贸易伙伴和第一大出口市场，秘鲁是中国在拉美第六大贸易伙伴。2015年双边贸易额为144.7亿美元，其中我国出口63.5亿美元，进口81.2亿美元；2016年1—5月，贸易额为60.24亿美元，同比增长10.9%。中方出口主要为机电、高新技术产品、纺织品和服装等，进口鱼粉和铜、铁等矿产品。中国在秘鲁有着可观的投资，主要在矿业、石油开采、渔业等方面。

在文化、教育、体育、科技、旅游等领域的交流合作，日益增多，丰富多彩，并都签有长期合作协定。中国同秘鲁还签有引渡条约、关于和平探索和利用外部空间合作协定、关于联合开发两洋铁路项目可行性基础研究的谅解备忘录等。在台湾问题上，秘鲁历届政府均坚持一个中国政策。在国际事务中，相互理解，密切合作。

展望未来，中秘友好合作关系的发展有着坚实的基础和美好的未来，因为我们两国同为发展中国家，有着共同的利益和理想，有着发展这一关系的强烈愿望，特别是长期以来形成的两国人民之间深厚的友谊。正如曾为两国建交作出重要贡献的坦塔莱安将军所说："友谊不只是一句话，而是美好的现实。我认为两国间进行的贸易固然是重要的，但在我们两国人民之间万古长存的将是我们建立起来的友谊。"

中国—秘鲁：海内相邻，携手并进

一位为秘中友好毕生耕耘的
传奇人物——阿尔赛

汤铭新[①]

那是1960年的一个寒冬季节，一群关心和向往新中国的拉丁美洲新闻工作者结伴来到中国，其中有一位年轻的秘鲁记者名叫安东尼奥·费尔南德斯·阿尔赛。第一次来到这个遥远而充满神秘的国家，阿尔赛的兴奋之情可想而知。清晨，不顾刺骨寒风，他登上北京饭店的顶层，在一轮红日的照耀下放眼望去，眼前便是金光灿烂的天安门城楼，远处绵延的燕山构成了一道苍翠的屏障，南面可以望见正阳门的城楼和仿佛是在古老城墙上升起的天坛圆顶。街上已经有不少行人，自行车在结着厚厚冰凌的马路上行进，一幅古老而又质朴的画面令阿尔赛陶醉。北京是多么可爱啊！从此他便与北京结缘，与这个正在地球东方崛起的国家结下了不解之缘。

谈到那次访问，阿尔赛便和我讲起毛主席的会见。他说那次会见给他留下了至今难以忘怀的深刻印象。毛主席作为新中国的缔造者，在世界上享有崇高的声望。能够有机会听到他的谈话，是他向往已久的夙愿。出乎他意料的是，毛主席不但对拉丁美洲当时的形势非常关

[①] 作者系本书主编之一，中国前驻玻利维亚和乌拉圭大使，中国前外交官联谊会名誉副会长。

心，而且对拉丁美洲的历史也了解得很多。会见刚开始不久，毛主席便说，拉丁美洲离中国实在太远，由于种种原因，双方的来往和了解还很少，今天能请到这么多拉美朋友来中国，你们便是帮助我们了解拉美的最好的老师。然后，转身对阿尔赛说，你来自秘鲁，你们那里古代有个印加帝国可了不得，有发达的农业，高超的建筑技艺，还掌握了不少天文知识。据说，还是一个有着严格道德标准的社会。阿尔赛回答说，是的，印加人世代相传并信奉的道德标准是三句话：莫偷盗、莫说谎、莫偷懒。毛主席听了后一边重复这三句话，一边点头说："多么好的道德标准啊！"在场的拉美外宾听了毛主席的这一席话，无不为毛主席如此了解秘鲁历史而深感钦佩。

那次会见还有一段有趣的插曲。在阿尔赛座车进入中南海会见大厅门前停下来的时候，只见一位彬彬有礼的官员趋前一步与阿尔赛等握手问好。待和毛主席的会见结束后，阿尔赛要求翻译为他单独引见周恩来总理。不料，翻译告诉他，刚才进入会见大厅时在车门前与你握手相迎的正是周总理。阿尔赛想不到自己有如此重大的忽略和不敬，连忙请翻译向周总理问候和说明：由于当时只想到和毛主席会见时要说些什么话，因此下车并没有在意那位在车门前握手相迎的官员，以为只是例行公事迎待的礼宾官员，因此，请总理原谅。周总理听了后爽朗地笑了起来说："请不必介意。现在我们不是见面和认识了吗？认识一个朋友而有'相见恨晚'的感觉，正好说明我们是真正的朋友啊！"阿尔赛听着周总理含义如此深邃的回答，一下子为总理高雅大度的气魄所慑服。

1976年1月8日，我们敬爱的周总理与世长辞。噩耗传到秘鲁，一位秘鲁小姑娘分外悲痛。那天她前往中国驻秘鲁大使馆，参加悼念周总理的活动。她在总理遗像前毕恭毕敬地默哀，在吊唁簿上留下对总理的哀思，然后走到中国驻秘鲁大使焦若愚面前，怀着难以抑制的悲痛同焦大使紧紧握手。这位小姑娘正是阿尔赛的女儿梅梅，因为她对周总理怀有一种非同一般的特殊感情。1999年，为庆祝中华人民共和国成立50周年，她专门著文《中国融合在我的血液里和心坎里》，表达她对中国和周总理的无限感激之情。

中国—秘鲁：海内相邻，携手并进

那是1970年2月，刚刚出生不久的梅梅不幸得了败血症，在北京儿童医院抢救治疗。她的爸爸阿尔赛那时是北京国际广播电台的西班牙语专家。尽管女儿的生命危在旦夕，他心急如焚，但还是照样毫不懈怠地工作着。这件事周总理在一次会见和宴请外国专家时得知了。他当即下达指示，嘱咐有关单位务必精心治疗，"全力挽救秘鲁小姑娘"。当时梅梅的病情需要反复输血，可医院血库里所存的，与梅梅血型相同的血浆已所剩不多了。主管医疗部门立即与驻京部队某部联系，大批指战员争先恐后赶来医院自愿献血。在病魔无情地威胁着小梅梅生命的紧急时刻，中国人民子弟兵的鲜血输进了生命垂危的小梅梅血管里。挽救生命的鲜血输了一遍又一遍，直到她转危为安，脱离险境。而日夜为国操劳的周总理也牵挂着梅梅的病情，多次指示有关同志询问了解治疗的进程。当他知道梅梅已经病愈出院后才放下心来，并且托人捎口信向阿尔赛表示祝贺。

阿尔赛向我回忆到这里时，心情十分激动。他说，周总理体恤人民疾苦的高尚品德有口皆碑，可想不到，他对一个外国的小孩也是如此关怀备至，情同骨肉啊！多亏中国的好总理，给了梅梅新的生命，这是我们一家永远也不会忘记的。

1970年年底，阿尔赛结束了在北京国际广播电台的工作，带着夫人和两个女儿途经香港回国。阿尔赛之所以要途经香港，是因为他要和秘鲁驻香港的领事沟通一条重要的信息。由于阿尔赛当时是在中国唯一的一位秘鲁专家，因此，周总理在一次会见外国专家时向他表示，中国有意和秘鲁发展关系，希望能有渠道同秘鲁政府进行接触。阿尔赛认为秘鲁驻香港领事馆可以在这方面发挥作用，所以，特意到香港和这位领事商谈此事。没过多久，中国采取了行动，把关于发展中秘关系的八点备忘录转交给了秘鲁政府。

1971年4月底，由外贸部副部长周化民率领的中国代表团访问秘鲁，这是中国第一个访问秘鲁的官方代表团，对于热心发展中秘关系的阿尔赛来说，其兴奋之情不言而喻。他深知，对于中国代表团来说，秘鲁是一个遥远而陌生的国家，因此，陪同代表团访问时，他主动担当"导游"，向代表团讲述了许多秘鲁的历史故事。他向周化民

第一部分　悠久的友好关系和丰厚的人文交流

副部长一行介绍说，秘鲁的国名来自当地土著居民的克丘亚语，意思为"大玉米穗"或"玉米之仓"，因为这里盛产玉米。在参观被秘鲁人自豪地称为"离太阳最近的城市"、印加帝国古都的库斯科和建造在高耸云端的巅峰之上、被称为"云中圣城"的马丘比丘时，他又介绍了12世纪至16世纪初印加帝国的盛况：它北起厄瓜多尔的巴斯托、南至智利毛乌莱河畔、东抵玻利维亚中部、西达太平洋沿岸，是一个纵横400万平方公里的庞大帝国，因而库斯科被印加国王称为"宇宙的中心"。阿尔赛的这些介绍，引起了代表团的巨大兴趣，后来竟成为谈判桌上商讨两国贸易关系以外的又一话题。同年6月，秘鲁贸易代表团访华，中秘双方决定互设商务办事处。阿尔赛作为商务处的顾问，又一次来到北京，为筹划商务处和推动贸易往来而奔忙。不久，秘鲁驻香港领事巴兰迪亚兰来到北京，担任商务处主任。与此同时，阿尔赛关于同朝鲜民主主义人民共和国发展关系的建议被秘政府采纳，他同商务处的一位官员一起被委派赴朝，同朝方建立了官方接触，并商谈了开展贸易的事宜。

　　1971年11月2日，终于迎来了两国宣布建交的日子，两国才互设了几个月的商务办事处，立即更名为大使馆。那天晚上，中国外交部邀请秘鲁商务处的全体官员出席庆祝晚宴。中国外交部副部长乔冠华高兴地说，人逢喜事精神爽，今天，让我们为中秘两国这个大喜的日子开怀畅饮吧！说完，他拿起有国酒之称的茅台酒，要服务员给在座的所有客人都斟上满满的一杯，自己带头一饮而尽。阿尔赛则用西班牙成语"喝干了去见上帝"来向中方友人挑战。他说，为了庆祝中秘建交，他要一醉方休。他端着酒杯向中国官员一一敬酒。他说，那天他"违反了外事纪律"，因为，中国外交部的官员曾告诉他，周总理要求外交人员喝酒时不能超过自己酒量的三分之一，可他早已大大超过这个界线。

　　1971年11月，秘鲁动力和矿业部部长费尔南德斯·马尔多纳多率政府代表团访华。周恩来总理会见了代表团并同他们进行了亲切友好的交谈。阿尔赛在回忆那次意义重大的会见时写道："周恩来一向以雄辩健谈而又孜孜不倦著称，他也许是世界上经历最丰富的并善于谈判的一位政治家和外交家。但他又是显得那么谦逊达礼,这使我们在座的人都深受感动。"他回忆道,周总理在会见时开门见山说:"我们中国人应该请求秘鲁人原谅。你们为捍卫二百海里领海的合法主权斗争了25年,但我们没有顾及到。最近我们才注意到秘鲁的这一立场在整个反帝斗争中的重要意义。因此,我们应该请求你们原谅。但同时,我们要向全世界郑重宣布:中国完全支持秘鲁,支持你们和其他拉美国家捍卫海洋权的正义斗争!"

1972年2月,中国首任驻秘鲁大使焦若愚赴利马上任。在秘鲁朋友与他欢聚的宴会上,焦大使紧紧握着阿尔赛的手说,真是功夫不负有心人,由于双方的努力,两国关系进入了一个新阶段。他希望今后大家携起手来,继续为中秘友好事业作出新的贡献。阿尔赛对焦大使说,他也怀有同样的心愿,秘社会各界人士目前正在筹组秘中文化协会,他将参加该协会的领导工作,为进一步推动两国和两国人民的友好往来继续努力。

1973年,阿尔赛回秘鲁担任秘鲁《新闻报》新闻采编部主任。在这个时期,他的主要注意力依然是跟踪中国形势的发展,几乎可以说,新中国发展过程的各个阶段发生的大事,无一没有被他报道过。而对西方舆论对中国别有用心的恶意攻击,他往往会立即执笔疾书,以中国社会巨大进步的见证人身份,对之进行批驳。他撰写的关于中国的大量评论和报道,不但在当地报刊上发表,还在其他拉美国家和西班牙刊登。由于他的文章生动并有说服力,因而受到广泛好评,一时间成为拉美新闻界颇有名气的"中国专栏记者"。秘中文协的朋友们曾戏谑地称他为"铁杆亲华派"。另有一位朋友则"吓唬"他说:"您难道不怕在中央情报局的黑名单里榜上有名,今后遇到麻烦吗?"对此阿尔赛轻松地回答说:"我为我有这顶帽子而荣耀,我不怕来自任何角落的麻烦。因为,我坚信中国人民的历史选择是正确的,他们在毛泽东、周恩来等杰出领袖的领导下,推翻了三座大山,使广大人民当家做主人,这样翻天覆地的变化,中国历史上哪个朝代能与之相比拟?难道要他们回到封建专制、西方列强横行的黑暗年代吗?!"

1977年4月,阿尔赛和秘中文协主席奥尔维戈索又一次访华。

这次他主要是为了解"四人帮"的问题。阿尔赛在1962—1973年间一直在中国工作,所以,他对"文化大革命"和"四人帮"问题特别关心。另一方面,当时西方反华舆论甚嚣尘上,在秘鲁和拉美人民中引起了思想混乱。阿尔赛认为,作为中国的老朋友,他有责任为中国说说公道话。因此,他要来深入了解情况,写出第一手报道,以正视听。

这次我又陪同阿尔赛一行访问,并在李先念副总理会见时担任翻译。尽管每天日程十分紧张,但阿尔赛坚持每天晚上整理访问记录,并写出一篇又一篇的报道文章。他对李先念副总理的会见印象特别深刻。他说,李副总理平易近人,谈吐也很幽默,解开了他们心中的种种疑团。访问结束回到秘鲁以后,阿尔赛把他陆续发表的文章汇编成书,题目是《毛以后的中国》,并受到当时社会各界特别是知识分子和中青年以及西班牙语读者的欢迎。阿马乌达出版社在该书的出版说明中写道:"要撰写关于中国丰富多彩的过去、辉煌的现在,特别是让世人瞩目的革命进程,需要足够的权威,但至今还很少人能够做到这一点。但是,不少国际新闻界和出版界人士都承认,阿尔赛做到了。他作为记者、作家和诗人,多次访问过中国,采访过中华人民共和国最高领导人毛泽东、周恩来和后来的邓小平、李先念,他是中国革命和建设进程的见证人,是西班牙语界为数不多的'中国问题专家'。本书为读者了解毛泽东逝世以后中国发生的变化提供一个清晰的透视:'这是一个正在崛起的大国,值得所有人关注,因为,她那里正在发生的一切,她要做或不做的事情,她在国际大家庭里宣布的主张和作为,必将是影响人类前进方向的决定因素。'阿尔赛的这段总结是他撰写本书的初衷,也是他对人们了解中国的杰出贡献。"

20世纪60—70年代,阿尔赛应聘到北京国际广播电台工作;1983—1994年他又在新华社担任西班牙语专家;1998年后他再次来中国工作,并在中国安下了家。前后加在一起,阿尔赛在华工作的时间长达20多年之久,因此,他被外国专家局评为"有杰出贡献的外国专家"。2003年后,又被中央电视台西班牙语频道聘为高级顾问,继续为中国新闻和文化对外交流贡献他的智慧和才华。不久前,我应邀到他新居做客，一起回忆他同中国结下不解之缘的岁月，他不无感叹地说，那是伴随着这个年轻共和国的成长、经历了40多年的漫长历程啊！我禁不住用赞叹的口气说，您不是跟我说，中国有句名言，千里之行，始于足下。您从万里之遥的秘鲁，来到中国，还结下了不解之缘，并且深深地扎下了根，那真可谓是一部传奇人生！他说，您的概括很好，谢谢您的评价。因为我是浸润在中国悠久的文化中认识这个世界的，所以，我和中国的情结，用中国古诗的描述，就是：海内存知己，天涯若比邻！

中国与秘鲁的文化交流横贯长空

徐世澄①

中国与秘鲁的文化交流源远流长。早在明朝万历年间，即16世纪后期至17世纪初，中国与秘鲁、墨西哥等拉美国家通过"海上丝绸之路"（Ruta Marítima de Seda）和"马尼拉大帆船"（Galeón de Manila）即"中国之船"（Nao de China）就开始贸易、文化和人员往来。

中国与秘鲁的文化交流由来已久

从1849年第一批中国移民到达秘鲁开始，中秘两国之间的往来不断加强，两国的文明开始交融。从1849年至1874年有10多万契约华工移入秘鲁。华工在秘鲁参与修建铁路、建设城镇、开采鸟粪（guano）和硝石、种植棉花和水稻。早期华工和华侨把中华民族的优良传统、习俗和文化带到秘鲁，把生产技能传授给秘鲁人民，为秘鲁的经济社会发展做出了贡献。时至今日，在秘鲁首都利马等地，都称中国饭馆为"契发"（Chifa），即广东话"食饭"的谐音。据统计，

---

① 作者系中国社会科学院荣誉学部委员、拉美研究所研究员。

目前在秘鲁有 4000 多家 Chifa（中餐馆），中国的餐饮文化已经深深地融入秘鲁人的生活当中，美味可口的中国菜肴早已成为秘鲁人餐饮文化中不可缺少的一部分。另据张荫桓在《三洲日记》中记载，19 世纪 80 年代，由于蔗糖生意不好，秘鲁甘蔗园主依靠华工的技术和劳力，改种水稻，获得成功。此外，华工和华侨把中华医术传授到秘鲁。据美国华工史专家瓦特·斯图亚特（Watt Stewart）在《秘鲁华工史》（*La Servidumbre China en Perú*）一书中写道："中国人的草药治好了许多秘鲁大夫未能治愈的病人。"

1874 年中国清政府与秘鲁建立外交关系，签订《中秘通商条约》。秘鲁是第一个与中国清朝政府正式建立外交关系的拉美国家。1909 年，中秘又签订《中秘条约保证书》。此后，移居秘鲁的华人逐渐增加。

中秘建交 45 年来两国的文化交流越来越频繁

秘鲁是继古巴、智利之后，第三个与新中国建立外交关系的拉美国家。1971 年 11 月 2 日，双方发表联合公报，宣布正式建交。建交以来，双边关系长期稳定健康发展。两国高层互访频繁，经贸合作不断扩大，文化、科技、教育、旅游等领域的交流日益增多。在两国建交前夕，1971 年 10 月 1 日，秘鲁成立秘中文协，其主要成员为秘鲁大学教授、律师、记者、医生、商人，秘中文协为促进两国建交、推动两国文化交流和加强同中国的友好关系起到了积极作用。

建交 45 年来，两国文化交往频繁。中国文化、教育、新闻、体育和艺术等 70 多个团组相继访秘。1986 年 11 月，两国签署文化合作协定，两国已制订了 2013—2018 年执行计划。1988 年两国签署科学技术合作基础协定，之后，在农业、林业、矿业、水产养殖、中医针灸等领域开展了专家和技术交流。1995 年，两国签署《中国国家科学技术委员会和秘鲁国家科学技术理事会科技合作项目计划谅解备忘录》。1997 年 11 月，两国签署人才交流与合作协定。2000 年 3 月，两国签署保护和收复文化财产协定,中国与秘鲁都拥有丰富的历史文化资源,作为文化遗产大国,两国在文物保护方面有着长期友好的合作关系。2004年4月,中国国务院批准开放秘鲁为中国公民组团出境旅游目的地。2005年1月,两国签署《关于中国旅游团队赴秘鲁旅游实施方案的谅解备忘录》。同年9月15日,中国公民组团赴秘的旅游业务正式开通。近年来,两国互访的旅游人数快速增长。

2008年中秘两国建立了战略伙伴关系,2009年中秘两国自由贸易协定生效,这意味着两国在商品、服务、人才和教育的自由流通和交换将更深一步。2013年4月,中秘两国宣布建立全面战略伙伴关系。

2005年,秘鲁天主教大学文化中心举办了第十届中国电影展。2008年,在中国各地展出了《追寻失落的文明——秘鲁千年文化展》。2012年11月,秘鲁阿雷基帕市举办了中国文化周。秘鲁前驻华大使哈罗德·佛塞斯认为,"秘鲁受到中国文化的影响难以计量。大约有8%或10%的秘鲁人有一个直系的中国祖先",在秘鲁"大约有几百万人"有中国血统。[1] 另据秘鲁驻华使馆出版的《秘鲁共和国与中华人民共和国建交45周年纪念特刊》,在秘鲁的华人数量高达300万。秘鲁是华人最多的拉美国家,160多年来,这些华夏子孙的后裔为传播中国传统文化、保护秘鲁悠久文化和促进秘鲁经济发展做出了许多积极的贡献。

2005年6月,中秘签署《关于支持在秘鲁合作建设孔子学院的谅解备忘录》。2007年12月,中国国家汉办与秘利马天主教大学、阿雷基帕大学和皮乌拉大学、里卡多·帕尔玛大学分别签署设立孔子学院的协议。目前在秘鲁设立了4所孔子学院,在秘鲁兴起了一股学习汉语的热潮。2013年11月,在秘鲁首都利马的里卡多·帕尔玛大学成立了秘鲁汉学研究中心。2014年7月,中国科学院与秘鲁圣马科斯国立大学成立生物学研究联合实验室。

---

[1] http://www.china.com.cn/international/txt/2010-01/13/content_19229194_7.htm。

到目前为止，在中国建立了两个秘鲁研究中心。2013年4月8日，正在中国进行国事访问的秘鲁总统欧阳塔·乌马拉·塔索出席了在北京公共外交文化交流中心举行的中国河北师范大学成立秘鲁研究中心的签约仪式。2014年11月，北京第二外国语学院也成立了秘鲁研究中心。

今年是中秘建交45周年，两国文化交流活动频繁。5月，中国话剧《乌合之众》（La Multitud）西班牙语版在秘鲁首都利马中秘友谊馆上演，编剧喻荣军还在利马为秘鲁天主教大学师生做了一场以中国话剧为主题的讲座。7月4日，以中国广东地区文化为主要内容的"文化中国·名家讲坛"活动在利马中秘友谊馆举行。7月12日—8月19日，"秘鲁记忆1890—1950摄影展"在北京中国美术馆展出。

中秘文化交流的使者

这里介绍几位研究中国文化的秘鲁专家和研究秘鲁文化的中国专家。他们是中秘文化交流的使者。

秘鲁著名汉学家吉列尔莫·达尼诺（Guillermo Dañino，中文名吉叶墨）。今年86岁高龄的达尼诺现为秘鲁天主教大学东方研究中心教授。1979年至1991年，他先后在南京大学和北京对外经贸大学教西班牙语言和文学。之后，他长期留在中国，研究中国文化，2002年回秘鲁。之后他多次访华。他先后出版了24部关于中国的书籍，包括《来自中国·一个迷人而又神秘的国家》、《此刻我是谁》，汉译西作品《雕龙·中国古代诗歌选》、《酒泉·李白诗选》及《风筝之舞·中国故事》等。经过7年的努力，2013年他又出版了一部60万字的《中国文化百科全书》（Enciclopedia de la Cultura China），深受西语国家读者的欢迎。他的这些著作对在秘鲁及其他西语国家传播中国文化发挥了积极作用。此外，在华期间，他还参加了25部中国影视作品的演出。

秘鲁著名华工问题研究专家温贝托·罗德里格斯（Humberto

Rodríguez)现为秘鲁圣马科斯大学、天主教大学教授。曾任秘鲁农业档案局局长、秘鲁国家科委社会科学部主任等职。著有:《在秘鲁的中国苦力劳动者》(Los trabajadores chinos culíes en el Perú)、《花脸者起义》(La rebelión de los rostros pintados)、《关于中国苦力的文献》(Chinos culíes:bibliografía y fuentes, documentos y ensayos)、《在秘鲁的天国的子女1850—1900年》(Hijos del Celeste Imperio en el Perú 1850—1900)、《龙的传人》(Herederos del Dragón)等。温贝托·罗德里格斯曾应邀到我国进行访学。

秘鲁前外长费尔南多·德特拉塞格涅斯·格兰达(Fernando de Trazegnies Granda)是一位研究古代秘鲁与中国文化关系和秘鲁华工问题的专家和作家。他是秘鲁法学、历史、语言科学院院士,1998—2000年曾任秘鲁外交部部长。他的"哥伦布之前的中国和秘鲁"讲座深受欢迎。在列举了中国古代文明与秘鲁和拉美古巴文化许多相似之处后,他得出结论认为:"毫无疑问,美洲居民的原始起源是亚洲最初的移民。"① 1999年他写的以秘鲁华工为主题的长篇小说《沙国之梦:契约华工在秘鲁的命运》(En el país de las colinas de arena Reflexiones sobre la inmigración china en el Perú del siglo XIX desde la perspectiva del Derecho)中文版在中国出版,他作为外长和作者亲自参加了该小说在北京的首发式。小说以纪实的形式讲述1848年至1874年间契约华工在秘鲁饱尝辛酸的苦难生活。

中国拉丁美洲研究所研究员白凤森一生从事对秘鲁的研究,他著有《秘鲁》列国志、《秘鲁经济》(与徐世澄合著),先后翻译出版了里卡多·帕尔马(Ricardo Palma)的《秘鲁传说》(Tradiciones Peruanas)、何塞·卡洛斯·马里亚特吉(José Carlos Mariátegui)《关于秘鲁国情的七篇论文》(7 ensayos de interpretación de la realidad peruana)和印卡·加尔西拉索·德拉维加(Inca Garcilaso de la

---

① [秘鲁]理查德·楚伟(Richard Chuhue)等:《秘鲁的中国移民研究 考古、历史与社会》(La Inmigración China al Perú Arqueología, Historia y Sociedad),天津古籍出版社2015年版,第485—521页。

Vega)的《印卡帝国》(*El Imperio Incaico*)等秘鲁的经典名著。

曾任中国驻秘鲁文化参赞的中国文化部官员王世申于 2010 年出版了《秘鲁文化》一书，全面介绍了秘鲁的文化。北京大学教授赵德明翻译出版了秘鲁作家、诺贝尔文学奖得主巴尔加斯·略萨的多部小说。

2013 年 6 月 17 日，中国欧美同学会拉美分会和秘鲁驻华使馆共同举办了原《秘鲁商报》(Comercio) 驻北京分社记者、现北京大学在读博士生柯斐（Patricia Castro）女士撰写的《秘路情深》(*Apasionados por el Perú*) 一书首发式，书中包括对中国翻译家、作家、音乐家、学者、年轻学生的采访，其中就有对白凤森、赵德明教授等的访谈。

李总理在秘鲁出席中拉文明互鉴系列活动

2015 年 5 月 23 日，中国总理李克强在访秘期间，到利马考古、人类学和历史博物馆出席中国—拉丁美洲文明互鉴系列活动。李克强总理参观了查文文化、印加文化展览和"中华文明起源"图片展，详细了解秘鲁和拉美文明的历史脉络，并向秘方介绍了中华文明的发展历程。李总理还与时任秘鲁总理卡特里亚诺（Pedro Cateriano）及中秘文化界人士进行互动交流，并发表了热情洋溢的致辞。一位秘鲁作家说，秘鲁的土语、音乐等与中国的语言、音乐有许多相似之处，就像"老乡"一样。李克强点头称是，并表示："我们是老乡。"李总理表示，中秘都是文明古国，都创造了令人惊叹的古代文明。有五千年悠久历史的中华文化同古老璀璨的查文文化、印加文化有很多理念相通，器物相似。中国的小米和秘鲁的马铃薯等农作物，在彼此国家和世界各地落地生根，养育着世界人民，堪称中秘两大农业文明对全人类的贡献。李总理指出，中秘对彼此文明成就和创造力充满钦佩，相互学习借鉴有着深厚的土壤和广阔的空间。愿中秘的文化文明交流互鉴不断深化，愿双方思想碰撞不断产生新的火花，愿秘鲁人民幸福安康。卡特里亚诺也表示，秘方愿与中方一道，再接再厉，缔造两国关系更加美好的未来。

  2016年9月12日至16日，秘鲁新总统佩德罗·巴勃罗·库琴斯基对中国进行了成功的国事访问。在中秘两国发表的关于深化全面战略伙伴关系的联合声明中指出，"中秘都是历史悠久的文明古国。双方愿进一步加强文明交流互鉴，积极推进在对方国家设立文化中心，并继续共同办好2016中拉文化交流年相关活动。"

试论华侨华人对秘鲁的影响

袁 艳 安 梁[①]

秘鲁是华侨华人人数众多、移民历史悠久的拉美国家之一。从历史上来看，秘鲁华侨华人主要由契约华工、后契约华工时代的自由移民和改革开放后到秘鲁的新移民组成。作为除殖民者西班牙人之外的秘鲁最大的外来移民族群，华侨华人在秘鲁生存繁衍，逐渐融入秘鲁社会，已经成为秘鲁人的组成部分。本文拟在梳理华侨华人移民秘鲁历史的基础上，对华侨华人对秘鲁的影响作初步探讨，并就未来华侨华人在助推中秘关系发展中可以发挥的桥梁作用提出思考。

一 华侨华人移民秘鲁历史

早在16世纪中叶至17世纪前半期，即我国明清之时，就有中国商人、工匠、水手等沿着马尼拉大帆船贸易航线，从中国出发经菲律宾、墨西哥到秘鲁经商或做工。但中国人真正大规模到达秘鲁是在19世纪中期之后。秘鲁华侨华人主要由契约华工、后契约华工时代的自由移民和改革开放后到秘鲁的新移民组成。回溯历史，华侨华人

---

① 作者袁艳系西南科技大学拉美研究中心研究员、博士；安梁，南开大学硕士。

移民秘鲁大体经历了四次主要的浪潮。

中国人到达秘鲁的第一次浪潮发生在1849—1874年间。此次浪潮的移民主体为契约华工，兼有微量再移民华商。1821年秘鲁取得独立后开始经济建设。彼时的秘鲁地广人稀，亟待开发，但劳动力严重不足，遂提出招募华工。1849年10月，首批75名华工抵达秘鲁，开始了契约华工源源不断东渡秘鲁的历史。秘鲁输入契约华工的历史到1874年方告结束，前后历时25年。关于1849—1874年间到达秘鲁的华工人数有不同说法。研究秘鲁华工史的美国学者瓦特·斯图尔特认为有9万人左右。秘鲁华工史专家温贝托·罗德里格斯认为有10万人。1889年到秘鲁考察的傅云龙在《游历秘鲁图经》中记载，到秘鲁的华工计11万多人。1849—1874年间到达秘鲁的契约华工，构成早期秘鲁华人社会的主体。除契约华工外，19世纪60年代末，来自美国加利福尼亚的华侨商人也开始到秘鲁经商。他们开始在康赛浦西翁街区开店，构成利马唐人街的肇端和雏形。

1875—1930年间可以看作华侨华人移民秘鲁的第二个时期。此一时期可划分为两个阶段，第一阶段为1875—1909年间，在此期间华侨华人处于自由移民的宽松时代，第二阶段为1909—1930年间，在此阶段秘鲁开始限制华侨华人移民。1909年，秘鲁出现公开的排华言论和行为，政府开始限制华侨华人移民，1924年加以重申，并于1930年开始严格禁绝华侨华人移民，且规定在秘鲁的华侨华人一旦归国就不得再次入境，华商必须雇用50%的当地人。在1875—1909年间，到秘鲁的华侨华人多为自由劳工和携有资财的华商移民。如一些在美国加利福尼亚的公司或在中国香港的公司到秘鲁开设分公司。1882年美国颁布《排华法案》，部分美国华侨华人选择再移民到秘鲁。1909—1930年间，尽管秘鲁限制华侨华人移民，但依然有12400名中国新移民进入秘鲁。此一时期进入秘鲁的华侨华人主要是秘鲁特需的人才，往往携有家眷，举家移民。据北洋军阀政府驻秘鲁使馆统计，1925年秘鲁华侨总数为45000人左右，1927年减少至10000余人。1929—1933年资本主义经济危机期间，秘鲁经济困难，华侨生计日蹙，归国者日多，新来者日少，总人数大致7000—8000

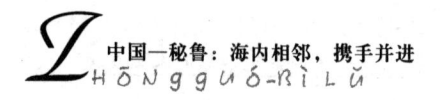

人。

　　1931—1971年间可视为华侨华人移民秘鲁的第三个阶段。在此一长时段里，在抗日战争胜利后以及中华人民共和国成立前后出现一次中国人移民秘鲁的小浪潮。在这一时期，移居和返回秘鲁的华侨华人及其子女、亲属有所增多。部分国民党官员及家眷移民秘鲁，尽管人数较少，但社会经济地位较高。此一时期，从中国到秘鲁的新华侨华人移民减少，但混血的土生华裔增加。

　　1971年，我国与秘鲁建立外交关系。改革开放以后，尤其是20世纪80年代后期，到秘鲁探亲投友、投资经商、定居的人数明显上升，形成新一波移民浪潮。随着到秘鲁投资的中资企业增多，更多中国移民进入秘鲁。据秘鲁移民局提供的材料，进入90年代以来，该局发给中国移民和非移民居留签证近两万份，有近六百人被批准加入秘鲁国籍。据《华声报》报道，秘鲁移民和入籍总局提供的资料数据显示，到2005年12月19日止，在秘鲁境内定居的外国人共有3.6685万人，其中美国人居多，其次是中国人，有4187人。另据时任秘鲁移民局局长胡安·阿尔瓦拉斯介绍，到2009年止在秘鲁居留的中国公民共计8577人，其中留学生123人、工人1828人、投资商110人，另有259人加入秘鲁国籍。全年出入境中国公民共计3763人。居留秘鲁的中国公民有多种形式，常见的身份如艺术移民、学生移民、投资移民、技术移民、退休移民、劳工移民及游客。长期以来，秘鲁老华侨主要以广东人为主，新侨则来自广东、福建等地。自80年代末90年代初起，福建人开始大量移民秘鲁。在2003年持有秘鲁居留证的中国人中，广东人占36%，福建人占40%。以福建新侨为主体的秘鲁福建同乡会于2000年12月26日成立。

二　华侨华人对秘鲁的影响

　　华侨华人是除西班牙殖民者外秘鲁最大的海外移民群体。自1849年大规模抵达秘鲁后，华侨华人在逐渐被秘鲁社会所吸纳和同化的过程中，也对秘鲁社会经济文化产生了一定影响，主要体现在对秘鲁的族群构成、对秘鲁经济发展和繁荣的贡献以及对秘鲁饮食文化的深刻影响等方面。

首先，华侨华人的到来，使秘鲁这一多族群国家更加多样化，为秘鲁族群增添了华人成分。早期秘鲁华侨华人主要为契约华工，绝大部分均为单身男性，他们获得自由后普遍与当地妇女组成家庭。美国驻秘鲁大使理查德·吉布斯在1874年11月13日致美国国务卿函中曾记载："他们（苦力）和白种人下等阶层、印欧混血种人以及印第安人与黑人混血后代的妇女们结婚。这些妇女认为华人十分可取，因为他们是好丈夫，勤俭持家而且疼爱儿女。而混血种人、印第安人却是懒惰的，不知进取，常常酗酒，对妻子很粗野。在街上我常常碰到一些孩子，他们的杏眼表示出他们的中国血统。"据温贝托·罗德里格斯估计，15%～17%的秘鲁人拥有华人血统。在中国人抵达秘鲁的150年里，3750000—4250000名秘鲁人是华人后裔，尽管他们中的绝大多数已经失去中国姓名和亚洲面孔。这是秘鲁中国化的诸多表现之一。与其他到美洲的中国移民一样，秘鲁的契约华工绝大多数为单身男性，但罗德里格斯、王保华、McKeown等诸多学者的研究表明，秘鲁华工相较在美国的华工而言，更主动地受洗皈依天主教、采用西班牙语姓名、大规模与当地妇女通婚，进而快速地融入秘鲁社会之中。王保华将利马华人同化程度高归因于三点：一是不存在排外性的华人街区；二是华人与秘鲁人在居住地区和经济上的频繁接触；三是外部环境提供宽松的经济机会和社会融合的氛围。杨安尧认为，在同化上，秘鲁的华工要比美国的华工有较多的有利因素。其一，秘鲁华工走出种植园之后，不是聚族而居，而是普遍地与当地女子建立家庭；而美国华工，当金矿开发殆尽时被一脚踢开，大部分人走进唐人街离群索居，与当地人隔离开来。其二，秘鲁华工没有受到排斥，而美国华工却受到歧视和排斥。因此，移民能否顺利同化，一定程度上取决于当地社会对他们的接纳程度。

其次，华侨华人活跃在秘鲁各行各业，辛苦劳作、不懈耕耘，用自己的汗水和智慧，为秘鲁经济的发展和繁荣做出了自己的贡献。契约华工对秘鲁的贡献不言而喻，否则秘鲁政府不会每引进一名华工移民还奖励移民引进商30比索。契约华工被引进到秘鲁后，主要从事秘鲁本地人不愿从事的工作，如在蔗糖种植园、棉田劳作，修筑铁路，开采银矿，挖掘鸟粪等。在秘鲁的经济发展史上，契约华工所起的作用不可忽视。秘鲁历史上被经济学家、历史学家盛赞的辉煌的"鸟粪时代""白银时代"和沿海经济的繁荣，都与华工们的勤奋劳动创造紧密相连。正如学者瓦特·斯图尔特所指出的那样，"没有卑微的苦力，农业就会凋敝，富饶的鸟粪储藏就不能开发，工业和铁路建筑就要停顿"。温贝托·罗德里格斯也认为："'亚洲人'（指华工）在经济上的重要性，具有决定性的意义。"

后契约华工时代到秘鲁的自由移民和华商移民同样对秘鲁经济发展和繁荣做出了贡献，主要体现在农业、工业和商业等领域。据学者袁颂安所记，"初期移民至秘鲁的华侨，大多数从事农业。一百多年前华侨在秘鲁南部北部已经经营农场。例如刘金良在秘鲁巴加司马育（pacasmayo）所创的大农场占地达二千三百公顷，种植稻米，产量可观，其他戴宗汉、古永权、黄义雄、周剑平、梁裕丁、潘銮诸人均拥有规模甚大农场。华侨经营的农场不但供秘鲁军民粮食，且可外销。可惜在20世纪70年代，秘鲁军政府实施土地改革，华侨经营的大农场，首当其冲将其征收分配给农民，组织合作社从事经营。秘鲁稻米以往不但自给有余，且供外销，目前却须不时进口食米以供军民粮食。其最大原因即因企业化大农场被征收分割生产不足之故。"另一位值得一提的为秘鲁农业发展做出极大贡献的人物是戴宗汉。鉴于戴宗汉对当地农业和教育等方面的贡献，1968年他被秘鲁议会授予农业功臣勋章。

秘鲁华侨华人也比较关注工业发展，投资开办了食品、纺织、机械等各类工厂。《秘鲁华侨概况》一书中提及的工厂包括：郑毓良的纺织工厂，刘铨兴的食品饮料工厂，伍于赞公司的电器工厂、清洁剂工厂，余光衍的皮革厂，余氏皮鞋工厂，陈根良研磨厂，谢炎维子女经营食品面包工厂，缪凯来兄弟铁钉工厂，冯氏机械厂，萧祖添玻璃厂、汽水厂，潘均荣木厂，等等。

秘鲁华侨华人绝大多数经营商业。秘鲁华侨80%左右经商，从事农业、工业者各占10%，由此可见旅秘侨胞对商业经营的重视。旅秘华侨所经营的商业，可称百业俱备，举凡：百货公司、杂粮店、中餐馆、批发行、房地产业、进出口公司、咖啡馆、电影院、家具行、旅店、旅行社、保险公司、电器行、乐器行、理发店、洗衣馆、文具公司、印刷公司、西餐厅、眼镜行……无所不包。

华侨华人经济是秘鲁经济的组成部分，促进了秘鲁经济发展和社会繁荣。学者瓦特·斯图尔特就说："华人促进了秘鲁的繁荣与昌盛。"秘鲁一些报刊也公开称赞华人的品德："事实是中国人胜过了秘鲁本地人，成为他们饭食的供应者，并且在许多行业中击败了他们"，"这些都要归功于中国人所富有的商业才能，他们吃苦耐劳，善于谋算并深知我们的民族。"近年来，秘鲁华人商界出现了几位令人瞩目的新星。如在利马经营"WONG"超级市场的超市业巨子黄业生（E. WANG）。黄业生的父亲黄炳辉祖籍中山长洲，早年经营一所60平方米的百货店。在秘鲁出生的黄业生先生，在美国留学回来后，与其四位弟弟继承父业。经过20多年的苦心经营，把一家普通的百货店发展成20多家大型超市连锁店，拥有员工7000人，占据首都利马超市业市场72%的份额。这也是秘鲁华人最大规模的企业集团。20世纪70—90年代，利马唐人街及附近的刘铨兴公司、泰来公司、泰兴公司和大陆公司等四个专营学校和办公用品的公司先后崛起，被誉为当地的"文房四杰"，占据了秘鲁学习和办公用品市场的很大份额，名声远扬。其中，泰兴公司就是祖籍中山濠头的郑子儒创办经营，现拥有9间批发店铺，占据秘鲁文具业市场30%的份额，一些产品的市场份额更高达70%。随着文具行业的经营步入正轨，郑先生现正尝试向地产业方面发展。

华侨华人依靠自己的勤奋努力和聪明才智，艰苦创业，逐渐与当地人民融合在一起，在秘鲁繁衍生息，如今华裔已是第7代。华侨华人大半居住在秘鲁首都利马附近，其余分散在秘鲁全国各地，几乎各个城镇都有华侨华裔。除在经济领域的贡献，华侨华人在各自不同的岗位上发挥特长，为秘鲁的民族团结、社会稳定、经济繁荣、文化教育发展也作出了应有的贡献。许多秘鲁华人担任过或者正在担任部长会议主席、部长、副部长、国会主席、议员、总审计长等要职。尤其值得一提的是 1999 年年初出任秘鲁历史上第一位华裔总理维克多·许会。许会的父亲是广东人。秘鲁出生的许会在秘鲁工程大学毕业后，又获得哈佛大学经济学硕士。20 世纪 80 年代从政后，他曾担任工业、外贸等部的部长。1992 年，许会当选为国会议员，1996 年任国会主席。另外，秘鲁多任驻华大使及外交官都是华裔，例如陈路、伍绍良、郑国强等，前两人为前驻华大使，后者为秘鲁驻中国大使馆经济商务参赞。此外，华裔里卡多·郑曾任秘鲁内政部移民归化局局长；路易斯·雷耶斯·陈曾任秘鲁动力和矿业部副部长；现任秘鲁基督教大学商学院院长的陈祖乐，历任 1995 年至 2001 年的国会议员，并曾任国会第三副议长，目前仍活跃在政界。在秘鲁的许多华人、华侨、华裔成为著名的医生、律师、工程师、数学家、经济学家、新闻从业者、教育家、大学教授、军政高级将领。秘鲁奥运史上首枚金牌得主埃德温·巴斯达斯·甘就是华人。世界著名的语言学家欧亨尼奥·陈·罗德里格斯也是华裔。

再次，华侨华人对秘鲁的影响，深刻而直观地体现在对秘鲁人日常的饮食文化影响方面。华侨华人在沿海地区种植水稻，使得稻米成为秘鲁餐桌上的主食之一。华侨华人对秘鲁饮食文化更深刻的影响体现在遍布秘鲁大小城市的餐馆 Chifa 上。根据广东话"吃饭"而得名的 Chifa 是秘鲁特有的中餐馆代名词，大大小小 8000 多家中餐馆遍布秘鲁全国。由华侨华人带入秘鲁的中华饮食文化对秘鲁的影响已是公认，并在日常生活中得到印证。根据秘鲁学者的描述，这一社会—文化—饮食现象（中国广东饮食）已经出现在秘鲁家庭，在各家厨房里都不缺酱油、姜和中国大蒜。许多家庭在周末去 Chifa 吃 tallarines saltados，平时吃炒饭。正是因为有如此广泛的消费，在几乎所有的利马或其他城市的商场里，都能见到售卖中国食品的货摊。

此外，华侨华人将中草药带入秘鲁，使这一中国传统医药文化至今在秘鲁影响广泛。华侨华人炮制的各类草药，"无论过去还是现在，一直被当作各种家庭常备的药物使用着。"学者瓦特·斯图尔特还认为，秘鲁由于华人的到来而在文化上受益非浅。路易斯·桑切斯认为，中国人对秘鲁语言所带来的影响甚至比意大利人犹有过之。

三　华侨华人与未来中秘关系

自华侨华人抵达秘鲁后，一直是中秘交往的媒介和纽带。早期中秘官方往来系因处理华工移民问题而起。为处理到秘鲁的华工问题，中秘于1874年签订《中秘友好通商行船条约》，正式建立外交关系。在早期中秘交往中，官方往来和经贸往来极少，华侨华人成为中秘民间交往的主体。早期中秘间的贸易也系因在秘华侨华人消费家乡物品而推动。近年来，伴随中秘政治互信增强、经贸往来增多，华侨华人作为民间交往的媒介和桥梁，在推动未来中秘关系发展方面具有无可比拟的优势。

当前，中国和秘鲁已经建立全面战略伙伴关系，并已签订自贸协定。两国的友好合作与往来已有良好基础，这主要表现在双边贸易大幅增加，越来越多中资机构赴秘鲁投资，两国赴对方国家留学的留学生增多。当前，中国已经成为秘鲁全球第一大贸易伙伴和出口市场，2014年双边贸易总额达143亿美元。近年来，越来越多中国公司赴秘鲁投资，主要集中在铁矿开采、石油开发、农业机械出口、水利水电开发、医药保健品贸易、通信设施、粮油食品进出口等领域。具有代表性的中资公司包括首钢秘鲁铁矿公司、中美石油开发公司秘鲁分公司、中国水利电力对外公司秘鲁公司、华为通讯秘鲁公司、广东医药保健品进出口秘鲁公司、广州粮油食品进出口公司驻利马公司等。目前，中秘双方均有进一步推动双边关系发展的强烈愿望，但双方的深入交往受到语言和文化隔阂、对彼此认知了解缺乏等因素制约。而那些接受秘鲁文化和中华文化的土生华裔，可以帮助双方解决隔阂问题，架起中秘友好往来、互利合作的桥梁。2001年6月18日，由秘鲁企业家和华裔组成的非营利性民间组织秘中商会成立，以推动中秘两国的经贸往来为主要宗旨。秘鲁华裔可以在该组织中发挥重要作用。

　　总体而言，秘鲁华侨华人可以在中秘关系中发挥桥梁作用的领域主要包括：（1）充当中国和秘鲁国情、文化习俗等方面的推广者，可以通过著书立说或担任咨询的方式，帮助关注秘鲁发展或有意赴秘鲁投资的中国公司和个人更好地了解秘鲁国情、法律、税收、文化等方面情况，帮助有意了解中国的秘鲁人民客观认识中国；（2）积极参与中秘贸易往来。中国与秘鲁间贸易具有较大互补性，华侨华人可以通过对双边市场的考察，穿针引线，互通有无。一方面可以将秘鲁具有优势的羊驼制品、棉织品、农产品、渔产品、矿产品等引进到中国，另一方面将中国商品进口至秘鲁；（3）精通中文、西班牙语和专业知识的华裔会计师、律师等专业人士，将在开拓秘鲁市场的中资企业大有作为，其所掌握的双语言文化优势将大大凸显；（4）助推双方人文交流活动开展。除政府交往、经贸往来外，中秘间人文交流有广阔空间。华侨华人可以帮助寻找中秘间科技、文化、卫生、教育、体育等各领域的合作机会并搭建交流平台，助推中秘关系的发展和深化。

第二部分

高层交往密切和政治互信不断巩固的政治关系

中秘友好的光辉历程与前景

黄敏慧[①]

今年是中国和秘鲁建立外交关系四十五周年。回顾在秘工作的三年零七个月（2011年11月至2015年6月），一切仿佛就在昨天。我作为中华人民共和国驻秘鲁共和国大使的任期适逢两国关系发展的历史最佳时期，其间我有幸见证并/或参与了双边重大交往与决策，目睹互利合作重大项目的落地、开花与结果，感受到双方上上下下与方方面面对推进两国友好合作关系不断发展的共识与合力。与此同时，我也有机会领略了秘鲁壮丽的山川，灿烂的文明，足迹遍及秘鲁大部分地区，所到之处人民的淳朴、好客都给我留下难以磨灭的印象。如今，虽人已离开，却难以割舍对那些岁月往事的怀念，与那片土地相关的信息仍如磁铁般吸引我，中秘关系的不断前行的信息依然会使我心情激荡，对她的未来充满美好的憧憬。

独具魅力的国度

赴任前，曾以为凭借30多年与拉美相关的外交工作经历，应该

[①] 作者于2011年11月至2015年6月任中国驻秘鲁大使。

对秘鲁这个国家不乏了解。然而，随着时间的推移，才越来越强烈地感觉到她在许多方面都超出了我当初的想象和预期。这个国度，犹如一瓶陈年老酒，品味时间越久，越能体会它的浓郁与甘醇。

通过基本数据读拉美，秘鲁很难引起人们的特别关注。国家幅员不大，面积近129万平方公里，人口逾3000万，在地区属中等偏上；经济总量居中上游，国内生产总值2080亿美元，但人均6625美元，还不及某些小国。如此看，秘鲁似乎有些平庸，实际则大不然。

秘鲁是个地形、生态、生物多样，美丽富饶的国家。她西临太平洋，东枕安第斯山脉并衔亚马孙雨林。据统计，秘鲁拥有全球32种气候中的28种。例如，首都利马是世界上位于沙漠中的第二大都市，仅次于开罗。秘鲁拥有全球114种生态中的84种，是世界上12个生物多样性最为丰富的国家之一。从利马海边驱车数小时，便可来到世界上距离赤道最近的海拔5000多米的冰川脚下；著名的马努国家公园内的一公顷雨林就容纳多达近250种生物。秘鲁的矿产、水利和森林资源丰富，铜、铁、银、金、铅、锡等产量均位居世界前十位；水量充沛的亚马孙河发源于此，在水资源短缺的今天，秘人均占水量居世界前十名；原始雨林的面积覆盖50%以上的国土。

秘鲁是历史悠久的文明古国。作为美洲三大古文明之一的印加文明的发祥地，鼎盛时疆域面积辽阔，2013年被评为世界人类遗产的印加古道就是明证。古道是印加帝国在旧有的道路上扩建而成的，以帝都库斯科为中心枢纽，横跨秘海岸沙漠、高原和雨林，纵与哥伦比亚、厄瓜多尔、玻利维亚、智利和阿根廷的山区相连。古道贯穿南美大部分的安第斯山脉，南北绵延6000公里，其间设有驿站，由信使通过结绳记事传递信息，是帝国对下辖疆域进行控制的重要工具。当年古道建设的难度可以想象，如此浩大的工程在今日也颇具挑战；遗憾的是现今秘鲁尚无一条能纵贯山区的公路，好在已列入发展规划。如果再向更久远的年代追溯，许多前印加文化同样光彩夺目。值得特书一笔的是2009年荣登世界文化遗产名录的Caral古城，她将美洲文明延长至近五千年；此后，查文（Chavin）的高超建筑技艺、帕拉卡斯（Paracas）的精湛织物、纳斯卡（Nazca）地画的不解之谜等都令人瞠目结舌。秘鲁灿烂的古文化以其独特的贡献为世界人类文明增添了浓墨重彩的一笔。

在历史发展的长河中，秘鲁在拉美也曾占有举足轻重的地位。自15世纪末起，哥伦布发现的新大陆沦为西班牙、葡萄牙的殖民地长达300余年。秘鲁位于西班牙在新大陆殖民统治的中心地带，遭受了最残酷的剥削与掠夺，因而也是拉美最早奋起反抗殖民统治的地方。作为印加国王的后裔图帕克·阿马鲁于1780年揭竿而起，领导了拉美史上最大规模的农民起义，播下了争取独立自由的火种。19世纪初，拉美争取独立的运动波澜壮阔，秘鲁是西班牙在新大陆殖民统治的最后顽固碉堡。为此，南美两大独立领袖西蒙·玻利瓦尔和圣马丁带领起义人马齐汇秘鲁，最终于1824年以阿亚库丘战役的胜利将殖民者彻底赶出了新大陆。

秘鲁得天独厚的自然禀赋，深厚的历史与文化积淀，这片神奇土地哺育的人民以及他们勤劳、智慧、勇敢与包容的优秀品质，都赋予这个国家巨大的财富与发展潜力。今天，秘鲁是个充满生机的国家。在经历了20世纪末期的内战、恐怖主义、经济危机与衰退后，步入新世纪的秘鲁在政治、经济与社会领域都取得了骄人的业绩。民主宪政巩固，政治力量活跃，民众参政积极，2016年6月大选在候选人角逐异常激烈的情况下顺利落下帷幕。宏观经济稳定，近十来年的经济增速位居南美国家前列，全球金融危机前国内生产总值年均增速6%，近两年也维持在2%—4%之间，秘鲁已跻身新兴经济体的行列。社会领域国家投入加大，贫困人口数字递减，截至2013年贫困率降至23.9%，世界银行预测2016年贫困率有望缩减至20%。外交多元活跃，积极参与地区一体化，还是亚太经合组织、太平洋联盟的成员，近年多次举办大型国际会议，年末还将再次主办APEC峰会。

源远流长的中秘交往

与拉美打过交道的国人大都知道，秘鲁是最早接纳中国移民的西半球国家之一，承认新中国也走在拉美国家的前列。赴任前，我对中秘源远流长的交往的认识基本是抽象的。此后的耳闻目睹，虽有些支离破碎，但汇集起来却将那些交往变得有血有肉，使人不由联想到更久远的年代。

中国通往欧陆的海上丝绸之路众所周知，相比之下，通往拉美的海上丝绸之路鲜为人知。早在16世纪中叶，就有传说中的中国之船（Nao de China）自广州扬帆起航，途经马尼拉，穿越浩瀚的太平洋，抵达彼岸的墨西哥阿卡普尔科（Acapulco），而搭载的一些货物的最终目的地是南下到达的秘鲁利马附近的卡亚俄港。一位曾在驻秘中资企业工作的青年朋友告诉我，因关注中秘交往曾查阅历史资料，居然在秘鲁16世纪的移民记录中发现了极似中国人的名称姓氏。秘前驻华大使、外长冈萨雷斯也在不久前的演讲中披露，在秘外交部殖民时期的档案中发现了应对中国大批商品的政令条例。上述史料从不同角度验证了中秘间绵延数百年的商贸和人员往来。

中秘两国间的交往可否再向前追溯，目前尚缺乏科学考证，但两者间的惊人相似引发种种揣测。在秘工作期间，每逢外地出差，我都力争去瞻仰历史文化遗址。当我看到3200年前查文遗址的石质人面像和1200年前属莫契卡文化的西藩王的金铜人面像时，都不禁会联想到中国的青铜金面人像，之间的关联令人遐想不已。记得曾驱车前往秘中部城市特鲁希略，当看到路边CHAO（西语发音似赵）县指示牌，听到友人谈及的考古新发现CAO（西语发音为高）夫人的王陵，走进CHAN CHAN土城墙围（CHIMU文化）时，我惊讶至极。这些地名人名，在西语拼写中是没有的，应是延用土著人的语言，为何与中国的姓氏发音一模一样，那CHAN CHAN更是从发音到内容都与中国的长城相似至极，种种现象令人匪夷所思。再者，如果在高原遇到土著人，那古铜色的面庞、服饰的色彩与图案，都会令你有与我国西南少数民族相逢的惊喜。上述两者间的相似只是巧合，还是源于两种文化的某种联系或共同渊源，还是理念与审美观的趋同，这些都还有待深入考察与论证。

近代，两国交往史上的中国移民是段令人既心酸又感动的故事。

1849年10月，首批契约华工75人抵达秘鲁。1851年秘鲁废除奴隶制后的20余年，更接连从中国招募数万华工去弥补"鸟粪热"带来的劳力不足。在工作环境与生活条件极为恶劣的情况下，中国苦力承担了那个年代最艰辛的工作，如挖鸟粪、种植棉花和甘蔗、修铁路等，为成就秘鲁当年的经济繁荣作出重要贡献。1870年开始修建的中央铁路，穿山越岭将海岸港口与安第斯山矿区连接起来，以4835米的海拔高度保持了上百年世界最高铁路的纪录。为表彰华工的贡献，秘政府曾颁令准许华人免费乘坐，至今这条铁路仍在运营。

中国与秘鲁政府间最早签订的《中秘友好通商和航海条约》及《中秘移民条约》，是由清政府代表与秘鲁政府代表于1874年在天津签订的。协议背景也与契约华工的遭遇有直接关联。在秘工作时，前外长García Sayan曾向我提及这段历史。19世纪80年代初，一艘驶往秘鲁的船在靠近日本海域搁浅，船上搭载的中国苦力所处的悲惨境遇因此被发现并曝光，舆论哗然。鉴此，秘鲁政府派遣他的祖辈作为代表赴天津处理事件，经过一年多的谈判，双方达成了协议，这是秘鲁政府对外签订的第一份含有人权保护内容的协议。此后，在秘的中国移民的基本权利开始受到尊重。他们勤劳努力，遵纪守法，注重教育，团结互助，逐渐得到社会的认可与接纳。同时，清政府也开始关注侨民权益的保护。1878年，任命了驻秘公使。1884年设立了公使馆。1888—1889年间，由清政府外派到日本和美洲考察的傅云龙曾辗转到达秘鲁，走访侨社；当年清廷褒奖侨社"覆帱无私"的牌匾至今仍高悬在成立已130年之久的秘通惠总局的大堂墙上。如今，在秘鲁遇到中国面孔的当地人、听到中国姓氏的名称已习以为常，各行各业都有活跃的中国后裔的身影。据称有中国血统的秘鲁人的比例高达10%。由广东话"吃饭"演变而来的chifa中国餐厅遍布全国各地。据利马市的官员称，首都大街小巷的中国餐馆约6000家，超过其他餐厅的总和。如今，在国际上声名鹊起的秘鲁餐饮也不乏中国餐饮的影响，姜、酱油在秘餐中广泛应用，甚至连名称都是用中文的谐音。

中秘两国源远流长的交往，两个民族与文化的融合互鉴，为培育两国关系的深厚根基和两国人民间"血脉相通"的友谊都发挥了不可低估的作用。

具有里程碑意义的双边大事

与新中国建交。1971年11月2日,中华人民共和国与秘鲁共和国正式建立外交关系,秘鲁成为第三个承认新中国的拉美国家。中秘建交为双边交流与合作的顺利开展创造了积极条件。进入20世纪90年代,双方的高层互访,增进了互信,拓宽了交流与合作的领域。跨入新世纪,中秘关系更取得战略性突破,迎来了芝麻开花节节高的局面。

(一)建立战略伙伴关系。2008年,两国国家元首进行了正式互访。继3月秘鲁总统阿兰·加西亚访华后,11月,胡锦涛主席在出席利马APEC领导人非正式会议期间对秘鲁进行了国事访问。两国领导人共同宣布两国正式建立战略伙伴关系,两国自由贸易协定谈判成功结束,并同意将贸易、矿业投资、基础设施建设、高技术、扶贫合作作为今后双边合作重点。至此,两国关系发展进入快车道。

(二)一揽子自贸安排。2010年3月,中国秘鲁自由贸易协定生效。2007年9月,两国元首在悉尼APEC领导人非正式会议期间宣布启动自贸谈判,经过仅一年多的八轮磋商,这个涉及内容广泛复杂的谈判就顺利落下帷幕,表明了中秘双方加强互利合作的诚意和决心。该协定虽是中国与拉美国家签订的第二个自贸协定,但却是首个内容丰富、覆盖领域宽、开放水平高的一揽子自贸安排。据此,双方对各自90%以上的货物贸易产品分阶段实施零关税,彼此开放服务部门,便利相互投资,给予准入后国民待遇,最惠国和公平公正待遇,并在知识产权、贸易救济、原产地规则、海关程序、技术性贸易壁垒等众多领域达成共识。这是两国领导人为适应经济全球化新形势,寻求共同发展所采取的重大战略决策,为双边互利务实合作提供了坚实的法律依据,开辟了广阔发展前景。

（三）提升全面战略伙伴关系。2013年4月，秘鲁总统乌马拉在应邀出席博鳌亚洲论坛2013年年会后对中国进行国事访问，这是习近平主席上任后接待的第一位来自拉美的国家元首访问，也是两位领导人之间的首次会晤。双方就新形势下两国关系的发展深入交换意见，从两国根本利益出发并着眼未来决定将两国关系提升到全面战略伙伴关系的高度。2014年7月，习近平主席在巴西利亚与乌马拉总统举行了双边会晤，就中国、秘鲁与巴西三方开展两洋铁路合作发表共同声明。同年11月，习近平主席又接待了前来参加北京APEC领导人非正式会议并对中国进行工作访问的乌马拉总统，双方共同见证了中国、巴西、秘鲁三国有关部门设立"两洋铁路"联合工作组等合作文件的签署。两位国家元首做出的战略决策和特殊外交安排，表明了双方对中秘全面战略伙伴关系的高度重视，为这一关系的未来发展、务实合作的深化注入了强劲动力。如今，秘鲁已成为拉美唯一与中国既保持全面战略伙伴关系又有自贸协定的国家。

硕果累累的中秘关系

近年，中秘关系发展进入了历史最好时期，各领域的交流与合作硕果累累，双方战略合作的内涵不断充实扩大。主要表现在以下方面：

（一）高层交往密切，政治互信加深。

近年，中秘两国领导人保持了频繁的高层交往。两国元首亲自关注两国全面战略伙伴关系的发展，两年内三度会晤，引领这一关系向更宽广的领域和更高层次发展。

2014年，两国立法机构领导人实现历史性互访。1月11—17日，秘国会主席奥塔罗拉率各主要党团代表访华；11月20—23日，全国人大常委会委员长张德江应邀回访，这是两国建交后中国人大委员长首次对秘鲁进行正式友好访问。两国立法机构高度重视此次互访，彼此给以高规格礼遇，时任秘国会主席索罗萨诺召开全会向张委员长授予"大十字勋章"。两国议会领导人一致同意强化双方立法机构间联系，加强在治国理政、法制建设方面交流互鉴，共同推动两国全面战略伙伴关系的发展。

2015年5月，国务院总理李克强应邀对秘鲁共和国进行正式友好访问，这是时隔20年后中国政府首脑对秘鲁进行的再度访问，对深化两国全面战略伙伴关系具有重要意义。为落实两国元首达成的关于互利务实合作的共识，李总理与乌马拉总统共同见证了中国、秘鲁、巴西签署联合开展两洋铁路项目可行性基础研究谅解备忘录，两国经济合作战略对话机制召开了首次会议，举办了首次中拉文明互鉴系列活动。访问充分反映了双方共享发展机遇、互鉴文明成果、深化战略伙伴关系的坚定意愿。

在多边领域，中秘双方加强磋商与协调，共同应对挑战，携手促进共同发展。国务院副总理张高丽在出席纽约联合国气候峰会期间以国家主席特使身份与乌马拉总统举行双边会见，表明了中国积极支持秘鲁举办《联合国气候变化框架公约》第20次缔约方会议的立场，愿与东道国共同努力，为会议取得积极成果发挥建设性作用。双方同意加强在亚太事务中的协调与合作，中秘作为2014年和2016年的APEC领导人非正式会议的东道国还就加强办会期间的协商与合作、推动亚太合作进一步发展达成共识。

此外，近年两国政党保持了密切交往，执政的民族党主席、在野的人民力量党和阿普拉党的党魁先后应邀访华，各主要党派积极参与双边交流培训项目。作为驻秘大使，我曾有机会与各主要政治党派和社会各界人士就双边关系发展交换意见，包括当选总统库琴斯基，感知了各方在推进中秘全面战略伙伴关系方面存在的积极意愿和广泛共识，本人也从中受益匪浅。

两国领导人保持密切交往，从战略高度和长远角度引领了中秘关系的发展。各界的理解与支持是两国友好的重要社会基础。

（二）务实合作深化，互补互利共赢。

经贸合作是中秘两国关系的支柱，为促进各自的经济社会发展做出有益贡献。

一是双边贸易取得可喜发展。

2010年3月，中秘自贸协定生效后，双边贸易出现飞跃发展。协议生效前的2009年，中秘贸易额为62.68亿美元；生效后的前两年，双边贸易额年增幅分别为54%和29%；生效后四年双边贸易额已翻番，2013年双边贸易额达146亿美元。2014年，中国成为秘鲁第一大贸易伙伴，最大出口目的地国和商品供应国。2015年，双边贸易额达145.60亿美元，从秘进出口分别为82.06亿和63.54亿美元，在国际大宗商品价格下跌的背景下这样的表现相当不俗。

双边贸易结构日趋合理。目前，我国主要进口的产品为铜、铁、铅、锌和鱼粉等大宗产品，还有海藻、大鱿鱼、葡萄、酸性水果等农产口；主要出口产品为通信、视听等电子设备，汽车、摩托车及其配件、钢材及制品、服装、鞋类等。需要指出的是，秘鲁对华出口的非传统产品增长喜人。例如，短短几年间，中国已成为秘鲁葡萄最大出口市场，春节期间国内大商场不难见到来自秘鲁又大又甜的紫葡萄。目前秘鲁的芦笋、油梨也开始进入中国市场。据秘华商会统计，参与对华贸易的秘商逾百家，其中不乏小微企业。同时，中国销往秘鲁的产品品种与技术含量也在增加，受到越来越多消费者的认可。

二是经济合作日趋扩大。

秘鲁是中国企业最早走出去目的地之一。如今，在秘的中资企业160余家，它们活跃在商贸、能源矿产、通信、建筑、渔业、林业、物流、金融等各行业。据不完全统计，截至2015年年底，中国在秘投资逾140亿美元，投资规模在拉美国家属第一方队，其中尤以下述投资经营最为瞩目。

首批赴秘投资发展的是首钢与中石油，时间是在20世纪90年代初。1992年，首钢集团以1.18亿美元购买秘国有铁矿公司，成为当时中国在海外完成的最大宗收购。历经20多年艰辛创业，秘鲁首钢将一家濒临破产的企业，改造扩建成年产规模上千万吨的现代铁矿山。中石油也在1993年进入秘鲁，建立起了首个海外基地，通过精细管理，使长达百年的老油田青春常驻。2013年，中石油和巴西石油签署了收购后者在秘的区块油田协议，使中石油的产量占据秘鲁全

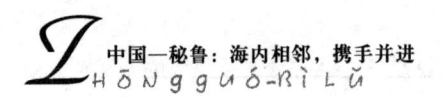

国石油产量的51%。上述两家企业创业后经营发展为后来走出去的企业提供了难得的启示。

中国在秘矿业领域的新一波投资热始于2006年后，堪称大手笔的当属中铝和五矿。2007年，中铝公司收购秘鲁矿业公司，获得地处高原地区特罗莫克的千万吨级世界特大型铜矿。在获得施工许可后，仅用29个月完成了项目建设，创造了行业纪录。2013年12月11日，乌马拉总统、我作为中国驻秘大使、秘能矿部部长、中铝董事长共同出席了当时中国海外最大铜矿项目的投产仪式。2014年4月，中国五矿集团下属五矿资源有限公司与国新国标投资有限公司、中信金属有限公司组成的联合体与嘉能可签署了秘鲁邦巴斯项目股权收购协议，8月1日正式交割。项目收购对价和资本支出合计超100亿美元，是中国金属矿业史迄今实施的最大境外收购。拉斯邦巴斯铜矿已查明的铜资源储量超过2000万吨，已勘探区域占矿区面积10%，预计投产前5年，年产铜精矿含铜量有望达45万吨。2016年1月，邦巴斯铜矿正式投产，它标志着铜矿建设、调试工作已按期完成，实现超过每天40万吨的额定采矿产能，预计2016年铜精矿含铜量达30万吨。两家中资大铜矿的投产对拉动秘鲁经济增长发挥了积极作用。以五矿为例，邦巴斯铜矿的投产将促使秘鲁2016年GDP增长1—3个百分点，同时也增强了我国铜资源的保障能力。

除大型国有和地方企业外，民营企业也发挥各自所长，积极开拓，取得良好业绩。华为在通信领域表现抢眼。该公司于2003年在秘正式注册公司，逐渐成为当地主要电信运营商的重要设备供应商，在市场占有率遥遥领先。近两年，新近问世的华为手机也迅速走俏，受到越来越多消费者的青睐，现已成为秘市场第一大手机品牌。此外，还有万新品牌的摩托车和大自然木业都在当地行业市场占有举足轻重的位置。

尤其需要指出的是，中国企业在秘的投资兴业发展中不仅追求良好业绩，也注重社会效益；不仅谋求自身壮大，也重视与其他中资和当地企业的协调发展，共同发展，造福社会。中资企业认真遵守驻在国法律法规，积极履行社会责任，注重环保，与当地民众共享发展机遇。不少企业积极捐资当地教育、卫生、公共安全等关系百姓民生的事业；两家大型矿企还为村民兴建公共设施一应俱全的新村；投产前修建好污水处理厂，积极开展就业培训。2010年，中资企业协会宣告成立，搭建了相互交流与互助的平台。协会还加强与驻在国政府部门的沟通和与行业及社会各界的联系，举办政策信息报告会，维护自身合法权益，积极回馈社会，努力营造有利于企业经营发展的和谐环境，树立中国企业的良好形象。

中国的投资为秘鲁创造了新的就业机会、增加了财政税收，为促进当地经济社会发展做出积极贡献。同时，中资企业也在此过程中积累了走出去的经验，培养了人才，增加了参与国际竞争的实践与才干，为企业和国家的发展开拓了更多的发展空间。

三是发展合作成果显著。

与此同时，双方的发展合作取得可喜进展。这一合作起于20世纪90年代，多以经济技术合作协定的形式进行；近年来中秘发展合作更迈上新台阶，形成了项目、捐赠与培训三位一体的格局，形式多样，覆盖农业、工业、文教等多领域，日益成为双方互利合作的有益补充，中秘两国人民友好的见证。

2014年，为纪念中国移民抵秘165周年修建的中秘友谊馆竣工，正在秘进行正式友好访问的人大委员长张德江亲自为友谊馆揭幕，从此两国人民的交往与文化交流又有了一个新平台。为帮助秘鲁巴西实现修建跨洋铁路的愿望，中方积极参与项目可行性研究，体现了中国支持南美实现一体化的努力。尤为值得一提的是，双方在抗灾扶贫领域的合作日益扩大。患难知真情，中国人民不会忘记秘鲁政府与人民在困难时给予的声援。2008年5月，中国四川汶川特大地震造成重大人员伤亡，秘鲁政府随即宣布设立"全国哀悼日"，议会降半旗，这是中秘两国人民间血脉相连的友好情意的真实体现。2013年，在秘鲁总统访华之际，双方签署了抗灾救灾领域的合作协议。此后，双方积极合作，加强应急救灾能力，帮助民众减灾自救。授人以渔是双方开展合作遵循的重要原则，在人力培训领域的合作日益紧密。近年，中方扩大了奖学金的名额，使更多年轻人有了出国学习深造的机

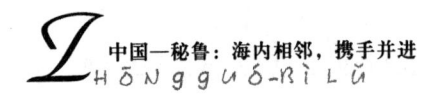

会；双方还加强了在公共管理、经济、农业、渔业、应急等方面的经验交流与项目考察，反响热烈。

综上所述，不难看出，虽然目前双边合作规模不大，但紧跟形势新发展，紧贴实际需要，传播新理念，注重实效，是中秘双方携手致力于促进包容发展的最好例证。

（三）各界交往频繁，友好基础牢固。

伴随中秘全面战略伙伴关系的建立，双方在各领域的交往增多，相互了解更加深入，交流与合作日趋扩大。

人文交往热络。中秘同为文明古国，拥有悠久的历史，深厚的文化底蕴，为双方交流互鉴奠定了基础。2013年，作为两国建立全面战略伙伴关系的一项重要成果，中方决定将对秘奖学金名额增至50名，为秘青年赴华学习深造提供更多机会。目前，出现了学习中文、了解中国的热潮，许多人学中文不仅仅是出于好奇或爱好，不少也是出于实际需要。2007年前后建立的四所孔子学院至今办得红火，学成毕业的学生很快就能找到工作。继天主教大学的东方研究中心之后，RICARDO PALMA大学和太平洋大学也办起了研究中国的中心；一些大学还积极探索互派留学生。此外，在文化艺术、文物保护、其他社会和自然科学领域的人员交往也在增多，拓宽了双边交流的领域。中国社科院与秘科技委员会建立了合作机制，莫言、铁凝等中国文化界名人也在2015年的中拉文明互鉴系列活动中与秘鲁同行相会，引起广泛关注。

双方在军事领域的交流持续发展。双方军事人员保持经常性交流与互访，促进了两国军队建设。2015年圣诞期间，正在执行"和谐使命—2015"任务的中国海军和平方舟医院船抵达秘鲁，官兵分赴教会、敬老院和癌症患儿救助站提供健康服务。

中秘全面战略伙伴关系发展前景

作为卸任不久的中国驻秘大使，我对未来中秘两国关系发展充满信心与期待，基于以下缘由：

一是基于共同理念的政治互信。中秘两国同属发展中国家，恪守相互尊重主权、领土完整、和平共处的原则，尊重彼此的核心利益，尊重各自根据本国国情所选择的发展道路与模式，相互间不存在根本的利害冲突。在重大国际和地区问题上，双方持有共同或相近的观点与立场，主张按照国际法原则和平解决国际争端，致力于推动建立更加公正合理的国际政治和经济秩序，实现国家不分大小、贫富的共同发展。尤其值得一提的是，两国领导人从战略高度和长远角度为两国关系长远发展达成许多重要共识。作为驻秘大使我曾亲眼目睹两国领导人的长时间促膝交谈，勾画未来两国互利合作发展的蓝图；目睹他们与双方各界的亲切接触与深入交谈，为两国世代友好凝心聚力。

两国高层领导为中秘关系发展倾注的热情与关注深深地感染了在场的所有人，激励大家为两国与两国人民的事业全力以赴。

二是基于经济互补和利益的融合。中秘同为太平洋沿岸国家，拥有各自独特的自然禀赋，处在相似的发展阶段，经济互补性较强；双方签有自贸协定，主张对外开放、公平自由贸易，鼓励相互投资，寻求共同发展，为两国互利合作提供了法律框架和巨大潜力与动力。近年，两国经贸合作快速发展，既给两国人民带来了实实在在的好处，也显示了其发展的巨大潜力，对两国经济社会发展产生了积极影响。

三是基于血脉相通的友情和互利合作的共识。中秘之间源远流长的交往和由此形成的民族与文化的融合，是促成两国人民相亲相近的重要利好因素，也是便利双方交流与合作的润滑剂。中秘务实互利合作产生的看得见、摸得着的实惠，是坚定两国各界寻求互利共赢、推进全面战略伙伴关系共识的基础，也是凝聚双方同心协力的助推器。

四是基于双方携手共同发展的迫切需要。中秘同为太平洋沿岸的新兴发展经济体，都在寻求本国经济社会协调持续发展并面临相似的发展和改革挑战，营造一个有利于各国共同发展的国际环境、通过合作争取更多的发展机遇与空间是双方的共同需要。诚然，中秘两国在历史传统、文化语言、政经制度、法律框架等多方面有着许多差异，拓宽并深化互利合作需要双方进一步加深相互了解，更好地实现两国发展战略对接，妥善处理彼此间的差异和诉求方面的不完全对称，推动互利合作不断迈上新台阶，促进发展、造福人民。

五是基于未来五年两国发展计划重要契合。2016年是中国"十三五"规划的开局之年，也是于2016年7月上台的秘鲁库琴斯基新政府推行五年执政计划的第一年。纵观双方经济、社会等多领域的发展目标与任务，两者高度契合，促进双方发展计划的对接必将为双方发展带来更多机遇。我们期待并相信两国领导人在中秘建交45周年之际的会晤，必将引领中秘两国全面战略伙伴关系的未来发展迈上新台阶。

第二部分　高层交往密切和政治互信不断巩固的政治关系

最近十年秘鲁和中国牢固的关系

［秘鲁］法比安·诺瓦克[①]
［秘鲁］桑德拉·娜米哈斯[②]

【内容提要】

秘鲁从很早就看到与亚太建立特别关系的重要性，因此较早就加入 APEC 和 TPP 组织，并决定要与该亚太区域里最大经济体国家——中国，建立一种特殊而牢固的关系。

两位学者从历史的角度回顾了这种关系发展的漫长过程并强调，秘中关系起源于 16 世纪，但那时只是一种民间交往。1874 年 6 月与清政府建交，到 1949 年又与逃离大陆的国民党政权维持所谓的官方关系。1971 年，从秘鲁宣布"世界上只有一个中国，台湾是中华人民共和国不可分割的一部分"的时刻开始，秘中两国建立外交关系，进入了新的历史时期。但秘鲁和中国从"战略伙伴关系"发展到"全面战略伙伴关系"的层级是在 2006—2016 年这十年间获得的，它集中反映了秘中两国政治、外交、经贸、金融、科技文化、军事、交通与通信、广播与电视等各领域全面并逐步深入的关系大发展过

[①]　法比安·诺瓦克，曾任秘鲁国防部副部长（负责政策事务）、秘鲁外交部法律顾问。目前为秘鲁天主教大学法律系首席教授，任该校国际研究所所长，秘鲁外交学院特聘教授。

[②]　桑德拉·娜米哈斯，秘鲁经济学家，长期从事国际经济与贸易等领域的相关研究，目前为秘鲁太平洋大学经济系教授，任该校亚太经合组织（APEC）研究中心主任。

程。在这段时期，特别值得一提的是秘鲁前总统阿兰加西亚的重要贡献和推动作用。早在 2006 年，当他作为秘鲁总统出席越南河内 APEC 峰会期间，加西亚就向中国领导人提出商量签署秘中两国自由贸易协定（TLC）的建议。秘鲁当时希望将大宗的鱼粉贸易推销到亚洲和中国市场。那时的中国领导人很快便与他取得共识。2007—2010 年，两国经过持续认真坦诚的谈判，终于在北京达成并签署了这项自由贸易（TLC）协议。也就是从那时起，秘中两国贸易额增加了 170%。有了经济关系提升的基础，中国政府决定在政治上把两国"全方位合作伙伴关系"提升为"战略"直到"全面战略伙伴关系"。那是由秘鲁总统乌马拉推动实现的。他于 2014 年访华，也就是在这段时期，秘鲁和中国签署的政府间各领域合作协议数量最多。使秘中全面战略伙伴关系推向更完整和具有历史里程碑意义的牢固阶段，两国政治合作和在国际领域的协调也更进一步加强。特别是中国国家主席习近平 2014 年提出在拉美实施 1＋3＋6 的全面战略合作计划后［即指：1 个规划＋3 个发动机（贸易、投资、金融）＋6 个领域行动（资能源、建筑和基础设施、农业、制造业、科技创新、信息技术）］，秘鲁和中国的关系更不同寻常。2014 年 5 月，中国总理李克强访问巴西和秘鲁时，不仅与乌马拉总统续签了十几项新协议，特别重要的是签署了《中国—秘鲁—巴西三国共建跨洋铁路项目的备忘录》。作者强调，该项目很快得到三国议会的批准和通过，但值得指出的是，项目投资总额高达 100 多亿美元，其中 40% 的资金将用在秘鲁。项目实施和完成的意义十分深远。它将把亚洲和南美两大市场连接起来。同时也把世界第二（中国）和第七大经济体（巴西）通过秘鲁连接起来，也把亚洲与南美两个大陆的金融渠道、商品运输港口等沟通起来，毫无疑问的是，其重要的政治、战略、经济等方面的广阔前景已无法估量。

　　文章最后说，通过以上事实介绍，秘鲁和中国近十年关系不仅是牢固的和不容置疑的，而且是大踏步前进的。秘鲁的外交和贸易政策是向世界开放并且是多元而积极的。比依附于一个伙伴或一个集团所获得的好处要大得多，面对的风险却少得多。应该承认秘鲁与中国还存在一些不同，如对民主、人权以及秘鲁在同具有天然伙伴关系的美国和欧洲的距离不能拉得太远。

因此，作者也提出一些今后巩固秘鲁和中国关系的建议：(1) 作为东道国的秘鲁应在2016年11月APEC峰会上展现能够促进发展的领导作用；(2) 在峰会期间，与参会的中国国家主席共同举办两国建交65周年活动以巩固"全面战略伙伴关系"并增添更多内容；(3) 希望中国在工业投资、鼓励经贸交流、落实现有能源矿业项目、加强生产链工业替补、促进技术一体化、推动和便利旅游、改善航空对接、推动跨洋铁路项目研究提升、密切科技调研和教育合作、鼓励学术机构交流、加深对中国的研究和了解，以及其他行动等；(4) 太平洋联盟急需设计一个与中国加深双边外交关系的战略。

（蔡维泉[①] 编译）

[①] 蔡维泉，中国前驻阿根廷大使馆政务参赞，前驻多米尼加商务代表处代表。

中国—秘鲁：海内相邻，携手并进

PERÚ – CHINA Y LA CONSOLIDACIÓN DE SU RELACIÓN EN LOS ÚLTIMOS DIEZ AÑOS

Fabián Novak y Sandra Namihas[①]

El Perú desde muy temprano vislumbró la importancia de alcanzar una vinculación privilegiada con el Asia – Pacífico. Esto queda evidenciado con el ingreso del Perú al Foro de Cooperación Económico Asia-Pacífico (APEC), con la celebración de numerosos acuerdos de libre comercio suscritos bilateralmente con países asiáticos como China, Corea del Sur, Japón, Singapur y Tailandia, con su presencia en el Acuerdo de Asociación Transpacífico (TPP), con el incremento de sus representaciones diplomáticas y oficinas comerciales en Asia, pero también con la construcción de una relación especial con la máxima potencia asiática: China.

Precisamente, el presente estudio pretende analizar el proceso de construcción de la actual relación entre el Perú y China, caracterizada

---

① Texto basado en el estudio elaborado por los mismos autores, titulado *Las relaciones bilaterales entre el Perú y la República Popular China* (2006 – 2016) y editado por el Instituto de Estudios Internacionales (IDEI) de la Pontificia Universidad Católica del Perú y la Sociedad Peruana de Derecho Ambiental (SPDA) en el 2016。

por su integralidad y fortalecimiento progresivo, concentrándose especialmente en los últimos diez años, en los cuales se han producido avances notables.

1. Evolución histórica de la relación

1.1 Los primeros antecedentes

Señalan García – Corrochano y Tang que históricamente los primeros contactos entre el Perú y China datan de fines del siglo XVI, cuando se inicia el intercambio comercial entre estos a través de las Filipinas, que en ese entonces era también posesión española. Sin embargo, precisan que se trató de una relación comercial de carácter privado que básicamente consistió en la importación de mercaderías chinas al Perú. (2011: 15 y 34).

Durante el inicio de la República del Perú no se tiene información de relaciones comerciales con la China, probablemente por la inestabilidad política que en ese entonces se vivía en el país sudamericano. No obstante, sí se produjo un intenso tráfico de migrantes chinos (culíes), especialmente a partir de 1849, lo que provocó tensiones en las relaciones con países contrarios a dicho tráfico, como eran los casos de Gran Bretaña y EE. UU. (García – Corrochano y Tang, 2011: 37 y 47).

El establecimiento formal de relaciones diplomáticas entre el Perú y el Imperio Chino se daría recién el 26 de junio de 1874, cuando ambos países firmaron, enTientsin, el denominado Tratado de Amistad, Comercio y Navegación, siendo representados para tal acto por el entonces Ministro Plenipotenciario del Perú en China y Japón, capitán de navío Aurelio García y García, y el Virrey del Norte de China, general Li Hung Chang. Este tratado establecía el intercambio de agentes diplomáticos en Lima y Pekín así como la posibilidad de nombrar un cónsul general, cónsules, vicecónsules y agentes consulares, además de otras disposiciones vinculadas a la libertad de circulación de los ciudadanos de ambos países, libre navegación y un régimen de capitulaciones (Stewart, 1976: 151 y ss. ; Bruce St. John, 1999: 90). Con la firma de este acuerdo se inician propiamente las relaciones diplomáticas entre ambos países —y las primeras que China establecía con un país latinoamericano—, nombrando el Perú como encargado de negocios a Juan Federico Elmore, mientras que China recién instalaría su legación al concluir la Guerra del Pacífico (Basadre, 1983: 357).

Esta primera etapa de nuestras relaciones, que culminaría en 1949, se caracterizaría fundamentalmente por la inmigración de ciudadanos chinos al Perú provenientes principalmente de la provincia de Cantón, quienes fundaron algunas instituciones culturales, educativas y de beneficencia y, asimismo, se dedicaron a algunas actividades económicas, loque sumado al mestizaje provocado por los enlaces matrimoniales entre peruanos y chinos, generó un fuerte relacionamiento en el ámbito social y cultural, pero que no se extendió al ámbito político (Ulloa, 1997: 341). Esta masiva inmigración china convertiría al Perú en el país con la comunidad más grande de descendientes chinos en la región (Zanabria, 2015: 89), hecho que permitió establecer una amplia base social para la construcción futura de nuestras relaciones políticas y diplomáticas.

En 1949, cuando el general Chiang Kay - Shek abandonó China continental, tras perder la guerra civil e instalarse en la isla de Formosa, el Estado peruano reconoce a la República de China instalada en Taiwán, con la que mantuvo relaciones diplomáticas hasta 1971, y desconoce por tanto a la República Popular China de Mao Tse - Tung. Esta actitud tenía su explicación en la Guerra Fría y en el respaldo del bloque occidental liderado por EE. UU. hacia el régimen sedicente de Chiang Kay – Shek. En todo caso, durante esta segunda etapa de nuestras relaciones no se registraron avances importantes, lo que queda reflejado en el hecho de que no fue sino hasta 1961 que el Perú enviaría al primer embajador ante la República de China (García – Corrochano y Tang, 2011: 75 y 93).

1.2 El inicio de las relaciones diplomáticas entre el Perú y la República Popular China

Desde 1960, comenzó a gestarse, en el ámbito de las Naciones Unidas, una corriente a favor del reconocimiento de la República Popular China, lo que llevó finalmente al gobierno militar peruano del general Juan Velasco Alvarado a establecer relaciones diplomáticas con dicho país, a la par que lo hacía con la Unión Soviética y Cuba. En efecto, el 2 de noviembre de 1971 el Perú y China celebran un acta para el establecimiento de relaciones diplomáticas a través de sus representantes en Otawa (Canadá) y por el que se puso fin a las relaciones diplomáticas con Taiwán; desde ese momento el Perú se adhirió al principio de "una sola China" (García – Corrochano y Tang, 2011: 118 – 119)②.

El establecimiento de las relaciones con China y con otros países del bloque socialista obedeció al objetivo de la política exterior peruana de ese entonces, de buscar nuevos mercados para los productos no tradicionales peruanos, lo que en el caso de China estuvo representado principalmente por la harina de pescado (Bruce St John: 1999: 193).

Progresivamente ambos países comenzarían a ampliar la agenda de su relación bilateral, la que no limitó al ámbito comercial o económico sino también extendieron al de la cooperación en áreas tan diversas como educación, ciencia y tecnología, cultura, turismo, entre otras,

---

② En 1972, ambos países procedieron al establecimiento de sus respectivas embajadas (García – Corrochano y Tang, 2011: 119).

amén de numerosas visitas protocolares y de trabajo entre funcionarios de ambos países. Sin embargo, lo cierto es que la relación bilateral hasta fines del siglo XX careció de mayor densidad, lo que cambiaría en el nuevo siglo como producto, en gran parte, de la apertura económica efectuada por el Perú en los años noventa y profundizada a partir del 2001 con una agresiva política comercial, así como por la nueva política exterior que China comenzaría a construir, en el 2008, hacia América Latina en su búsqueda por una mayor presencia e influencia global[3].

El inicio de este cambio comenzaría a notarse en el comercio bilateral, que crecería de manera importante a partir del 2004 —año en que el Perú otorgó el estatus de economía de mercado a la República Popular de China—[4], lo que queda acreditado cuando apreciamos las cifras de nuestro intercambio comercial entre el 2001 y el 2005:

Cuadro 1: Intercambio comercial Perú – China 2001 – 2005
(En millones de dólares)

	2001	2002	2003	2004	2005
Exportación (FOB)	425	598	677	1235	1879
Importación (FOB)	354	465	643	767	1063
Intercambio	779	1063	1320	2003	2942
Saldo	71	133	34	468	817

Fuente: ADEX Data Base. Elaboración: propia.

---

③ Véase: Texto íntegro del Documento sobre la Política de China hacia América Latina y el Caribe, 2008. Disponible en: < http://www.fmprc.gov.cn/esp/zxxx/t521035.shtml >, consultado el 1 de febrero de 2016.

④ China fue admitida en la OMC el 11 de diciembre de 2001, siendo calificada como una "economía en transición". Frente a ello, el gigante asiático inició tratos bilaterales con diversos Estados a efectos de obtener su reconocimiento como "economía de mercado", lo cual dio sus frutos en el 2004, en el que más de la mitad de los 151 miembros de la OMC la reconocieron como tal. En el caso específico del Perú, la denominación le fue otorgada el 20 de noviembre de 2004, durante la Cumbre APEC (Torres, 2010: 6).

De este cuadro se desprende claramente que el 2004 es un punto de quiebre en la relación comercial con China, específicamente en cuanto a las exportaciones peruanas al país asiático, que prácticamente se duplicaron, proceso que continuaría en el 2005 donde las exportaciones peruanas se multiplicarían por tres en relación al 2003.

No obstante, serán los últimos diez años de la relación bilateral (2006 - 2016) los que sentarían los hitos másimportantes de esta, al tomarse la decisión política de construir una relación privilegiada sobre la base de un *Tratado de Libre Comercio* y del acuerdo para una *Asociación Estratégica*, que luego sería transformada en una *Asociación Estratégica Integral*. Precisamente, al estudio de este período se dedican los siguientes puntos.

2. Las relaciones bilaterales durante el segundo gobierno de Alan García (2006 - 2011)

Durante el segundo gobierno del presidente Alan García se pondría una especial atención en la relación con China, como consecuencia tanto de la visión moderna y pragmática de la nueva gestión aprista como por la evidencia del crecimiento económico chino y su cada vez más importante presencia en la región latinoamericana. Fruto de ello, durante este quinquenio se lograrían importantes avances en la relación bilateral, los que se detallan a continuación.

2.1 El Tratado de Libre Comercio (TLC)

Así, desde el inicio del nuevo gobierno peruano, este planteó a China la celebración de un TLC. En efecto, con ocasión de la Cumbre APEC de 2006, celebrada en Hanoi (Vietnam), el gobierno de Alan García presentó a su par chino la propuesta de celebrar un acuerdo comercial que impulsara el intercambio económico entre ambos países.

Si bien las negociaciones fueron oficialmente anunciadas el 7 de setiembre de 2007, estas no estuvieron exentas de dificultades. En todo caso, el acuerdo fue alcanzado, y el Tratado de Libre Comercio se celebró el 28 de abril de 2009[5], en Beijing, el mismo que entró en vigor el 1 de marzo de 2010. Como complemento de este acuerdo, Perú y China suscribieron en la misma fecha del TLC, un Acuerdo de Cooperación Aduanera y un Memorando de Entendimiento en Cooperación Laboral y Seguridad Social.

En este punto, es menester anotar que el intercambio comercial entre el Perú y China entre el 2006 y el 2010, esto es, antes de la entrada en vigor del TLC, fue altamente positivo, creciendo en un 170% en este quinquenio, como se comprueba con las siguientes cifras:

Cuadro 2: Intercambio comercial Perú – China 2006 – 2010
(En millones de dólares)

	2006	2007	2008	2009	2010
Exportación (FOB)	2267277.0	3041268.2	3737243.5	4073882.4	5425930.7
Importación (FOB)	1447501.1	2251049.3	3714343.4	3063046.0	4679646.7
Intercambio	3714778.1	5292317.5	7451586.9	7136928.4	10105577.4
Saldo	819775.9	790218.9	22900.1	1010836.4	746284.0

Fuente: SUNAT. Elaboración: propia.

Solo entre el 2006 y el 2007, el intercambio comercial aumentó

---

[5] Otros acuerdos celebrados en dicho año fueron el Memorándum de Entendimiento sobre la Cooperación en el sector Geológico y Minero (20 de abril), el Convenio de Cooperación Económica y Técnica (23 de noviembre) y el Convenio sobre Asistencia Militar suscrito entre los ministerios de Defensa de ambos países (28 de diciembre).

en 42,5%, el mayor crecimiento anual dado en nuestra historia bilateral. Efectivamente, si se analizan las exportaciones y las importaciones entre estos años, se aprecia que ambos rubros aumentaron significativamente, las primeras en 34,1% y las últimas en 55,6%. Es necesario resaltar especialmente el incremento en las importaciones de dicho año, el más alto registrado hasta ese momento. No obstante ello, se mantuvo una balanza comercial positiva para el Perú.

A nivel quinquenio, la regla fue casi la misma, es decir, las exportaciones e importaciones prácticamente crecieron cada año, con un mayor incremento en las importaciones (220%) que en las exportaciones (140%). En cuanto a la balanza comercial, durante este periodo, esta siguió siendo positiva para el Perú, aunque bastante fluctuante, presentando su mayor caída en el 2008.

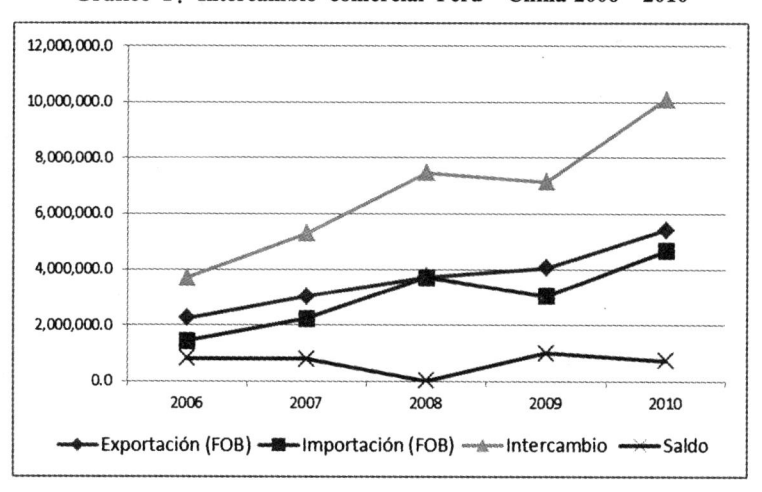

Gráfico 1: Intercambio comercial Perú – China 2006 – 2010

Fuente: SUNAT. Elaboración: propia

En cuanto a la composición del comercio se debe resaltar que las exportaciones del Perú hacia China fueron fundamentalmente minerales (cobre, plomo, zinc, hierro) y harina de pescado, rubros que en conjunto conformaron el 90% de nuestras exportaciones; mientras que en el caso de China, esta exportó al Perú computadoras, teléfonos móviles, motocicletas, aparatos de televisión, grúas pórtico, etc. (García – Corrochano y Tang, 2011: 149; Ferreyros, 2012: 97 – 98).

Con el propósito de consolidar y mejorar los resultados señalados en los párrafos anteriores, es que precisamente se celebra el TLC en el 2009, el mismoque cubrió en sus capítulos las diferentes temáticas relevantes para nuestro comercio, como son el comercio de bienes, las reglas de origen, la defensa comercial, los servicios, las inversiones, las medidas sanitarias y fitosanitarias, la propiedad intelectual, los obstáculos técnicos al comercio, los procedimientos aduaneros y un sistema de solución de controversias.

Asimismo, el acuerdo mejoró el acceso a un mercado que involucra una mayor demanda de bienes de consumo, materias primas, bienes intermedios y bienes de capital; con lo cual, no solo se buscaba facilitar la continuación del ingreso de productos peruanos al mercado chino —tales como potas jibias y calamares, uvas frescas, aguacates, mangos, cebada, páprika, tara en polvo, hilados de pelo fino, entre otros—, sino también que se amplíe el acceso a nuevos productos, como tendremos ocasión de comprobar más adelante.

2.2 La Asociación Estratégica

Si bien la celebración del TLC con China marcó un hito importante en la relación bilateral, faltaba "dar el salto" en la parte política, buscando establecer con dicho país una relación estratégica en este ámbito.

Fue así que, entre el 18 y el 21 de marzo de 2008 se produce la visita de Estado del presidente Alan García a la República Popular China, en la cual cumpliría diversas actividades, se suscribirían numerosos acuerdos y firmaría una declaración con su par chino Hu Jintao, mediante la cual se acordaría la histórica *Asociación Estratégica* entre ambos países.

En efecto, la presencia de García en la China no solo sirvió para sostener importantes reuniones con las más altas autoridades políticas chinas como el presidente Hu Jintao, el primer ministro Wen Jiabao, el presidente de la Asamblea Popular Nacional Wu Bangguo y el jefe de la Oficina del Grupo Líder del Consejo de Estado para el Desarrollo y Disminución de la Pobreza, Fan Xiaojiang; sino también con los principales directivos de las más importantes corporaciones chinas[6]; estas reuniones permitieron dar a conocer la buena marcha de la economía peruana y las oportunidades que para China ofrecía dicho país, ello con el objetivo de incrementar las relaciones económico-comerciales y financieras entre ambos Estados, pero también la cooperación e intercambio científico y cultural, así como la relación en el ámbito político. Paralelamente, se sostuvieron otras reuniones importantes entre los ministros de Relaciones Exteriores, José Antonio García-Belaunde y Yang Jiechi; de Comercio, Mercedes Aráoz y Chen Deming; de Energía y Minas, Juan Valdivia y Xu Shaoshi; de Agricultura, Ismael Benavides y Sun Zhangcai; así como los viceministros de Pesquería, Alfonso Miranda y Niu Dun.

De otro lado, la visita del presidente García permitió la suscripción de nueve acuerdos: el Tratado de Asistencia Judicial en Materia Civil y Comercial; el Convenio de Cooperación Económica y Técnica, porel cual el Perú obtuvo una donación de 10 millones de yuanes (aproximadamente USD 1.4 millones de dólares); el Programa

---

[6] El presidente Alan García sostuvo un desayuno de trabajo con representantes de más de setenta corporaciones chinas, entre las que se encontraban: (en el área electrónica) Potevio y Huawei; (en el área de petróleo) Sinopec, Petrochina y CNOOC; (en el área minera) Shougang, Minmetals, Chinalco y Sinosteel; (en el área de construcciones) China State Construction y China Guodian; y finalmente (en el área de turismo) China Travel Service.

Ejecutivo 2008 - 2011 al Convenio de Intercambio Cultural; el Memorándum de Entendimiento sobre la Promoción de Cooperación en Materia de Energía y Minería; el Memorándum de Entendimiento de Cooperación sobre Medidas Sanitarias y Fitosanitarias; el Protocolo de Requisitos Fitosanitarios para la Exportación de Mangos del Perú a China; el Protocolo de Requisitos Fitosanitarios para la Exportación de Peras del Perú a China; el Convenio e Implementación del Acuerdo de Cooperación entre la Televisión Central de China y el Instituto de Radio y Televisión del Perú; y, las notas reversales sobre donación financiera de 20 millones de yuanes para la adquisición de autos a ser utilizados en la Reunión Ministerial Conjunta y la Reunión de Líderes APEC, que se celebraría en noviembre de 2008. A todo esto se debe añadir la suscripción del Acuerdo de Cooperación entre la Confederación de Instituciones Empresariales Privadas del Perú (CONFIEP) y el Consejo Chino para la Promoción del Comercio Internacional (CCPIT).

Si bien estos acuerdos dejaron sentado el hecho de que la relación bilateral sería en adelante más completa e integral, es la Declaración Presidencial la que sin duda tendría una importancia histórica para ambos países, pues en ella consta el acuerdo de ambos presidentes de elevar las relaciones —hasta ese momento consideradas en la categoría de *asociación de cooperación integral*—, a la de *socios estratégicos*, encargando a las cancillerías de ambos países examinar los temas, acciones y avances necesarios para materializar este acuerdo y dotarlo de contenido, lo que finalmente se produjo el 19 de noviembre, cuando se realiza la visita oficial del presidente de la República Popular China Ju Hintao a Lima, con motivo de la realización de la Cumbre del Foro de Cooperación Económica Asia - Pacífico (APEC).

En efecto, en esta ocasión ambos Jefes de Estado suscribieron en Lima la Declaración de Asociación Estratégica, la que tiene como propósito profundizar la amistad tradicional entre ambos pueblos y fomentar la paz, la estabilidad y la prosperidad de ellos. Esta asociación tiene como base principios como la confianza mutua, la igualdad y el beneficio mutuo, la ganancia compartida, la cooperación integral y el desarrollo compartido, los cuales se desprenden de los Cinco Principios de Coexistencia Pacífica que son la base de la política exterior china desde 1954, y que son recogidos en el Documento sobre la Política Exterior China hacia América Latina y el Caribe de 2008⑦.

De otro lado, la asociación estratégica, según la declaración, se manifiesta en cuatro aspectos:

a) Profundizar las relaciones políticas entre ambos países: utilizando los mecanismos de contacto de alto nivel ya existentes (Mecanismo de Consultas Políticas, Comisión Mixta Económica y Comercial, Comisión Mixta Científica y Tecnológica, etc.); alentando y promoviendo los intercambios entre las dependencias gubernamentales, instituciones legislativas, partidos políticos y estamentos de la sociedad civil; ampliando y perfeccionando los mecanismos de cooperación y diálogo entre ambos Estados; e, impulsando continuamente el desarrollo de relaciones de amistad de modo fluido, estable e integral. Todo ello sobre la base del respeto a las normas y principios de derecho internacional.

b) Ampliar la cooperación económica, sobre la base del beneficio recíproco y la ganancia compartida y de acuerdo a las normas económico-comerciales internacionalmente vigentes. En este ámbito, las

---

⑦ En este documento de 2008, China señala que tiene una visión estratégica sobre la relación con esta región, basada en una cooperación integral que tiene como fundamentos la equidad, el beneficio recíproco y el desarrollo común, enmarcados dentro de sus cinco principios de coexistencia pacífica. Véase el Documento sobre la Política de China hacia América Latina y el Caribe, 2008. Disponible en: < http://www.fmprc.gov.cn/esp/zxxx/t521035.shtml >, consultado el 1 de febrero de 2016.

partes se comprometen a estimular y promover el fortalecimiento de la cooperación entre las empresas de ambos países, así como a dar adecuada solución a los problemas que puedan surgir en el desarrollo de las relaciones económico – comerciales.

c) Fomentar el intercambio en diversas áreas para un mayor conocimiento y cooperación entre ambas sociedades, incentivando la integración y el desarrollo de sus pueblos para incrementar la amistad tradicional que los une.

d) Mantener estrechos lazos de cooperación en el ámbito multilateral, coordinando posiciones en los temas internacionales y regionales que sean de interés común, colaborando en los organismos internacionales y regionales tales como el sistema de Naciones Unidas, la Organización Mundial del Comercio (OMC), el Foro de Cooperación Económica Asia – Pacífico (APEC), y el Foro de Cooperación Asia del Este – América Latina (FOCALAE).

Durante la visita del presidente JuHintao a Lima, en noviembre de 2008, también se suscribió un importante número de acuerdos, tales como el Memorándum de Entendimiento sobre Cooperación en Salud, celebrado por los ministerios competentes; los protocolos de Requisitos Fitosanitarios para la Exportación de Cítricos de China al Perú y del Perú a China, suscritos por el Ministerio de Agricultura del Perú y la Administración General de Supervisión de Calidad, Inspección y Cuarentena de la República Popular de China; el Acuerdo referente a la Cooperación y Asistencia Administrativa Mutua en Asuntos Aduaneros; el Convenio de Cooperación Económica y Técnica; el canje de notas sobre donación de 10.000 bicicletas chinas; el Acta de Entrega – Recepción de Automóviles para Uso de las Reuniones de APEC en el Perú; el Memorándum de Entendimiento sobre Cooperación para la Reducción de la Pobreza, celebrado entre la Presidencia del Consejo de Ministros del Perú y la Oficina del Grupo Líder de Alivio a la Pobreza y Desarrollo de la República Popular China; el Acuerdo Marco de Cooperación entre el Banco de la Nación del Perú y el Banco de Desarrollo de China; el Acuerdo Marco de Inversión y Financiamiento para el Proyecto El Galeno, entre China Minmetal Corporation, Jiangxi Cooper Corporation, Banco de Desarrollo de China y Banco de Crédito del Perú; y el Acuerdo de Cooperación entre las Cortes Supremas de Justicia de ambos países.

De esta manera, las visitas de Estado referidas permitieron alcanzar los importantes objetivos de la política exterior peruana de un relacionamiento estratégico con China y de un posicionamiento privilegiado del Perú en el Asia.

2.3 El último año de gobierno de García

Solo para culminar este punto se debe señalar que en el 2011, último año de gobierno del presidente Alan García, se siguieron suscribiendo otros acuerdos de importancia tales como el Primer Protocolo Complementario al Convenio sobre Asistencia Militar celebrado entre los ministerios de Defensa de ambos países (14 de enero), por el cual el Perú recibió una donación de vehículos militares por valor de seis millones de yuanes; el Memorándum de Entendimiento para la Cooperación y Capacitación en el Campo de la Protección y Restauración del Patrimonio Cultural y el Desarrollo Museográfico (28 de abril), el Memorándum de Entendimiento de Cooperación de la Industria de Defensa suscrito por el ministerio de Defensa del Perú y la Administración Estatal de Ciencia, Tecnología e Industria para la Defensa Nacional de la República Popular China (4 de mayo); y el Memorándum de Entendimiento para la Cooperación entre la Oficina Nacional de Auditoría de la República Popular China y la Controlaría General de la República del Perú (7 de julio).

3. Las relaciones bilaterales durante el gobierno de Ollanta Humala (2011 – 2016)

El nuevo gobierno peruano, que asumió funciones el 28 de julio de 2011, continuó con la política de Estado favorable a una relación privilegiada con China, lo que se materializó en importantes acuerdos, en la consolidación de la asociación estratégica, en un incremento del comercio bilateral y de las inversiones, así como en la proyección de un relacionamiento tripartito China – Perú – Brasil.

3.1 La Asociación Estratégica Integral

El presidente Ollanta Humala realizó una visita de Estado a China entre el 6 y 9 de abril de 2013, y fue recibido por el nuevo presidente Xi Jinping, quien había asumido el cargo el 14 de marzo de ese año.

Durante esta visitaambos presidentes suscribieron numerosos acuerdos con el propósito de intensificar el comercio y la cooperación en agricultura, infraestructura, minerales y desarrollo social. En este sentido tenemos: el Memorándum de Entendimiento para la Promoción de Pequeñas y Medianas Empresas, destinado a la formación de capacidades en creación de redes de producción, distribución e internacionalización de las exportaciones de las PYMES; el Memorando de Entendimiento sobre Cooperación en el sector forestal, destinado al ordenamiento de la producción y manejo sustentable de los bosques; el Protocolo de Requisitos Fitosanitarios para la exportación de Espárragos del Perú a China, que beneficia a las poblaciones rurales del sur peruano; el Programa Ejecutivo 2013 – 2018 al Convenio de Intercambio Cultural; el Convenio de Cooperación Económica y Técnica por el cual el Perú recibiría una donación de 40 millones de yuanes para actividades de interés social; el Intercambio de Notas para realizar el estudio del Proyecto de Centro de Operaciones de Emergencia Nacional, que permitiría prevenir y mitigar desastres; el Convenio Marco de Cooperación Interinstitucional entre los Archivos Nacionales de ambos países, para transferencia de conocimientos sobre metodologías y procedimientos de trabajo de archivos y material histórico; el Memorándum de Entendimiento sobre la Cooperación Internacional de Educación, con el propósito de identificar métodos de intercambio académico, formación de capacidades y ofrecimiento de becas; el Memorándum de Entendimiento en el ámbito de la Reducción y Alivio de Desastres, que permitiría la transferencia de conocimientos y capacidades en materia de prevención de riesgos; y, el Memorándum de entendimiento sobre Cooperación para la Lucha contra la Pobreza. Asimismo, se firmó el Memorándum de Entendimiento sobre Cooperación en el Campo de la Investigación y Desarrollo en materia de Ciencia y Tecnología Agrícolas, con el propósito de establecer en el Perú un Centro de Investigación Agrícola y de Tecnología Aplicada que permita un mejoramiento en la calidad de las semillas de los productos agrícolas, en particular de los cereales andinos, que se erigiría así como el primer centro de investigación de este tipo a ser implementado por China en América Latina.

Adicionalmente, el presidente Humala —conjuntamente con el presidente de México Enrique Peña Nieto— fue invitado como orador principal en el Foro Económico de Boao, el mayor encuentro empresarial del Asia, con presencia de líderes políticos y destacados hombres de negocios. El año anterior fueron invitadas las presidentas Dilma Rousseff de Brasil y Michelle Bachelet de Chile, lo que refleja el interés particular de China por estos cuatro países latinoamericanos, tres de ellos miembros de APEC y de la Alianza del Pacífico.

Complementariamente, esta visita de Estado comprendió la

realización de dos *roadshows* organizados por PROINVERSIÓN conjuntamente con la Embajada del Perú en Beijing, en asociación con el Consejo Chino para la Promoción del Comercio Internacional, el más importante gremio empresarial chino.

Lo más importante de esta visita, sin embargo, fue la Declaración Presidencial pues en ella se acordó nuevamente elevar el nivel de las relaciones diplomáticas de la categoría de *Asociación Estratégica* a la de *Asociación Estratégica Integral*⑧, con lo cual la relación no solo estaría cubierta en términos políticos, económicos y de cooperación, sino también por una política social de "pueblo a pueblo"⑨. Precisamente, como parte de esta política de acercamiento, se aprovechó la visita presidencial para inaugurar un Centro de Estudios Peruanos en la provincia china de Hebei.

Respecto de este carácter integral de la asociación estratégica entre el Perú y China, debemos referir que en julio de 2014, a propósito de la reunión de los BRICS en Brasil, el presidente chino Xi Jinping manifestó su disposición de fomentar con América Latina una cooperación estratégica integral basada en la fórmula "1 + 3 + 6", esto

---

⑧ Esta *Asociación Estratégica Integral* va de la mano con lo expuesto en el primer párrafo de la Parte Ⅲ (Política de China hacia América Latina y el Caribe) del Documento sobre la Política de China hacia América Latina y el Caribe (2008): "El fortalecimiento de la unidad y cooperación con los numerosos países en vías de desarrollo constituye la piedra angular de la política exterior independiente y de paz de China. Enfocando las relaciones con América Latina y el Caribe desde una altura estratégica, el Gobierno chino se esforzará por establecer y desarrollar con los países latinoamericanos y caribeños la asociación de cooperación "integral" caracterizada por la igualdad, el beneficio recíproco y el desarrollo compartido". Disponible en: < http://www.fmprc.gov.cn/esp/zxxx/t521035.shtml >, consultado el 15 de febrero de 2016.

⑨ Véase el Área Ⅲ (cultural y social) de la Parte Ⅳ (Fortalecimiento de la Cooperación Omnidireccional entre China y América Latina y el Caribe) del Documento sobre la Política de China hacia América Latina y el Caribe (2008). Disponible en: < http://www.fmprc.gov.cn/esp/zxxx/t521035.shtml >, consultado el 15 de febrero de 2016.

es, un plan de cooperación, tres motores (comercio, inversión y finanzas) y en seis sectores (energía y recursos, construcción de infraestructuras, agricultura, manufactura, innovación científica y tecnológica, y tecnologías informáticas) (Namihas, 2015). Sin embargo, como puede observarse, la asociación estratégica integral con el Perú sería más completa, puesto que implica, cooperación política y coordinación en foros internacionales.

Posteriormente, con el propósito de dotar progresivamente de contenido a la Asociación Estratégica Integral, el 12 de noviembre de 2014, luego de participar en la XXII Cumbre de Líderes de APEC, se produjo la visita de trabajo del presidente Ollanta Humala a la República Popular China, ocasión en la que se suscribieron siete convenios bilaterales de cooperación entre ambos gobiernos, así como acuerdos interinstitucionales. ⑩

En este sentido, se celebró el Convenio de Cooperación Económica y Técnica, por el cual se recibió una donación de 70 millones de yuanes (11.5 millones de dólares aproximadamente), para financiar proyectos a ser acordados entre ambos gobiernos; el intercambio de notas para realizar el Proyecto del Centro de Operaciones de Emergencia Nacional, que incluye la construcción de este así como del Centro de Simulación y Sensibilización, con un área de construcción total de 3.750 m^2; y el intercambio de notas sobre donación de un lote de sillas de ruedas. Asimismo tenemos el Memorándum de Entendimiento sobre Cooperación en el ámbito de Hidrocarburos, con el objeto de: promover el desarrollo de los proyectos de la empresa SAPET que

---

⑩ Cabe también resaltar que en dicha ocasión el mandatario peruano realizó una visita protocolar al Presidente de la Asamblea Popular Nacional, Zhang Dejiang, así como también inauguró el Festival Gastronómico "Los sabores y colores del Perú", que congregó a un grupo selecto de autoridades y directivos empresariales chinos.

opera en el Perú (lotes X y 58, lote 57 y lote 103), mediante mayores inversiones y trabajos de exploración y explotación; ampliar las operaciones de la China National Petroleum Corporation en el Perú a través de la concesión de nuevos lotes de exploración y explotación, o de la asociación con otras empresas que operen en el Perú; cooperar en la aplicación integral del gas natural y en el estudio de proyectos de procesamiento, fraccionamiento y/o licuefacción del gas natural, así como en el desarrollo de la industria petroquímica; cooperar en el intercambio de información y capacitación de personal; y, participar en servicios de ingeniería petrolera en el Perú. También tenemos el Acuerdo Social de Colaboración para Fortalecer la Cooperación en el Sector Minero, por el cual se busca promover el desarrollo de recursos minerales y el desempeño económico y social del Perú a nivel local; materializar el apoyo de la empresa China Minmetals a las instituciones educativas de diversos distritos de la región Apurímac; promover el avance de los proyectos mineros de China Minmetals en el Perú, así como su participación en otras oportunidades de inversión. Adicionalmente, se celebraron otros dos memorándums, cuya trascendencia merece un tratamiento aparte.

Días después, esto es, el 21 de noviembre de 2014, se recibió en Lima la visita del Presidente de la Asamblea Popular Nacional de China, ZhangDejiang, quien fue recibido por el Presidente del Perú, luego de inaugurar el Centro de la Amistad Peruano – China, cuyo propósito es promover la realización de diversas actividades que consoliden el conocimiento y la fraternidad entre ambos pueblos, con lo cual se fortalece la dimensión social de la asociación estratégica integral.

Por último, la importancia que la asociación estratégica integral tiene para ambos países quedó ratificada en mayo de 2015, cuando el Primer Ministro del Consejo de Estado chino, LiKeqiang, visitó oficialmente Brasil y el Perú, ocasión en la cual se suscribió un memorándum sobre el proyecto de interconexión ferroviaria bioceánica China – Perú – Brasil (que se desarrollará en el siguiente punto), el mismo que se enmarca en la política china llamada "3x3" (versión actualizada de la propuesta "1 + 3 + 6" del presidente chino Xi Jinping)[⑪].

Adicionalmente, durante la visita de Li Keqiang al Perú, se firmaron diez acuerdos de cooperación en diversas materias tales como: exploración y uso del espacio exterior, inversión industrial, cooperación económica y técnica, la creación de un laboratorio de evolución molecular y sobre el desarrollo del sector energético.

3.2 El proyecto de conexión ferroviaria bioceánica

En la visita de trabajo del presidente Humala a China, en noviembre de 2014, y en atención a la necesidad de lograr la interconexión continental de América del Sur y de ampliar los canales de financiamiento, se celebró el Memorándum de Entendimiento entre el Ministerio de Transporte de la República Federativa del Brasil, la Comisión Nacional de Desarrollo y Reforma de la República Popular China y el Ministerio de Transportes y Comunicaciones del Perú con el propósito de la Creación del Grupo de Trabajo Trilateral para una Conexión Ferroviaria Bioceánica Perú – Brasil.

Las tareas de este grupo serían definir el alcance, componentes, puestos de control y fechas límite acerca del desarrollo de los estudios básicos; supervisar los estudios de factibilidad técnica, económica, ambiental y social del ferrocarril; intercambiar información sobre marco legal, datos geográficos y geológicos y políticas apropiadas gubernamentales de las áreas apropiadas; identificar recursos financieros no reembolsables para los estudios de conexión; llevar a cabo investigaciones y esquemas de cooperación más eficientes para los estudios básicos; entre

---

[⑪] El planteamiento "3x3" consiste en.

otras que fueren pertinentes.

Posteriormente, se suscribió —el 19 de mayo de 2015 en Brasilia y tres días después en Lima— un nuevo memorándum entre estos tres países con el objetivo de dar inicio a los estudios de viabilidad para la interconexión ferroviaria bioceánica que, en principio, conectaría el puerto de Bayóvar en Piura con el puerto Açu en Río de Janeiro para finalmente llegar al puerto chino de la ciudad de Tianjin, una de las más pobladas de ese país y cuyo puerto ocupa el puesto 10 a nivel mundial[12]. El costo aproximado de esta obra es de USD 10.000 millones de dólares, de los cuales USD 4.000 millones se invertirán en el Perú (Namihas, 2015).

A nuestro criterio, las razones que explicarían la decisión de China de impulsar este proyecto a través del Brasil y del Perú se encuentran, en primer lugar, en el hecho de que estos dos últimos países ocupan estratégicamente el centro del espacio sudamericano, favoreciendo una mejor articulación del resto de Sudamérica a través de ellos que por países periféricos; en segundo lugar, en que los puertos del Perú se encuentran más cerca de territorio brasileño que ningún otro, lo que facilitará la salida directa de bienes de las zonas más dinámicas del Brasil; en tercer lugar, en que el Perú está económica e institucionalmente insertado en la cuenca del Pacífico, lo que también facilita la expansión del comercio que llegue por el tren al resto del Asia y no solo a China; y, finalmente, en cuarto lugar, en que tanto el Perú como Brasil tienen una asociación estratégica con China.

Por último, sobre la importancia de materializar este proyecto se debe señalar queeste significará conectar los mercados asiáticos y sudamericanos, y más específicamente a la segunda y sexta economías del mundo a través del Perú, con todas las consecuencias políticas,

---

[12] Se debe precisar que la ruta definitiva del tren aún se encuentra en fase de estudio.

estratégicas y económicas que ello implica. Según palabras del presidente Xi Jinping, dadas en noviembre de 2014, la conexión bioceánica Brasil – Perú – China pretende alcanzar la interconexión continental de América del Sur y de ampliar los canales de financiamiento, lo que sin duda implicará una integración vial y portuaria de importantes dimensiones.

3.3 El Mecanismo de Diálogo Estratégico sobre Cooperación Económica

Durante la ya mencionada visita de trabajo presidencial de 12 de noviembre de 2014, ambos mandatarios celebraron el Memorándum de Entendimiento para el Establecimiento de un Mecanismo de Diálogo Estratégico sobre Cooperación Económica, lo que resulta especialmente importante en tanto ello permitirá lograr una mayor eficacia en las tareas de coordinación y cooperación multisectorial en materia económica, en los ámbitos del comercio, energía y minas, infraestructura y agricultura, con el propósito de obtener ventajas complementarias, desarrollar proyectos de beneficio mutuo y favorecer el desarrollo económico y social común.

En el ámbito de este mecanismo, se acordó colaborar en:

a) el intercambio de información entre las agencias gubernamentales de ambos países sobre políticas económicas, incluyendo estrategias de desarrollo y planes, regulaciones, buenas prácticas, situación económica, políticas macroeconómicas, infraestructura, tecnología, etc.;

b) el intercambio de opinión en temas relativos a inversiones;

c) la promoción de la cooperación industrial a fin de desarrollar una cadena industrial y mayor valor agregado, con este propósito se orientará y facilitará la expansión de la cooperación económica y técnica por parte de las empresas de los dos países, así como la identificación e implementación de proyectos prioritarios de manera expeditiva en sectores como la minería, energía, manufactura y agricultura, entre otros;

d) la promoción de la cooperación en infraestructura en las áreas de transporte, telecomunicaciones, tecnologías de información y la comunicación, energía, agua, alcantarillado, entre otras;

e) el uso pleno de las complementariedades de ambos países, poniendo en marcha sus ventajas comparativas.

Por último, con ocasión de la visita del Primer Ministro chino a Lima, Li Keqiang, el 23 de mayo de 2015, se celebró la I Reunión del Mecanismo de Diálogo Estratégico sobre Cooperación Económica, durante la que se adoptó una visión estratégica de la cooperación bilateral en todos los campos.

3.4. El comercio bilateral

A pesar de la entrada en vigencia del TLC, el comercio bilateral no se incrementó durante este período como se esperaba, en gran medida como consecuencia de la estrategia empleada por el Gobierno chino para paliar la crisis que sufriera en el 2007 – 2008 —reorientar su economía hacia su mercado interno (Dussel, 2012: 60) —, así como debido a la fuerte baja en el precio de los minerales y de las materias primas que el Perú exporta a dicho país.

Así, entre el 2011 y el 2015, el intercambio comercial bilateral creció en 20,1%, debido principalmente al aumento de las importaciones chinas al Perú (36,1%) y a pesar del bajo crecimiento de las exportaciones (5,5%).

Cuadro 3: Intercambio comercial Perú – China 2011 – 2015
(En millones de dólares)

	2011	2012	2013	2014	2015
Exportación (FOB)	6957	7841	7354	7043	7338
Importación (FOB)	6366	7815	8414	8918	8661
Intercambio	13323	15656	15768	15961	15999
Saldo	591	26	-1060	-1875	-1324

Fuente: ADEX Data Base. Elaboración: propia.

Como se puede apreciar en el gráfico siguiente, es en el 2012 que las importaciones sobrepasarían a las exportaciones por primera vez; situación que continuaría hasta el 2015, aunque registró una pequeña caída en este año.

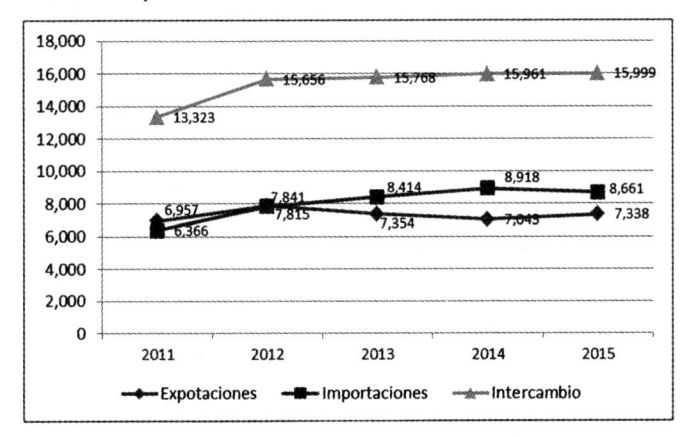

Gráfico 2: Intercambio comercial Perú – China 2011 – 2015

Año	Exportaciones	Importaciones	Intercambio
2011	6,957	6,366	13,323
2012	7,841	7,815	15,656
2013	7,354	8,414	15,768
2014	7,043	8,918	15,961
2015	7,338	8,661	15,999

Fuente: SUNAT. Elaboración: propia.

Esto también se ve reflejado en la evolución que ha tenido el número de empresas importadoras desde China, las cuales crecieron de 4.926 en el 2004 a 18.154 en el 2014, es decir, en 268,5%; mientras que las empresas exportadoras a China lo hicieron de 264 en el 2004 a 536 en el 2014, esto es, un crecimiento de 103%.

El cambio en los indicadores comerciales se tradujo en la balanza comercial, que durante todo el período fue decreciendo para el Perú. Si bien esta se inició positiva, en el 2013 pasó a ser definitivamente negativa, y el punto más bajo se registró en el 2014.

Gráfico 3: Evolución del número de empresas importadoras desde China/ empresas exportadoras a China 2004 – 2014

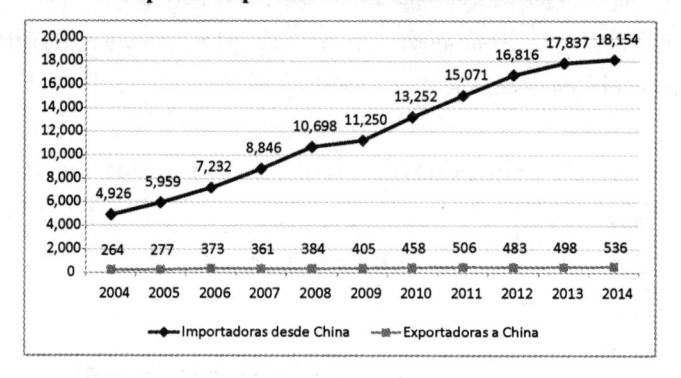

Año	Importadoras desde China	Exportadoras a China
2004	4,926	264
2005	5,959	277
2006	7,232	373
2007	8,846	361
2008	10,698	384
2009	11,250	405
2010	13,252	458
2011	15,071	506
2012	16,816	483
2013	17,837	498
2014	18,154	536

Fuente: SUNAT – ADUANAS/CAPECHI. Elaboración: propia

Gráfico 4: Balanza comercial Perú – China 2011 – 2015

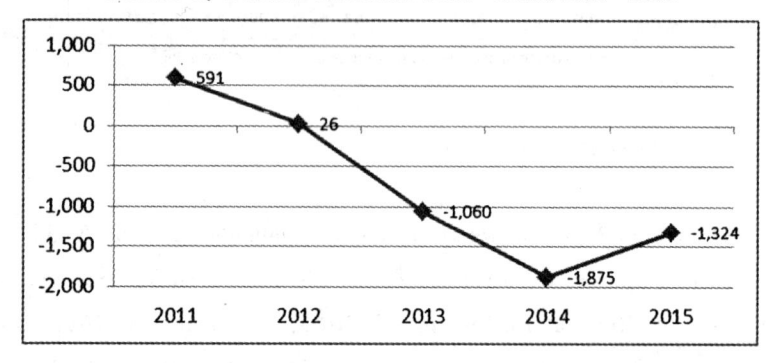

Año	Balanza
2011	591
2012	26
2013	-1,060
2014	-1,875
2015	-1,324

Fuente: ADEX Data Base. Elaboración: propia.

De otro lado, en el 2012, China se convertiría en el primer socio comercial del Perú, desplazando a los EE. UU., aunque perdería esa ubicación en el 2013, recuperándola en el 2014 y en el 2015. Este cambio se vislumbraba desde el 2007, cuando el comercio entre el Perú y EE. UU. empezó su descenso, a diferencia del comercio con China que comenzó en ese mismo año un ascenso sostenido.

Gráfico 5: Comparación comercio Perú – China/Perú – EE. UU. 2011 – 2015

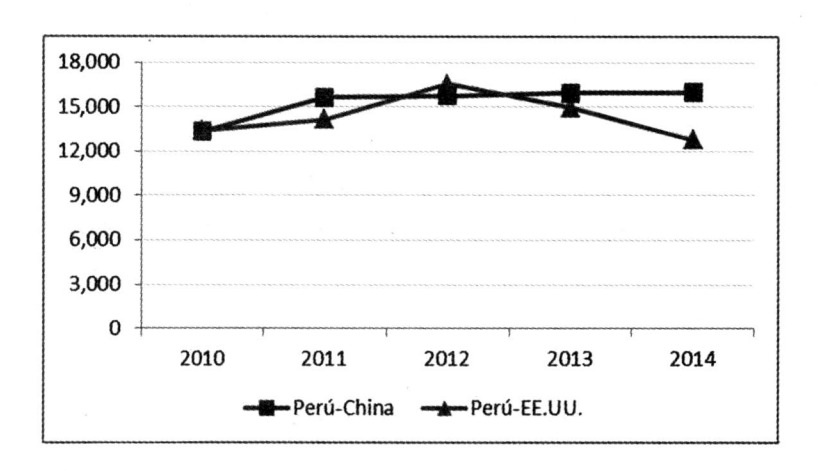

Fuente: ADEX Data Base. Elaboración: propia.

Se debe precisar que más allá de estas cifras, el comercio bilateral sigue teniendo a la fecha las mismas características que tenía antes de la entrada en vigor del TLC, esto es, un comercio poco diversificado y de tipo interindustrial. Sobre lo primero, las exportaciones peruanas continúan concentradas en cinco productos (cobre, plomo, zinc, hierro y harina de pescado). Sobre lo segundo, las exportaciones peruanas a China están conformadas básicamente en un 95% por el sector tradicional, y solo el 5% corresponde al no tradicional (mientras que en el caso de China por el contrario, se trata de bienes de capital y de consumo) (Fairlie, 2015: 72 – 74). Sin embargo, como se aprecia en el siguiente cuadro, las exportaciones peruanas tradicionales aumentaron de USD 1173.16 millones de dólares en el 2004 a USD 6554.77 millones de dólares en el 2014, esto es, en 459%; mientras que las exportaciones no tradicionales lo hicieron en 662%, al incrementarse de USD 62.12 millones de dólares en el 2004 a USD 473.50 millones de dólares en el 2014. Si bien, en este segundo caso, el monto final es reducido, indica una importante tendencia de crecimiento en las exportaciones peruanas hacia China con mayor valor agregado.

Gráfico 6:

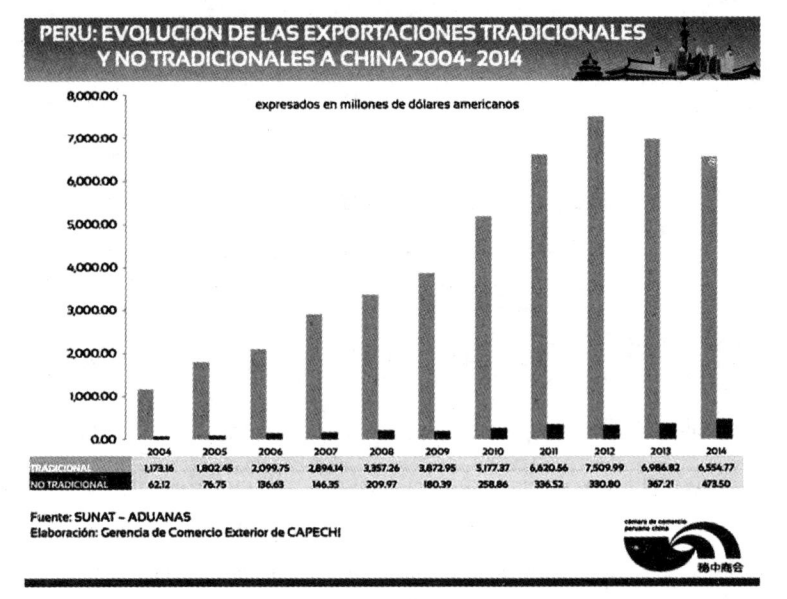

PERU: EVOLUCION DE LAS EXPORTACIONES TRADICIONALES Y NO TRADICIONALES A CHINA 2004- 2014

expresados en millones de dólares americanos

	2004	2005	2006	2007	2008	2009	2010	2011	2012	2013	2014
TRADICIONAL	1,173.16	1,802.45	2,099.75	2,894.14	3,357.26	3,672.95	5,177.27	6,620.56	7,509.99	6,986.82	6,554.77
NO TRADICIONAL	62.12	76.75	136.63	146.35	209.97	180.39	258.86	336.52	330.80	367.21	473.50

Fuente: SUNAT – ADUANAS
Elaboración: Gerencia de Comercio Exterior de CAPECHI

El reto entonces es cómo desarrollar un comercio con mayor valor agregado que permita una diversificación productiva y exportadora (Fairlie, 2015: 77). En este sentido, se espera que la construcción de la vía ferroviaria entre Perú y Brasil suponga un aumento de las exportaciones peruanas no tradicionales, las cuales tendrán en el mercado chino una enorme posibilidad de expandirse a gran escala y, de esta manera —como lo han señalado las más altas autoridades chinas—, se podrá impulsar un nuevo tipo de industrialización en el Perú (Namihas, 2015).

3.5 Inversiones

En abril de 2015, se calculaba que, en el último quinquenio, la inversión china en el Perú ascendía a los USD 18.000 millones de dólares (Quispe, 2015), y el 2014 fue el año de mayor impulso de esta.

Sin embargo, esta inversión es poco diversificada, al concentrarse en el ámbito minero (hierro y cobre), con empresas como Shougang Hierro Perú, Minera Chinalco Perú S. A. (subsidiaria de Aluminum Corporation of China – Chinalco), Minería Shouxin Perú y Jinzhao Mining Perú (filial del grupo chino Zibohongda); y en el ámbito financiero, con empresas como ICBC Perú Bank S. A.

De otro lado, resulta importante destacar algunas operaciones de inversión china en el Perú. La primera de estas fue realizada en agosto de 2014 por un conglomerado chino[13] que adquirió el proyecto cuprífero *Las Bambas*, en Apurímac, a la empresa suiza Glenclore Xstrata, por poco más de USD 7.000 millones de dólares. Con esta compra, las empresas chinas lograron el control del 33% del sector minero en el Perú[14]. Para el 2016, se ha previsto que esta mina produzca entre 250.000 y 300.000 toneladas de cobre y así se convierta en la tercera más importante del mundo[15].

En relacióncon al comportamiento de las empresas mineras chinas en el Perú, es pertinente indicar que mientras algunas de ellas han

---

[13] El conglomerado está compuesto por MMG Limited (subsidiaria de China Minmetals), Guoxin International Investment y Citic Metal.

[14] Véase: < http: //elcomercio. pe/economia/peru/glencore – concreto – venta – bambas – us7000 – millones – noticia – 1746883 > y < https: //actualidad. rt. com/economia/view/127245 – cuatro – pilares – inversiones – china – america – latina >, páginas consultadas el 16 de febrero de 2016.

[15] Véase: < http: //gestion. pe/empresas/plan – produccion – china – mmg – mina – bambas – supera – estimaciones – 2153522 >, página consultada el 15 de febrero de 2016.

tenido problemas en materia ambiental, laboral y tributario, otras más bien han tenido una presencia armoniosa en el Perú en estos tres aspectos, al entenderse con las comunidades locales. (Fairlie, 2015: 73 - 75 y 77; Fairlie, 2013;). Todo esto nos indica que no existe un patrón de conducta de las empresas chinas dedicadas a la minería en el Perú, aunque sí se puede señalar como características comunes: "su relación con el Estado chino, su menor experiencia con sindicatos y medios, y su escaso conocimiento del Perú" (Sanborn, 2014).

La segunda operación a destacar se encuentra en el ámbito petrolero y es la referida a la compra de los activos de la compañía brasileña Petrobras Energía Perú por USD 2.600 millones de dólares, por parte de la Corporación Nacional de Petróleos de China (CNPC), que incluye el Lote X en Piura, el Lote 58 en el Cusco y el 46,16% que tenía Petrobras en el Lote 57, operado por Repsol[16].

En el campo financiero, sin duda alguna la operación más importante fue el inicio de actividades en el Perú, el 5 de febrero de 2014, del Industrial and Commercial Bank of China (ICBC) —el banco más grande del mundo en cuanto a capitalizaciones bursátiles se refiere—. Si bien el ICBC tiene oficinas en Brasil y Argentina, la sucursal peruana es la primera en el lado del Pacífico sudamericano. Por otro lado, teniendo en cuenta que solo el 35% de la producción peruana es financiada por el sistema financiero, el ingreso de este banco al país representa una posibilidad para ese 65% que no posee financiamiento (Gestión, 2014; Perú21, 2014).

Finalmente, otra gran operación de inversión que llamó particularmente la atención, esta vez hecha en el sector pesquero por *China Fishery Group*, fue la compra por USD 809 millones de dólares de las

---

[16] Véase: < http://elcomercio.pe/economia/negocios/cnpc - culmino - compra - activos - petrobras - peru - noticia - 1769886 >, página consultada el 18 de febrero de 2016.

acciones que le dieron el control de Copeinca, principal empresa productora de harina de pescado en el Perú. Se debe recordar que el país andino genera ingresos superiores a los USD 1.800 millones de dólares americanos en la exportación de este producto fundamentalmente a China y Europa[17].

Sin embargo, dos años después, las consecuencias de esta compra no han resultado positivas para la empresa china, no solo por el incumplimiento del pago del endeudamiento que efectuara para esta compra (con HSBC) sino por los años complicados de pesca debido al calentamiento del mar; todo lo cual generó que la matriz de China Fishery, Pacific Andes International Holdings (PAIH), se haya visto obligada a poner en venta todas sus acciones en el Perú por USD 1.700 millones de dólares. No obstante, las posibilidades de que se mantenga esta empresa en poder de inversores chinos no parecen muy lejanas dado que un posible comprador es el fondo de inversión chino Fosun[18].

3.6 La presencia china en la Alianza del Pacífico

Un aspecto importante que va más allá de la relación bilateral Perú - China es la presencia de este último en el proceso de la Alianza

---

[17] Véase: < http://rpp.pe/economia/economia/china - fishery - group - adquiere - el - 10 - de - pesquera - peruana - copeinca - noticia - 575965 >; < http://elcomercio.pe/economia/negocios/china - fishery - group - puso - venta - copeinca - y - otros - activos - noticia - 1869155 >; < http://elcomercio.pe/economia/dia - 1/quienes - estarian - interesados - comprar - china - fishery - group - noticia - 1871987 >; y, < http://semanaeconomica.com/article/sectores - y - empresas/pesca/177144 - china - fishery - por - que - pesquera - mas - grande - del - peru - esta - en - default/ >, páginas consultadas el 17 de febrero de 2015.

[18] Véase: < http://rpp.pe/economia/economia/china - fishery - group - adquiere - el - 10 - de - pesquera - peruana - copeinca - noticia - 575965 >; < http://elcomercio.pe/economia/negocios/china - fishery - group - puso - venta - copeinca - y - otros - activos - noticia - 1869155 >; < http://elcomercio.pe/economia/dia - 1/quienes - estarian - interesados - comprar - china - fishery - group - noticia - 1871987 >; y, < http://semanaeconomica.com/article/sectores - y - empresas/pesca/177144 - china - fishery - por - que - pesquera - mas - grande - del - peru - esta - en - default/ >, páginas consultadas el 17 de febrero de 2015.

del Pacífico.

Como se sabe, tradicionalmente en el ámbito multilateral, China ha privilegiado el espacio de la Comunidad de Estados Latinoamericanos y Caribeños (CELAC) para relacionarse con esta región. Prueba de ello es la creación, el 29 de enero de 2014, del Foro CELAC – China, que tuvo su primera reunión en Beijing el 8 y 9 de enero de 2015 y en la cual se acordó un Plan de Cooperación China – CELAC 2015 – 2019, en el que se identificaba 13 áreas concretas de cooperación. Asimismo, se aprobaron las Reglas de Funcionamiento del Foro CELAC – China en las que se acuerda reuniones de ministros de Relaciones Exteriores cada tres años y reuniones anuales de coordinadores nacionales (altos funcionarios).

Las razones que explican que China haya escogido el foro de la CELAC se encontrarían en que en este organismo están representados todos los países de la región, incluyendo el bloque caribeño; en que en este foro no participa ni EE. UU. ni Canadá; en que aquí se encuentran países de la región que no reconocen a China sino a Taiwán como Estado, abriendo de esta manera una plataforma de diálogo importante con estos países; y en que la CELAC tuvo desde el principio una estrategia de vinculación externa, en particular con China.

No obstante lo dicho, resulta interesante que China se haya decidido a ingresar, en febrero de 2014, como Estado Observador de la Alianza del Pacífico[19]. Esto revela que sin perjuicio de su vinculación

---

[19] Es menester señalar como antecedente la participación de los países miembros de la Alianza del Pacífico en un Foro de Inversiones con China realizado en Shanghai el 20 de noviembre de 2013, en el que estos presentaron un portafolio de inversiones por US $. 35.000 millones de dólares ante representantes del sector privado, bancos, fondos de inversión y seguros de China. Véase: < http: //www. ictsd. org/bridges – news/puentes/news/alianza – del – pac% C3% ADfico – busca – ampliar – relaciones – con – china >, página consultada el 10 de mayo de 2016.

con América Latina y el Caribe a través de la CELAC, entiende que la Alianza es otro espacio mediante el cual puede consolidar su presencia en la región. En este sentido, tenemos la reunión del 7 y 8 de abril del mismo año, celebrada entre China y la Alianza, en la cual se comprometió a realizar consultas para efectos de establecer las formas específicas que este relacionamiento tendría y cuáles serían los sectores privilegiados, así como la reunión sostenida en los primeros días del mes de mayo de 2016 con autoridades peruanas a cargo de la presidencia pro tempore de la Alianza. Todo esto indica que China observa con verdadero interés este proceso de integración, que además tiene como socios a países que mantienen una alianza estratégica o un acuerdo de libre comercio con el gigante asiático, lo que puede facilitar la relación a futuro. En todo caso, es fundamental que la Alianza del Pacífico diseñe una estrategia de relacionamiento con China como bloque, que complemente y fortalezca las relaciones bilaterales actualmente existentes (Novak y Namihas, 2015: 204 - 205).

4. Recomendaciones

Por todo lo expuesto en este capítulo de la obra, queda claro que en los últimos diez años la relación entre el Perú y China se ha consolidado a pasos agigantados, hasta llegar al nivel de socios estratégicos integrales, con una proyección de alcances insospechados.

Definitivamente, la opción tomada por el Perú de tener una política exterior y comercial abierta al mundo y diversificada resulta altamente positiva para el país, ya que le permite obtener mayores beneficios y reducir los riesgos de depender de un solo socio o bloque. En esta línea se inscribe nuestra relación con China. Sin embargo, es también preciso reconocer las diferencias (democracia y derechos humanos) y mantener un relacionamiento que no nos distancie de nuestros socios naturales como EE. UU. y Europa.

Eneste sentido, creemos importante formular las siguientes recomendaciones para continuar consolidando la relación con China:

a) Dado que se ha aprobado en la penúltima Cumbre de Líderes de APEC, celebrada en México en el 2014, la hoja de ruta para la celebración del Acuerdo de Libre Comercio del Asia – Pacífico y que el Perú es el anfitrión de la misma cumbre en noviembre de 2016, este debe mostrar su liderazgo para impulsar los mayores avances en dicha reunión.

b) En esa misma ocasión, y ante la asistencia del Presidente chino, celebraremos el XLV aniversario del establecimiento de relaciones diplomáticas entre ambos países, lo que constituye una excelente oportunidad para consolidar la asociación estratégica integral, y dotarla de mayor contenido.

c) En este aspecto, se debe trabajar para: concretar inversiones chinas en el ámbito industrial; favorecer el incremento del intercambio económico y resolver las diferencias en materia comercial; materializar los proyectos existentes en el ámbito energético y minero; reforzar la complementación industrial en cadenas productivas; promover la integración tecnológica; promover y facilitar el turismo; mejorar la conectividad aérea; avanzar en los estudios para la materialización del ferrocarril bioceánico; estrechar la cooperación en materia de investigación científica y educación; incentivar relaciones entre instituciones académicas de ambos países; promover investigaciones y el conocimiento sobre China; entre otras acciones.

d) Finalmente, en el ámbito de la Alianza del Pacífico urge diseñar una estrategia de relacionamiento externo con China como bloque que complemente lo avanzado a nivel bilateral.

BIBLIOGRAFÍA

BASADRE, Jorge

1983 *Historia de la República del Perú 1822 - 1933*. Tomo V. Lima: Editorial Universitaria.

BRUCE ST. JOHN, Ronald

1999 *La política exterior del Perú*. Lima: Asociación de Funcionarios del Servicio Diplomático del Perú.

CREUTZFELDT, Benjamin

2014 "La nueva diplomacia china y los Cinco Principios de Coexistencia Pacífica", en: *SinoLATAM*, 15 de julio. Disponible en: < http://www.sinolatamforum.com/opiniones_detalle/0-m151-291/la-nueva-diplomacia-china-y-los-cinco-principios-de-coexistencia-pacifica >.

DUSSEL PETERS, Enrique

2013 "La economía china desde la crisis internacional en 2008: estrategias, políticas y tendencias", en: *Journal of Economic Literature*, volumen 10, número 28.

FAIRLIE, Alan

2015 "China potencia económica y comercial: una mirada desde el Perú", en: *Agenda Internacional*, año XXII, número 33. Lima: Instituto de Estudios Internacionales (IDEI) de la Pontificia Universidad Católica del Perú, pp. 55-80.

FAIRLIE, Alan

2013 "Sector minero en el Perú: rol de las inversiones chinas", en: ALBRIEU, Ramiro y otros (Coordinadores). *Los recursos naturales en la era de China: ¿una oportunidad para América Latina?* Montevideo: Red Mercosur, serie número 24, pp. 251-312.

FERREYROS, Eduardo

2012 "Relaciones comerciales entre Perú y Asia", en: *Agenda Internacional*, año XIX, número 30. Lima: Instituto de Estudios Internacionales (IDEI) de la Pontificia Universidad Católica del Perú, pp. 95 – 118.

GARCÍA – CORROCHANO, Luis y Rubén TANG

2011 Serie Política Exterior Peruana. Las relaciones entre el Perú y China. Lima: Instituto de Estudios Internacionales / Instituto Confucio de la Pontificia Universidad Católica del Perú.

GESTIÓN

2014 "Banco chino ICBC, el más grande del mundo, inició operaciones en Perú", en Diario Gestión, 5 de febrero. Disponible en: < http://gestion.pe/empresas/banco – chino – icbc – mas – grande – mundo – inicio – operaciones – peru – 2088294 >.

NAMIHAS, Sandra

2015 "China y América Latina ¿el inicio de una nueva relación con la región?", en: Panorama Mundial, Boletín Electrónico del IDEI, año 7, número 36, abril – junio.

NOVAK, Fabián y Sandra NAMIHAS

2015 Alianza del Pacífico: Situación, perspectivas y propuestas para su consolidación. Lima: Instituto de Estudios Internacionales (IDEI) de la Pontificia Universidad Católica del Perú y Fundación Konrad Adenauer (KAS).

PERÚ21

2014 "Banco ICBC llega a Perú, incrementando presencia china en nuestra economía", en: Diario Perú21, de 6 de febrero. Disponible en: < http://peru21.pe/economia/banco – icbc – llega – peru – incrementando – presencia – china – nuestra – economia – 2168952 >.

QUISPE, Magda

2015 "Inversión china suma US $.18 mil millones en el último lustro", en: Diario La República, 18 de abril. Disponible en: < http://larepublica.pe/18 – 04 – 2015/inversion – china – suma – us18 –

mil – mills – en – el – ultimo – lustro >.

SANBORN, Cynthia

2014 "La presencia de las mineras chinas en el Perú", en: *Diario Gestión*, de 14 de abril. Disponible en: < http: //gestion. pe/opinion/presencia – mineras – chinas – peru – 2094557 >.

STEWART, Watt

1976 *La servidumbre china en el Perú. Una historia de los culíes chinos en el Perú*, 1849 – 1874). Lima: Mosca Azul Editores.

TORRES, Víctor

2010 *El TLC Perú – China. Posibles implicancias para el Perú*. Lima: Red Peruana para una Globalización en Equidad.

ULLOA, Alberto

1997 *Posición internacional del Perú*. Lima: Ministerio de Relaciones Exteriores del Perú.

ZANABRIA, Luzmila

2015 "Las relaciones entre el Perú y China", en: NOVAK, Fabián y Jaime GARCÍA (Coordinadores). *La política exterior peruana en el siglo XXI. Agenda y propuestas*. Lima: Instituto de Estudios Internacionales (IDEI) de la Pontificia Universidad Católica del Perú, pp. 87 – 99.

第三部分

拓展合作和互利共赢的经贸关系

从经济角度看中国与秘鲁的全面战略伙伴关系

[秘鲁] 卡洛斯·阿基诺
[秘鲁] 玛利亚·伊莎贝尔·奥斯特尔罗[①]

【内容提要】

伴随着双边贸易与投资数量的增加、自贸协定在2010年的签署以及2013年全面战略伙伴关系的建立,中秘两国关系得到了日益发展。本文从两国的比较优势、经贸关系发展进程、中方企业在秘鲁投资效果、自贸协定对双方经贸关系发展所带来的影响等四个方面进行分析。

1. 首先,文章根据中秘两国贸易现状指出了各自的比较优势。对秘鲁来讲,目前有7类产品在世界贸易中占据首位,分别为鱼粉、鱼油、芦笋、藜麦、漆、西米面粉与可可叶。处于第二位置的产品有16种,主要是铁铜铅锌以及其他矿产资源。根据2015年的数据,秘鲁对华出口的铜矿石占该产品出口总额的55.3%,制成铜的52.9%、鱼粉的74.4%和铁矿石的94.1%,这些产品共贡献了秘鲁出口总额的31.2%。另外,2015年,从华进口占其总额的比例达22.7%,其

---

① 卡洛斯·阿基诺,秘鲁著名亚洲经济专家。目前为秘鲁国立圣马尔科斯大学经济学院教授,任该校经济研究所所长,秘鲁外交学院特聘教授;玛利亚·伊莎贝尔·奥斯特尔罗,北京师范大学硕士。

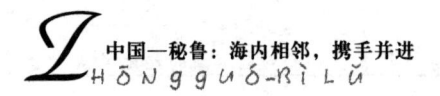

中主要的产品有移动电话,为 8.96 亿美元,电脑 4.05 亿美元,传音设备 1.49 亿美元,三轮车及相关产品 1.34 亿美元。

由于中国正在通过由促进制造业产品出口转向以提升国内消费为主促进经济发展,对高附加值和尖端产品,譬如葡萄酒、水果、蔬菜、木质家具等的需求越来越多,秘鲁应该利用这一变化,增加其出口中国市场产品的种类和价值。

2. 中秘两国经贸关系源远流长,16 世纪中期到 19 世纪初叶,双边贸易以马尼拉大帆船方式为主。20 世纪 90 年代之前,双边贸易一直在低水平徘徊,1993 年只有 2.3 亿美元,其中秘鲁从华进口 0.9 亿美元,对华出口 1.4 亿美元。此后,由于中国改革开放政策的实施,双边贸易和投资数量发展迅速。2015 年,尽管受到世界大环境与中国经济发展速度滑坡的影响,尤其是面临国际市场上大宗商品价格大幅受挫的压力,两国的双边贸易额仍然达 157.44 亿美元,其中秘鲁从华进口 83.57 亿美元,对华出口 73.87 亿美元。需要指出的是,影响两国双边贸易的主要问题有两个方面。一方面,秘鲁对华出口的产品以矿产等原材料为主,占双边贸易的 95%,而从华进口的产品通常都是制造业产品,从而形成了贸易的不对称。另一方面,中国出口到秘鲁的产品里,在价格上存在着一定程度的倾销,导致秘鲁国家消费者和知识产权保护局(INDECOPI)启动了反倾销措施。截至 2016 年 6 月 30 日共采取了 5 项,集中在拖鞋、府绸面料、鞋类和钢管等产品。

3. 中国在秘鲁的投资基本以国有企业为主,20 世纪 90 年代以来经历了两次高潮。第一次是由于滕森政府期间对外资限制的放松以及私有化政策的执行,使得秘鲁成为当时外资追逐的热点之一。1992 年,首钢集团出资 1.18 亿美元收购了秘鲁国家钢铁公司,由此拉开了第一次高潮的序幕,并且中国也因此成为秘鲁的第四大外资来源地,占该年实际接受外资总额的 7.9%。1994 年,中国石油公司开始投资秘鲁的石油产业。第二次是在 2007—2008 年间,中国公司共获得了三处铜矿资源的开采权,合计投资总额 14.27 亿美元。2014 年,以五矿集团为首的财团出资 60 亿美元收购了 Las Bambas 矿区,成为秘鲁历史上接收到的最大一笔外资。截至2016年3月的数据，中国是秘鲁外资最大来源地，合计为190亿美元，占总额的32.9%，涉及领域包含了矿产、石油、电力、金融和贸易。

4. 自2010年双边自贸协定签署以来，秘鲁对华出口提升很快，并且依然是矿产资源为主，占了接近70%。需要指出的是，这类产品在双边自贸协定签署之前，就已经享受零进口关税，因此并没有得到双边自贸协定的优惠。实际上由此获益的是农产品，譬如葡萄。在2010年，中国征收的进口关税为13%，以后逐年下降，2015年1月实现了零关税，农产品对华出口量从2010年的800万美元上升到了2015年的8800万美元。同时，另一个获益的产业为皮革制品，其进口关税由双边自贸协定签署之前的5%—7%直接实现零关税，对华出口由2010年的57.1万美元上升至2015年的2190万美元。

（刘学东[①] 编译）

[①] 刘学东，墨西哥国立自治大学终身教授、博士生导师。

中国—秘鲁：海内相邻，携手并进

ASOCIACIÓN ESTRATÉGICA INTEGRAL DE CHINA Y EL PERÚ EN TÉRMINOS ECONÓMICOS

Carlos Aquino y María Isabel Osterloh

La relación entre China y el Perú es cada vez mayor, y está dada por el creciente volumen de comercio e inversiones, con un Tratado de Libre Comercio (TLC) vigente desde el 2010 y la Asociación Estratégica Integral acordada en el 2013. En este artículo se hará el análisis de la relación Perú – China, primero, examinando las ventajas comparativas de los dos países; segundo, lo más saltante de la relación comercial y económica; tercero, el impacto de las inversiones de las empresas chinas en el Perú; cuarto, como el TLC vigente ha impactado en las relaciones comerciales y económicas entre los dos países; y por último unas conclusiones.

A) Ventajas comparativas económicas de China y el Perú

La ventaja comparativa de un país, la capacidad que tiene de producir (y exportar) un bien a un menor costo o usando menos recursos que otro país, es reflejo de la dotación de recursos de un país, pero también refleja el desarrollo económico de este, basado en el desarrollo de su industria, lo que lo hace más eficiente en la producción de ciertos bienes.

Como se ve en este capítulo, Perú exporta mayormente materias primas a China y compra de China sobre todo manufacturas, lo que refleja bastante las ventajas comparativas actuales de ambos.

Las ventajas comparativas del Perú se reflejan en los productos que exporta, especialmente, en productos en los que es de los mayores exportadores en el mundo. Por ejemplo, Perú es el primer exportador mundial de productos como harina y aceite de pescado, espárragos frescos, quinua. Destaca también como segundo exportador mundial de minerales como el cobre, cinc, plomo y sus derivados, así como de nueces de Brasil, madera aserrada, alubias y fibras sintéticas, entre otros. Perú ocupa la posición 59 entre los países exportadores mundiales con una participación representativa del 0.2% de las exportaciones al mundo (ver cuadro 1).

Cuadro 1: Productos peruanos que tienen mayor participación en el mercado mundial al 2015

Productos	Participación en el mundo exportaciones (%)	Posición en el mundo exportaciones
] Harina, polvo y pellets, de pescado o de crustáceos, moluscos o ...	28.2	1
Espárragos frescos o refrigerados	36.2	1
Aceites y grasas de pescado y sus fracciones, excepto los aceites de ...	17.7	1
Quinua "Chenopodium quinoa"	44.5	1
Lacas colorantes; preparaciones a que se refiere la nota 3 de este capítulo.	18.2	1
Harina y sémola de sagú o de las raíces o tubérculos de la partida 07	28.8	1
Hojas de coca, frescas o secas, incl. cortadas, trituradas o pulverizadas	67.4	1
Minerales de cobre y sus concentrados	14.1	2
Minerales de cinc y sus concentrados	15.5	2
Minerales de plomo y sus concentrados	18.1	2
Los demás minerales de molibdeno y sus concentrados	25.8	2
Las demás hortalizas preparadas o conservadas (excepto en vinagre o en ácido acético), sin ...	6.4	2
Cinc en bruto sin alear, contenido cinc, en peso, inferior al 99.99%	8.7	2
Molusco, preparados o en conservas: sepias (jibias) y calamares.	17.3	2
Espárragos preparados o conservados (excepto en vinagre o en acido ...	42.7	2
Ácido sulfúrico; óleum	9.3	2

Productos	Participación en el mundo exportaciones (%)	Posición en el mundo exportaciones
Pelo fino, cardado o peinado (excepto lana y pelo de cabra de Cachemira)	13.6	2
Anchoas en conserva, entero o en trozos.	18.1	2
Nueces de Brasil, frescas o secas sin cascaras.	10.8	2
Madera aserrada o desbastada longitudinalmente, cortada o desenrollada, incluso cepillada	8.8	2
Fibras sintéticas discontinuas, cardadas, peinadas o transformadas de...		2
Alubias secas, aunque estén mondadas o partidas.	23.3	2
Filetes congelados de Carpa, anguilas y cabezas de serpiente.	16.7	2
Minerales de plata y sus concentrados.	20.2	3
Fosfatos de calcio naturales, fosfatos aluminocálcicos naturales y ...	14.6	3
Paltas (aguacates)	9.4	3
Guayabas, mangos y mangostanes, frescos o secos	9.1	3
Frutos de los génerosCapsicum o Pimenta: Secos, sin triturar ni pulverizar	9.3	3
Cortezas de agrios, de melones y de sandias, frescas, congeladas	13.8	3
Los demás, hilados de lana o de pelo fino, acondicionados para la venta	9.9	3
Las demás raíces y tubérculos similares ricos en féculas o en inulina	5.6	3
Todos los productos	0.2	59

Fuente: Trademap Elaboración: propia.

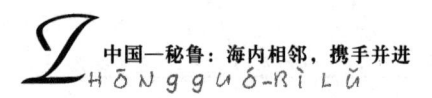

Las ventajas comparativas también se ven reflejadas en las exportaciones netas de los países. Como se aprecia en el cuadro 2, Perú es un exportador neto en los sectores de comida fresca con un monto de 2077.476 millones de dólares y principalmente de minerales con un monto de 9429.479 millones de dólares. También lo es en los sectores de comida procesada, manufacturas básicas e indumentaria pero que, a comparación de China, lo es en cifras mucho menores.

Cuadro 2: Exportaciones Mundiales Netas de China y el Perú por sector Periodo 2014

(Miles de dólares)

Sectores	Perú: Valor de Exportaciones Netas (miles de dólares)	China: Valor de Exportaciones Netas (miles de dólares)
Comida Fresca	2077476	-56140614
Comida Procesada	1178082	2142050
Productos Forestales	-752084	-11596744
Textiles	-539339	94182139
Químicos	-5412225	-44194516
Productos de Cuero	-446388	77323571
Manufacturas Básicas	821401	134807127
Maquinaria no electrónica	-5233842	72459053
IT & artículos electrónicos	-3609518	427602759
Componentes electrónicos	-1718137	-14583082
Equipos de Transporte	-3,868,867	-16920534
Indumentaria	453965	181282267
Minerales	9429479	-470244191

Fuente: Trademap. Elaboración: propia.

La ventaja comparativa se refleja en lo que el Perú le vende a

China. Por ejemplo, como se muestra en el cuadro 3, el Perú le vende a China el 55.3% del total del cobre y sus concentrados que exporta, el 52.9% de los cátodos de cobre, el 74.4% de la harina de pescado, el 94,1% del hierro, etc. siendo estas en su mayoría del sector tradicional, las cuales representan el 31.2% del total de lo que el Perú le vende al mundo (cifras del 2015).

Por el lado de las exportaciones peruanas no tradicionales a China, estas tienen una participación de sólo el 3.2% del total exportado al mundo (MINCETUR, 2015).

Cuadro 3: **Principales exportaciones peruanas a China Periodo 2015**
(Miles de dólares)

Descripción del producto	Valor 2015, en miles (USD)	Tasa de crecimiento anual en valor entre 2011—2015 (%), p. a.	Participación en las exportaciones del Perú (%)	Participación en el mundo exportaciones (%)	Posición en el mundo exportaciones
Todos los productos	7332901	0	22.1	0.2	59
Minerales de cobre y sus concentrados	3632338	8	55.3	14.1	2
Harina, polvo y pellets, de pescado o de crustáceos, moluscos o de otros...	874993	-6	74.4	28.2	1
Cátodos y secciones de cátodos, de cobre refinado	792696	8	52.9	3	11
Minerales de cinc y sus concentrados	471615	24	39.2	15.5	2
Minerales de plomo y sus concentrados	385736	-22	35.7	18.1	2

Descripción del producto	Valor 2015, en miles (USD)	Tasa de crecimiento anual en valor entre 2011—2015 (%), p. a.	Participación en las exportaciones del Perú (%)	Participación en el mundo exportaciones (%)	Posición en el mundo exportaciones
Minerales de hierro y sus concentrados sin aglomerar	329383	-23	94.1	0.6	12
Minerales de plata y sus concentrados	276.574	27	61.4	20.2	3
Molusco, preparados o en conserva: Sepias (jibias) y calamares	93527	24	59.3	17.3	2
Uvas frescas	85502	50	12.4	8.9	5
Cinc en bruto sin alear, con un contenido cinc, en peso, superior o igual ...	63499	-20	20.8	4.4	8
Aceites livianos ligeros y preparaciones	58458	0	6.7	0.4	38
Madera, incluidas las tablillas y frisos para parqués, sin ensamblar, perfilada longitudinal	49287	4	69.6	2.7	8
Cobre sin refinar; ánodos de cobre para refinado electrolítico	22036	-44	100	0.4	18
Aceites y grasas de pescado y sus fracciones, excepto los aceites de...	19856	-5	6.8	17.7	1

Descripción del producto	Valor 2015, en miles (USD)	Tasa de crecimiento anual en valor entre 2011—2015 (%), p. a.	Participación en las exportaciones del Perú (%)	Participación en el mundo exportaciones (%)	Posición en el mundo exportaciones
Jibias, globitos, calamares y potas, congelados, secos, salados o en...	19091	-24	9.7	4.4	5
Pelo fino, cardado o peinado (excepto lana y pelo de cabra de Cachemira)	18351	11	34.9	13.6	2
Algas: no aptas para el consumo humano.	17332	6	97.3	7.3	4
Los demás minerales de los metales	12074	-34	44.4	0.9	13
Desperdicios y desechos de cobre	11742	-19	39.4	0.2	59
Los demás productos vegetales no expresados ni comprendidos en otras...	10756	8	32.4	5.4	7
Los demás minerales de molibdeno y sus concentrados	8542		3.9	25.8	2

Descripción del producto	Valor 2015, en miles (USD)	Tasa de crecimiento anual en valor entre 2011—2015 (%), p.a.	Participación en las exportaciones del Perú (%)	Participación en el mundo exportaciones (%)	Posición en el mundo exportaciones
Crupones, medios crupones, faldas y cueros y pieles divididos, en bruto, de bovino, incl.	7667	245	83.4	2.6	13
Cueros y pieles, de bovino, incl. El búfalo, o de equino, en estado seco crust, depilados	6932	421	83.6	1.5	13
Las demás madera tropicales aserradas o desbastadas longitudinalmente	6801	−8	23.5	0.7	18

Fuente: Trademap. Elaboración: propia.

China por otro lado es el primer exportador del mundo con una participación del 14% de las exportaciones mundiales.① Es el 8o país con el mayor número de ventajas comparativas abarcando un total de 287 sectores (OCDE/CAF/CEPAL, 2015).

China es exportador neto en los sectores como textiles, químicos, IT & artículos electrónicos, maquinaria no electrónica, componentes electrónicos, etc. (ver cuadro 2) y así como esto se refleja en sus exportaciones mundiales, también se refleja en las importaciones peruanas-

---

① Véase Trade Map: http://www.trademap.org/Bilateral.aspx?nvpm=3|604||156||TO-TAL||2|1|1|1|1|1|1|1|

al tener una amplia ventaja comparativa en estos productos, lo que ha provocado que desde hace tres años Perú venga experimentando un déficit comercial con este país. En el 2015 el déficit fue por un monto de -1333.824 millones de dólares. ②

Del total de las importaciones peruanas, el 22.7% lo representan las importaciones provenientes del país asiático. Dentro de los principales productos importados tenemos los teléfonos móviles por un monto de 896115 millones de dólares, computadoras por 405552 millones de dólares, máquinas para recepción de voz por 148593 millones de dólares, triciclos y similares por 134316 millones de dólares, entre otros (ver cuadro 4).

Cuadro 4: Principales importaciones peruanas desde China Periodo 2015 (Miles de dólares)

Descripción del producto	Valor 2015, en miles (USD)	Tasa de crecimiento anual en valor entre 2011-2015 (%), p. a.	Participación en las exportaciones de China (%)	Posición en el mundo exportaciones
Todos los productos	8666725	8	0.3	1
Telefonía celular "teléfonos móviles" o radiotelefonía	896115	27	0.2	1

---

② http://www.trademap.org/Country_ SelProductCountry. aspx? nvpm = 3|604||||TOTAL ||2|1|1|1|1|1|2|1|1.

Descripción del producto	Valor 2015, en miles (USD)	Tasa de crecimiento anual en valor entre 2011 - 2015 (%), p. a.	Participación en las exportaciones de China (%)	Posición en el mundo exportaciones
China por otro lado es el primer exportador del mundo con una partiMáquinas automáticas para tratamiento o procesamiento de datos, digitales, portátiles, de peso...	405552	0	0.2	
Máquinas para la recepción, conversación y transmisión o regeneradores de voz, imágenes, incl...	148593	12	0.2	1
Triciclos, patinetes, coches de pedal y juguetes similares con ruedas; coches y sillas de ruedas...	134316	6	0.5	1
Motocicletas, incl. los ciclomotores, con motor de émbolo "pistón" alternativo decilindrada...	116725	-7	2.9	1
Calzado con suela de caucho o plástico y parte superior de materia textil (exc. calzado de...	103456	23	0.5	1
Automóviles de turismo, incl. los del tipo familiar "break" o "station wagon" y los de carreras,...	102076	7	7.9	18
Neumáticos "llantas neumáticas" nuevos de caucho, de los tipos utilizados en autobuses o camiones...	92733	18	1.1	1

Descripción del producto	Valor 2015, en miles (USD)	Tasa de crecimiento anual en valor entre 2011-2015 (%), p. a.	Participación en las exportaciones de China (%)	Posición en el mundo exportaciones
Politereftalato de etileno", en formas primarias.	88536	33	3.7	1
Tubos de los tipos utilizados en oleoductos o gasoductos, de sección circular, de diámetro...	84957	125	18.4	1
Aparatos de transmisión o recepción de voz, imágenes y otros datos.	79898	37	0.8	1
Calzado con suela y parte superior de caucho o plástico (exc. el que cubra el tobillo o con...	70515	-3	0.3	1
Urea, incl. en disolución acuosa (exc. en tabletas o formas simil. o en envases de un peso...	68296	59	1.4	1
Partes de teléfonos, teléfonos celulares o para radiofonías u otros aparatos de transmisión...	63594	28	0.1	1
Aparatos receptores para televisión en color, sin radio receptor incorporado, aparatos reproductores...	58518	-6	0.4	2

Fuente: Trademap. Elaboración: propia.

Oportunidades de Perú según su ventaja comparativa

El motor de la economía china está cambiando, de ser una

economía que basaba su crecimiento en las exportaciones de productos manufacturados que en general demanda materias primas de los países ricos en recursos naturales, en especial de minerales, ahora se está enfocando en el consumo interno. Además, con el aumento en el poder adquisitivo de sus consumidores, ellos demandarán productos con mayor valor agregado y más sofisticados, como vinos, frutas y vegetales en conserva, congelados, soya, carne, muebles de madera, entre otros.

El Perú debe aprovechar este cambio y exportar esos productos. Ya se está empezado a exportar algunas frutas, como uvas y mangos, y también paltas, sin embargo, aún hay muchos otros productos que el Perú exporta a otros países, como arándanos y mandarinas, pero aún no lo hace a China.

B) Evolución de la relación comercial y económica entre China y el Perú

Hay un antiguo antecedente del comercio entre Perú y China. Desde la segunda mitad del siglo XVI hasta los primeros años del siglo XIX existió el comercio del Galeón de Manila que unía a Acapulco con Manila y permitía que plata peruana (y mexicana) vaya a China a cambio de mercancías del Imperio chino de entonces. Una vez al año, varios barcos (galeones) salían de Acapulco y se dirigían hacia Manila, lo que sería el inicio del comercio entre Latinoamérica y Asia.

Es interesante notar que ese comercio, que se realizaba entre las colonias de España en el continente americano y su dominio en Filipinas, permitía que productos chinos llegaran al continente americano, y a España, a pesar de que, según regulaciones de la Corona Española, estaba prohibido el comercio entre sus colonias y otro país que no fuese España; es decir, el comercio entre las colonias españolas y

China en teoría era ilegal. España había establecido esta regulación para evitar que la plata (u oro) de sus colonias terminasen en otro país. De Manila partían barcos hacia Macao que traían productos de China y de otras partes de Asia. En ese periodo ya existía una gran comunidad de chinos en Manila y había un comercio grande entre los países de esa parte de Asia.

Gracias a ese comercio, la plata de las colonias españolas en América iba a China, pero también productos como papa, camote, cacao, café, ajíes, maíz, maní, tomate, piña, aguacate, etc., y de China venían productos como especias, porcelana, marfil, lacados, seda procesada y otras manufacturas.

El comercio entre China y las colonias españolas en América se cortó cuando, desde la década de 1810 en adelante, se independizaron de la Corona española.

En tiempos modernos, el comercio con China se reinicia cuando en 1971 se establecen relaciones diplomáticas con la República Popular China, pero este comercio era mínimo hasta comienzos de la década de 1990. Hasta ese entonces, el Perú exportaba algunos productos a China como harina de pescado, cobre o hierro, pero el monto era poco. En 1993, por ejemplo, se exportó a China 140 millones de dólares (de un total de 3,344 millones de dólares que el Perú exportó al mundo). Ese mismo año, el Perú importó de China por un monto de 90 millones de dólares (de un total de 4,024 millones de dólares que el Perú compró del mundo).

El comercio (y la inversión) con China se incrementa a partir de la década de 1990 por varias razones. Primero, China empieza sus reformas económicas en 1979 que abren su economía al mundo que la convierte en una base de producción de manufacturas a bajo costo, y empieza a exportar esos productos a todo el mundo. Junto con esto, sus necesidades por materias primas aumentan y comienza a comprarlas en gran cantidad del resto del mundo, como del Perú. Segundo, las compañías chinas mineras y petroleras empiezan a invertir en el extranjero en busca justamente de materias primas y algunas de ellas llegan al Perú. Tercero, el Perú empieza en 1990 un proceso de apertura económica al mundo que hace que los aranceles y barreras a las importaciones disminuyan drásticamente. Asimismo, se dan facilidades para que la inversión extranjera aumente en el país, y empiece el período de privatización de las empresas públicas, algunas de las cuales fueron compradas por empresas chinas en el sector de explotación de recursos naturales. De esta forma, se incrementa la producción de productos mineros y parte importante de esta se empieza a exportar a China.

Habría que añadir un cuarto elemento en el explosivo crecimiento en el valor de las exportaciones a China desde la década pasada como fue el alza en el precio de las materias primas. En el 2003 las exportaciones a China eran de 676 millones de dólares, pero estas se disparan a un valor de 2267 millones de dólares en el 2006, y siguieron aumentando. ¿Qué había pasado? En el 2003 los precios de las materias primas empiezan a subir. Por ejemplo el precio del cobre sube desde 72.6 US cts./lb en el 2003, a 277.3 US cts./lb en el 2006 y a un pico de 386.5 US cts./lb en el 2011, el hierro sube de un precio de USD 15.9 por Tm en el 2003, a USD 38.3 por Tm en el 2006 y a un pico de USD 113.5 por Tm en el 2011[3], y la demanda china también. De hecho, la principal causa del alza del precio de muchas materias primas ha sido atribuida a China, que es un importante importador y consumidor de muchas materias primas en el mundo, como se ve en los siguientes gráficos.

---

[3] Según datos del Anexo 13, de la "Memoria 2015", publicación del Banco Central de Reserva del Perú. http://www.bcrp.gob.pe/publicaciones/memoria-anual/memoria-2015.html.

Gráfico 1: **Rol central de China en el comercio mundial. Importaciones de China como porcentaje del total mundial**

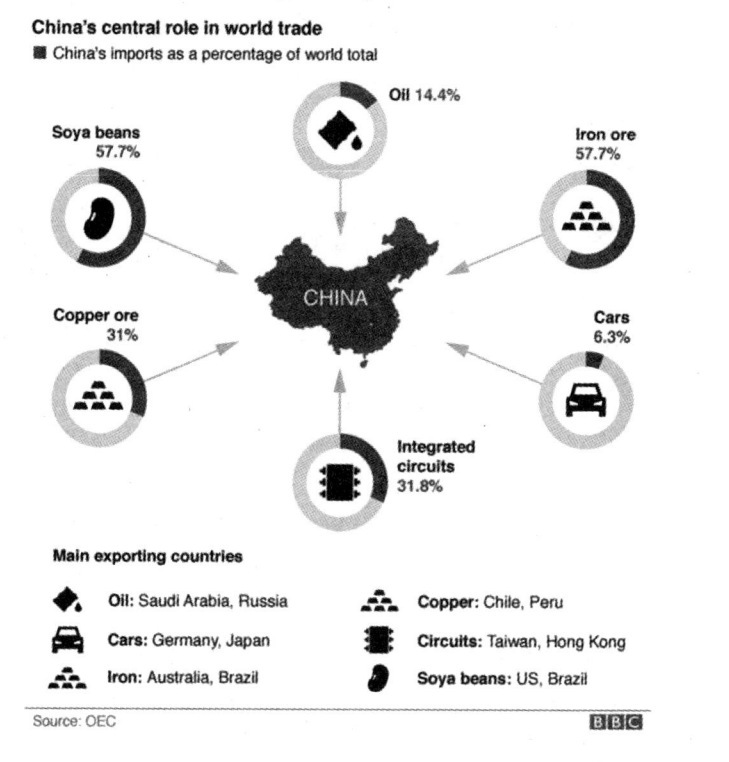

China's central role in world trade
■ China's imports as a percentage of world total

Oil 14.4%
Soya beans 57.7%
Iron ore 57.7%
Copper ore 31%
CHINA
Cars 6.3%
Integrated circuits 31.8%

Main exporting countries
- **Oil**: Saudi Arabia, Russia
- **Cars**: Germany, Japan
- **Iron**: Australia, Brazil
- **Copper**: Chile, Peru
- **Circuits**: Taiwan, Hong Kong
- **Soya beans**: US, Brazil

Source: OEC BBC

Fuente: BBC News Online: http://www.bbc.com/news/business-34059482.

De esta forma, las exportaciones a China alcanzan un pico de 7,848 millones de dólares en el 2012. Ver Cuadro 5. Desde ese año, el valor de las exportaciones empezó a disminuir por la caída en el precio de las materias primas. El Perú exporta principalmente materias primas al mundo, las que constituyen un 70% del total, y en el caso de las ventas a China es casi un 95% del total.

中国—秘鲁：海内相邻，携手并进

Gráfico 2: Apetito gigante China es el principal cliente para una serie de productos primarios, y seguirá ejerciendo una enorme influencia, aunque un menor crecimiento disminuya su demanda. Porcentaje chino del consumo mundial

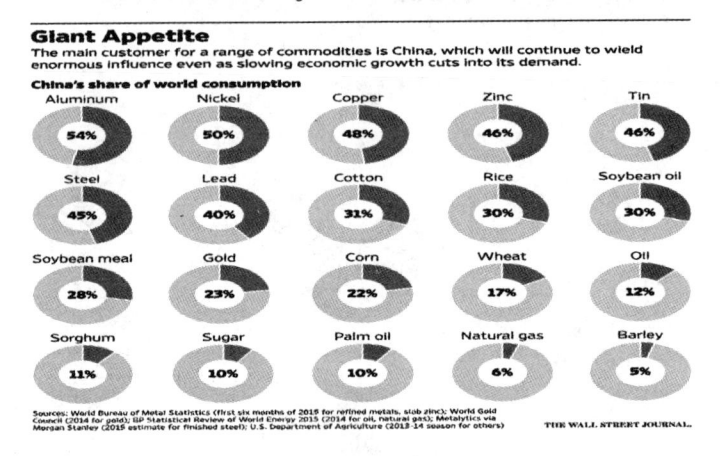

Giant Appetite
The main customer for a range of commodities is China, which will continue to wield enormous influence even as slowing economic growth cuts into its demand.

China's share of world consumption

Aluminum	Nickel	Copper	Zinc	Tin
54%	50%	48%	46%	46%

Steel	Lead	Cotton	Rice	Soybean oil
45%	40%	31%	30%	30%

Soybean meal	Gold	Corn	Wheat	Oil
28%	23%	22%	17%	12%

Sorghum	Sugar	Palm oil	Natural gas	Barley
11%	10%	10%	6%	5%

Sources: World Bureau of Metal Statistics (first six months of 2015 for refined metals, slab zinc); World Gold Council (2014 for gold); BP Statistical Review of World Energy 2015 (2014 for oil, natural gas); Metalytics via Morgan Stanley (2015 estimate for finished steel); U.S. Department of Agriculture (2013-14 season for others)

THE WALL STREET JOURNAL.

Fuente: The Wall Street Journal Online: http://www.wsj.com/articles/china-remains-a-key-commodities-player-despite-waning-appetites-1440534872? mod = e2fb.

Las exportaciones totales del Perú al mundo cayeron del pico de 46,386 millones de dólares en el 2011 a 34,236 millones de dólares en el 2015, una caída de más de un cuarto del valor máximo del 2011, aunque las exportaciones a China no cayeron en la misma proporción, pues sevieron compensadas por el aumento en el volumen de mineral exportado (de cobre, por ejemplo, que aumentó de 1.262 millones de Tm en el 2011 a 1.751 millones de Tm el 2015). El valor de las exportaciones a China en el 2015 fue de 7,387 millones de dólares, solo un 6% menos de su valor máximo en el 2012 de 7,848 millones de dólares. Como se verá más adelante, cuando se hable de inversión china en el Perú, son las empresas chinas las que han aumentado la producción y exportación de minerales a su país.

Las exportaciones a China representaron en el 2015 el 21.5% del total de exportaciones del Perú (Cuadro 6), y en los primeros meses del 2016 estas han aumentado, pues, aunque el precio de las materias primas que se exportan no sube, la cantidad sí se ha elevado, y las empresas chinas han contribuido en gran medida.

Como se indicó antes, China es el mayor comprador de muchos productos que el Perú exporta. Por ejemplo, el 2015 compró más de la mitad del cobre que el Perú exportó, un 55.3%; compró un 61.4% de la plata; casi todo el hierro que el Perú exporta, un 94.1%; más de la tercera parte del zinc, un 39.2%; el 74.4% de la harina de pescado, etc. Ver Cuadro 3.

Por el lado de las importaciones, también China es desde el 2014 la mayor fuente de suministro del Perú. El 2015 se le compró 8,358 millones de dólares, el 22.5% del total. Empresas chinas o extranjeras instaladas en China nos venden todo tipo de productos manufacturados. Eso ha sido bueno para los consumidores peruanos que pueden acceder a productos baratos chinos, pero para algunas empresas peruanas esto representa una dura competencia.

Como se comentó, los precios de las materias primas empezaron a disminuir desde el 2012 y esto se atribuye principalmente a la desaceleración de la economía china. Con la desaceleración de la economía china, la baja de los precios ocasionó una disminución del valor exportado a China desde el 2012. Ya lo había dicho el Ministro de Economía del Perú, Luis Castilla, en octubre del 2011, cuando manifestó que rezaba y le prendía una velita a China todos los días para que esta no se desacelere y nos afecte[④].

---

④ Diario Gestión online: "Castilla: Rezo para que economía de China no caiga" http://gestion.pe/noticia/1312136/castilla-peru-reza-que-economia-china-no-caiga.

中国—秘鲁：海内相邻，携手并进

Cuadro 5: Exportaciones del Perú a los más importantes miembros asiáticos del APEC (en millones de dólares) (FOB)

País/Economía	1993	1997	2003	2006	2010	2011	2012
Total Mundial	3344.40	6741.75	8939.82	23431.43	35073.25	46386.03	45846.18
Australia	14.99	16.31	53.12	38.25	117.5	115.35	99.50
Corea del Sur	59.36	91.50	176.34	545.27	894.9	1,696.09	1545.35
China	140.84	490.06	676.96	2267.27	5425.9	6972.64	7848.97
Filipinas	31.99*	47.96	11.06	44.89	123.41	109.75	55.23
Hong-Kong	28.60	68.82	30.31	42.14	78.5	93.24	96.54
Indonesia	32.62*	36.33	22.67	30.08	36.61	61.49	101.18
Japón	299.04	473.57	391.16	1229.76	1790.4	2174.76	2575.33
Malasia	57.33*	59.77	5.51	7.17	8.43	6.75	27.68
Nueva Zelanda	1.50	-	3.72	7.59	13.5	18.63	25.82
Rusia	9.90	9.48	14.18	25.61	57.9	78.80	88.43
Singapur	1.68*	11.96*	16.15	4.59	6.66	7.94	21.46
Tailandia	11.71*	36.23	26.71	65.43	98.10	264.76	234.06
Taiwán (Taipéi Chino)	118.78	159.11	147.28	415.03	293.0	365.28	261.10
Vietnam	1.62*	2.56	10.64	35.51	63.89	77.72	90.43

* año 1994.

Fuente: Aduanas del Perú: http://www.aduanet.gob.pe/aduanas/informae/2012/generales/ExpoImpoPorContiZonaPais.html PROMPERUSTAThttp://www.siicex.gob.pe/promperustat/frmRanking_x_Pais.aspx (para antes del año 2000).

Cuadro 6: Comercio por principales países y regiones, en millones de dólares

Cuadro 20
COMERCIO POR PRINCIPALES PAÍSES Y REGIONES 1/
(Millones de US$)

	Exportaciones 2/			Importaciones 3/			X + M		
	2013	2014	2015	2013	2014	2015	2013	2014	2015
China	7 354	7 025	7 387	8 096	8 541	8 358	15 450	15 565	15 745
Estados Unidos	7 765	6 141	4 977	8 434	8 408	7 432	16 199	14 549	12 410
Brasil	1 757	1 593	1 072	2 242	1 924	1 851	3 999	3 517	2 923
Canadá	2 742	2 551	2 431	601	793	698	3 342	3 345	3 129
Suiza	3 025	2 642	2 677	156	196	154	3 180	2 838	2 831
Chile	1 685	1 537	1 073	1 310	1 273	1 210	2 995	2 810	2 283
Alemania	1 169	1 234	915	1 336	1 423	1 070	2 506	2 657	1 985
México	511	736	546	1 978	1 917	1 830	2 489	2 653	2 375
Japón	2 226	1 583	1 117	1 351	1 038	1 013	3 577	2 621	2 131
Ecuador	967	861	705	1 918	1 743	981	2 885	2 604	1 686
Corea del Sur	1 561	1 214	1 089	1 475	1 286	1 205	3 036	2 500	2 294
Colombia	855	1 228	874	1 416	1 202	1 252	2 271	2 430	2 127
Bolivia	887	1 727	1 341	609	630	365	1 496	2 357	1 706
España	1 593	1 363	1 091	832	719	670	2 425	2 082	1 761
Resto	8 764	8 097	6 939	10 603	9 949	9 295	19 366	18 045	16 235
TOTAL	**42 861**	**39 533**	**34 236**	**42 356**	**41 042**	**37 385**	**85 217**	**80 575**	**71 621**
Asia	12 701	11 306	11 107	13 948	14 107	13 917	26 649	25 414	25 023
Norteamérica	11 017	9 428	7 954	11 013	11 118	9 960	22 030	20 547	17 914
Unión Europea	7 024	6 380	5 339	4 991	4 874	4 302	12 014	11 121	9 641
Países Andinos 4/	5 192	5 849	4 167	5 338	4 873	3 833	10 530	10 723	7 999
Mercosur 5/	1 967	1 823	1 249	4 140	3 390	3 001	6 107	5 213	4 250
Resto	4 960	4 745	4 420	2 927	2 813	2 372	7 887	7 559	6 793

X: Exportaciones   M: Importaciones

Fuente: Memoria 2015, Banco Central de Reserva del Perú.

En los últimos años, han aumentado las exportaciones de productos agropecuarios a China, como las frutas, por ejemplo. Así, las exportaciones de esos productos pasaron de un valor de 61 millones de dólares en el 2013 a 103 millones de dólares en el 2015. Destaca el caso de la uva, que es el principal producto agrícola que se exporta a China, y cuyas ventas pasaron de 46 millones de dólares a 85 millones de dólares del año 2013 al 2015⑤.

---

⑤ Según datos del Cuadro en la página 8 del "Reporte de Comercio Bilateral Perú – China", diciembre del 2015, Ministerio de Comercio Exterior y Turismo.

Comercio asimétrico

El 95% de lo que el Perú exporta a China son materias primas, y le compra productos manufacturados. Esto constituye un tipo de comercio asimétrico entre los dos países. Desde hace tres años, el Perú tiene un déficit comercial con China, aunque es probable que con las mayores exportaciones de cobre eso se revierta.

Dada la gran inversión china en proyectos mineros, así como de gas y petróleo, y puesto que la mayor parte o toda esa producción es probable que se destine a China, la participación de las materias primas en la canasta exportadora del Perú a China se mantendrá alta. Perú tiene recursos naturales que ese país necesita, y China es un productor a bajo costo de muchas manufacturas que el Perú tiene que importar.

Competencia desleal

Algunos productos chinos vienen a precios dumping al Perú. China es el país al que más medidas antidumping le ha impuesto el Instituto Nacional de Defensa del Consumidor y de la Propiedad Intelectual, INDECOPI, el organismo público peruano que ve los temas de comercio desleal. Al 30 de junio del 2016, China tiene cinco medidas antidumping. Ver Gráfico 3.

Productos chinos como sandalias, tejidos tipo popelina, variedades de calzado, tubos de acero, han sido objeto de medidas antidumping. Ver Cuadro 7.

Esos productos causan daño a la industria nacional, aunque lo que queda, a largo plazo, es la modernización de la industria y tratar de competir con China, no con mano de obra barata, sino con maquinaria moderna, una mano de obra más capacitada, construcción de marcas propias, etc.

Gráfico 3: CDB: Derechos definitivos, vigentes al 30 de junio del 2016

7.3. CDB: DERECHOS DEFINITIVOS, VIGENTES AL 30 DE JUNIO 2016

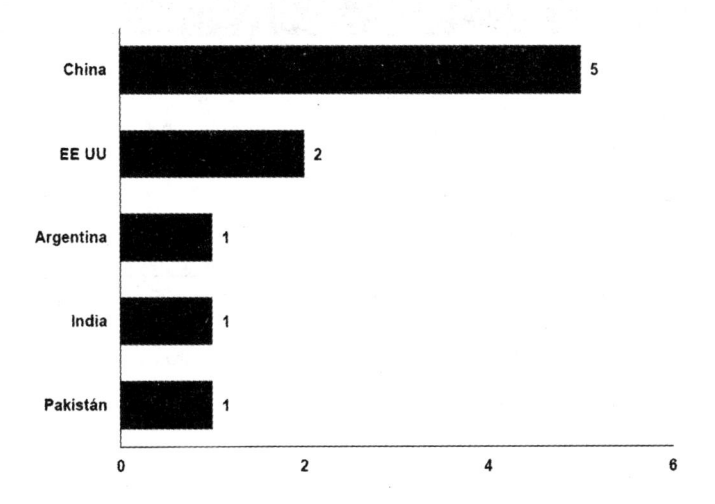

País	Derechos
China	5
EE UU	2
Argentina	1
India	1
Pakistán	1

Nota: Los derechos definitivos corresponden a 8 derechos antidumping y dos derechos compensatorios.
Fuente: Comisión de Dumping, Subsidios y Eliminación de Barreras Comerciales No Arancelarias del Indecopi.
Elaboración: Gerencia de Estudios Económicos del Indecopi.

Fuente: INDECOPI, Reporte de Estadísticas Institucionales, Reporte Mensual, junio 2016, página 29.

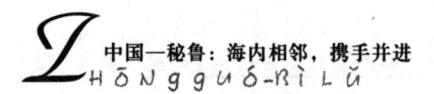

Cuadro 7: CDB: Derechos definitivos, vigentes al 31 de diciembre del 2015

8.4 CDB: DERECHOS DEFINITIVOS, VIGENTES AL 31 DE DICIEMBRE DE 2015

Tipo de medida	Producto afecto	País de origen	Fecha de imposición	Fecha de caducidad
Derecho Antidumping	Chalas y sandalias con la parte superior de caucho o plástico, cuero natural u otros materiales.	China	31/01/2000	09/11/2014
	Tejidos planos de ligamento tafetán, popelina poliéster/algodón (mezclas de cualquier composición), estampados, crudos, blanqueados, teñidos o con hilados de distintos colores, de ancho igual o superior a 2,20 metros, cuyo gramaje esté comprendido entre 50g/m2 y 250 g/m2.	Pakistán	06/03/2004	15/03/2015
	Tejidos tipo popelina para camisería, crudos, blancos o teñidos, mezcla de poliéster con algodón, donde el poliéster predomina en peso (mayor a 50%), de ligamento tipo tafetán, con un ancho menor a 1,80 metros, cuyo peso unitario oscila entre 90 g/m2 y 200 g/m2.	China	21/05/2004	31/05/2015
	Biodiesel puro (B100) y de las mezclas que contengan una proporción mayor al 50% de biodiesel (B50) en su composición.	Estados Unidos de América	26/06/2010	26/06/2015
	Tejidos de fibras discontinuas de poliéster mezcladas, exclusiva o principalmente, con fibras discontinuas de rayón viscosa.	India	02/04/2011	02/04/2016
	Cubiertos de acero inoxidable de un espesor no mayor a 1,25 mm.	China	19/02/2002	18/07/2016
	Todas las variedades de calzado (sin incluir chalas y sandalias) con la parte superior de cualquier material (excepto textil).	China	31/01/2000	30/11/2016
	Tubos de acero laminado en caliente	China	22/04/2015	22/04/2018
Derecho Compensatorio	Biodiesel puro (B100) y de las mezclas que contengan una proporción mayor al 50% de biodiesel (B50) en su composición.	Estados Unidos de América	23/08/2010	23/08/2015

Fuente: Comisión de Dumping, Subsidios y Eliminación de Barreras Comerciales No Arancelarias
Elaboración: Gerencia de Estudios Económicos del Indecopi.

Fuente: INDECOPI, 2015, Anuario de Estadísticas Institucionales, Página 245.
https://www.indecopi.gob.pe/estadisticas.

Una empresa que recientemente ha decidido suspender la producción en una de sus plantas debido a la competencia china es Aceros Arequipa, que anunció la paralización de la producción en su planta en Arequipa en julio del 2016[6]. Esta empresa precisa que la "competencia desleal generada por la importación a precios de *dumping* de perfiles (tipos de productos) desde China ha ocasionado que nues-

---

[6] Semana Económica online: "Aceros Arequipa suspendió producción en su planta de Arequipa" http://semanaeconomica.com/article/sectores-y-empresas/industria/195159-aceros-arequipa-suspendio-produccion-en-su-planta-de-arequipa/.

tra planta de producción ubicada en Arequipa no esté en condiciones de competir en la actual coyuntura económica"

C) Inversiones de las empresas chinas en el Perú y sus impactos

Durantela década de 1980, la inversión China en el Perú era irrelevante, con un monto de 2500 dólares en 1980 y de 18000 dólares en 1988. Pero es, en la primera mitad de la década de 1990, que la inversión china empezó a ser significativa con la compra en 1992 de la empresa estatal Hierro Perú por la compañía Shougang por un monto de 118 millones de dólares (gracias a estas adquisiciones China se convirtió en el cuarto mayor inversor en el Perú en ese año con una participación de 7.9% del total) y la inversión en el sector petrolero por la empresa China National Petroleum Company (CNPC) en 1994. Las razones del incremento de la inversión en general en Perú en esta década tienen su explicación en la desregulación de la inversión extranjera y el proceso de privatización que fueron llevados a cabo por el gobierno de Alberto Fujimori.

En junio de 1994, China y el Perú suscribieron un acuerdo bilateral de inversiones que entró en efecto en febrero de 1995. Asimismo, el primero de marzo del 2010, un Tratado de Libre Comercio entre los dos países entró en vigencia. Este TLC incluye un capítulo sobre inversiones.

La segunda gran ola de inversión China en el Perú fue realizada entre 2007 y 2008 con tres nuevas concesiones de cobre. La primera con Toromocho en la región Junín, comprada por CHINALCO (Aluminium Corporation of China) por 790 millones de dólares; seguida por Río Blanco en Piura, comprado por Zijin Consortium por 182 millones de dólares; y, por último, Galeno en la región de Cajamarca, comprado por Minmetals Non Ferrous Metals Company y Jiangxi Copper Company por 455 millones de dólares.

La inversión más grande de una empresa china la realizó un consorcio liderado por MMG Limited cuando el año 2014 pagó casi 6000 millones de dólares por la mina Las Bambas, que fue la inversión más grande realizada por una empresa extranjera en el Perú.

Casi toda la inversión china, especialmente en la explotación de recursos naturales, es de empresas estatales chinas. Es parte de la estrategia china de querer tener el control de la producción de los recursos que tiene que importar.

Por otro lado, hasta fines del 2015, de acuerdo a PROINVERSIÓN, la entidad estatal que registra la inversión extranjera, China ocupa el décimo séptimo lugar entre los mayores inversores extranjeros en el Perú, con un monto invertido de 208.1 millones de dólares (ver cuadro 8). Según esta entidad, la IED china en el Perú está principalmente en minería con 157.8 millones de dólares (75% del total), seguido del sector financiero con 50 millones de dólares (24% del total) y del sector comercial con sólo 0.3 millones de dólares (0.2% del total).

Cuadro 8: Estructura de IED china en Perú por sector principal, 1980 - 2015

Millones de dólares

Sector	Valor	Part. %	Compañía Receptora *
Comercio	0.3	0.2	Hexing Electrical Company S. A. C
Finanzas	50.0	24	ICBCPerú Bank S. A
Minería	157.8	75.8	Shougang Hierro Perú S. A. A Minera Shouxin Perú S. A Jinzhao Mining Perú S. A.
Servicios	0.01	0.006	
Total			208.1

* Considera los principales inversores que han hecho aportaciones al capital en el período 2001 - 2015.

Fuente: PROINVERSIÓN.

Preparado por el MINCETUR - VMCE - DGIECE.

Cuadro 9: Cartera estimada de proyectos mineros según principal inversionista

Gráfico 4

PAÍS	US$ MILLONES	%
CHINA	19,189	32.9
EE.UU.	10,135	17.4
CANADÁ	9,877	16.9
REINO UNIDO	4,300	7.4
MÉXICO	4,160	7.1
PERÚ	4,075	7.0
AUSTRALIA	3,135	5.4
BRASIL	2,041	3.5
JAPON	490	0.8
OTROS	944	1.6
TOTAL US$ Millones	58,346	100

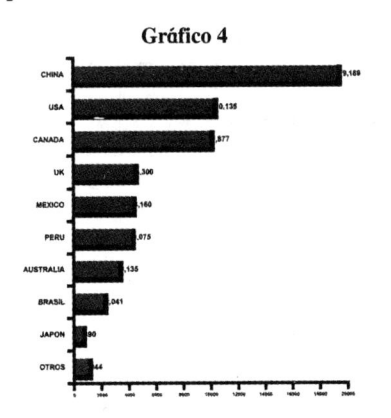

Fuente: Ministerio de Energía y Minas. Cartera estimada de proyectos mineros Reporte de marzo de 2016http://www.minem.gob.pe/minem/archivos/file/Mineria/INVERSION/2016/CEP%2003 - 2016_.pdf.

Pero esa cifra no es exacta, pues las empresas extranjeras no están obligadas a declarar las inversiones que realizan, y solo en el sector minero China ocupó el primer lugar como inversor en proyectos mineros, de acuerdo a un reporte publicado en marzo del 2016 por el Ministerio de Energía y Minas. Actualmente, hay ocho compañías chinas que tienen inversiones por aproximadamente 19 mil millones de dólares (32% de la cartera total de 56 mil millones de dólares). Ver Cuadro 9 y Cuadro 10.

Se estima que cuando los proyectos de las compañías chinas Minera Chínalco, en el proyecto Toromocho, y de la minera MMG Limited, en Las Bambas, entren en plena capacidad de producción en el 2017 - 2018, ambas podrían producir un 33% del total del cobre del Perú. Por otro lado, Shougang Corporation es dueña de la única mina de hierro en el Perú que está localizada en Marcona, Ica.

Cuadro 10: Las inversiones actuales, pasadas y futuras anunciadas por las empresas chinas. Millones de Dólares

Compañía	Nombre del proyecto	Sector	Lugar	Recurso/ Producto/ Servicio	Monto de Inversión	Comentarios
Shougang Hierro Perú S. A. A.	Marcona Expansión	Minería	Ica	Hierro	1500	Posiblemente se inicie en diciembre de 2018.
Chinalco Perú S. A.	Toromocho Expansión	Minería	Junín	Cobre	1350	Posiblemente se inicie en enero de 2018.

Compañía	Nombre del proyecto	Sector	Lugar	Recurso/ Producto/ Servicio	Monto de Inversión	Comentarios
Las Bambas S. A. (MMG Limited)	Las Bambas	Minería	Apurimac	Cobre	10000	Con el estudio de impacto ambiental aprobado. En construcción. Comenzó en marzo de 2016.
Shouxin Perú S. A.	Explotación de residuos mineros	Minería	Ica	Cobre, Hierro, Zinc	239	Con el estudio de impacto ambiental aprobado. En construcción. Comenzó en el 2016.
Jinzhao Mining Peru S. A.	Pampa de Pongo	Minería	Arequipa	Hierro	1500	Con el estudio de impacto ambiental aprobado. Posiblemente se inicie en enero de 2018.
Junefield Group S. A.	Don Javier	Minería	Arequipa	Cobre	600	Etapa de exploración.
Lumina Copper S. A. C	Galeno	Minería	Cajamarca	Cobre, Plata, Oro, Molibdeno	2500	Etapa de exploración. Posiblemente se inicie en 2017.

Compañía	Nombre del proyecto	Sector	Lugar	Recurso/ Producto/ Servicio	Monto de Inversión	Comentarios
Rio BlancoCopper S. A.	Rio Blanco	Minería	Piura	Cobre	1000	Etapa de exploración. Posiblemente se inicie en 2019.
China National Petroleum Corporation CNPC 1/	Lote 58	Energía	Cuzco	Petróleo, Gas	1300	Etapa de exploración terminada.
COPEINCA (China Fishery Group CFG) 2/	- -	Pesca	Bayovar, Chicama, Chimbote, Chancay, Lima, Ilo.	Harina y Aceite de Pescado	800	CFG compró en 2013, Copeinca. Controla la mayor cuota de anchoveta asignada a la pesca.
ICBC PERU BANK (Banco Comercial de China ICBC) 3/	- -	Finanzas	Lima	Depósitos, transferencias, comercio exterior, finanzas, acciones tarjetas, préstamos, etc.	50	Opera desde 2014 Primer banco de propiedad china en entrar al sistema financiero peruano.

Compañía	Nombre del proyecto	Sector	Lugar	Recurso/ Producto/ Servicio	Monto de Inversión	Comentarios
Compañía Eléctrica Heixing S. A. C. 4/	- -	Comercio	Lima	- -	0.3	Cuenta con una oficina de ventas y apoyo regional en Lima.

Fuente: * Ministerio de Energía y Minas del Perú, " Cartera de proyectos mineros" . Marzo 2016.
(1) Diario El Comercio. CNPC completó exploración sísmica en Lote 58. Enero 18, 2016.
(2) Diario La República. El Gigante Asiático pisa fuerte en Perú y Latinoamérica. Mayo 20, 2014.
(3) Pagina web oficial de ICBC Peru Bank.
(4) Ministerio de Comercio Exterior y Turismo del Perú. Reporte de Comercio Bilateral 2015.

La inversión china en el sector hidrocarburos está representada por la empresa CNPC que podría producir un 30% o más del petróleo y gas del Perú, dado que tiene bloques petroleros en Talara, en el norte, y en el 2014 compró el bloque 10 en Piura, el bloque 58 y la mitad de bloque 57, en Cusco, de la compañía brasileña PETROBRAS. Por esta compra CNPC pago 2500 millones de dólares.

China también tiene una importante participación en el sector pesquero con China Fishery Group Company (CFG) que compró COPEINCA en 2013, por la que pagó 762 millones de dólares, lo que le permitió obtener, de esta manera, el control de la mayor cuota de anchoveta en el Perú, convirtiéndose en el tercer mayor productor de harina de pescado en el mundo. Si bien CGF está en quiebra ahora y en manos de sus acreedores, se estima que otro grupo chino podría comprarla.

En el sector finanzas está la primera subsidiaria del grupo Industrial and Commercial Bank of China, ICBC, que vino al Perú en el

2013 y que se convirtió en el primer banco chino en ingresar al sistema financiero peruano.

Conflictos que enfrentan las compañías chinas

Ha habido problemas para algunas compañías chinas con las comunidades locales, como en el caso del proyecto Río Blanco (que se encuentra paralizado por la oposición de la comunidad), o con sindicatos laborales como en el caso de Shougang; pero en el caso de Toromocho, ellas llegaron a un acuerdo con las comunidades locales para evitar esos problemas. También, en los últimos meses, las comunidades aledañas a la mina Las Bambas están protestando porque los camiones de la mina que llevan el concentrado de cobre a la Costa para su traslado a China pasan por sus caminos y quieren que la mina les pague por el derecho de paso de esos camiones. ⑦

Según un estudio "China in Latin America: Lessons for South South Cooperation and Sustainable Development" publicado por la Universidad de Boston, se menciona que varios proyectos mineros y de hidrocarburos chinos (Ver Figura 1) se encuentran cerca a zonas de bastante biodiversidad como Toromocho y Río Blanco o cerca de territorios de comunidades nativas como el campo petrolífero del lote 58 de la empresa CNPC.

---

⑦ Revista Proactivo Edición online: "Piden 5 mil soles por cada camión de mineral en medio del paro en Las Bambas" http://proactivo.com.pe/piden-5-mil-soles-por-cada-camion-de-mineral-en-medio-de-paro-en-las-bambas/.

Figura 1: **Puntos conflictivos en zonas de biodiversidad, territorios indígenas y minas chinas**

FIGURE 11: Peru: Biodiversity Hotspots, Indigenous Territory, and Chinese Mines

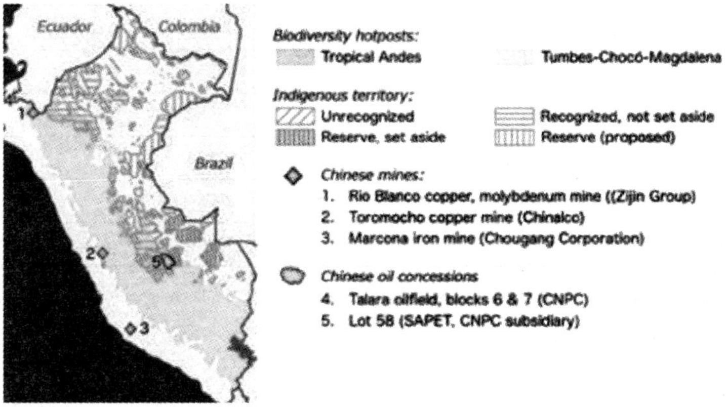

Source: Compiled from Red Amazónica de Información Socioambiental Georreferencial and Zador et al. 2015.

Fuente: "China in Latin America: Lessons for SouthSouth Cooperation and Sustainable Development". Publicado por Boston University. Año 2015. Página 16 http://www.bu.edu/pardeeschool/files/2014/12/Working-Group-Final-Report.pdf.

El tren bioceánico: tecnología china, impacto ambiental y la brecha en infraestructura de transportes en el Perú.

De acuerdo a la Asociación para el Fomento de la Infraestructura Nacional (AFIN), en la actualidad la brecha de la infraestructura de transporte en el Perú para el periodo 2016 - 2025 alcanza un monto de 57499 millones de dólares (Ver cuadro 11). En consecuencia, el Perú pierde competitividad exportadora. Como muchos expertos lo señalan, el porcentaje de costos logísticos en América Latina es de 15% a 20%, pero en el Perú es más del doble y esto hace que los productos sean más caros sin importar el destino.

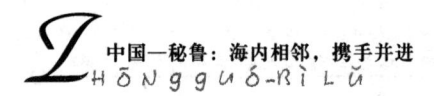

Cuadro 11: Brecha eninfraestructura de transporte en el Perú Millones de dólares

Sector	Cantidad en periodo 2016 - 2025
Carreteras	31850
Ferrocarriles	16983
Puertos	6287
Aeropuertos	2378
Total	57499

Fuente: Plan de Infraestructura Nacional 2016 - 2025 de la Asociación para el Fomento de la Infraestructura Nacional (AFIN).

El gobierno chino quiere invertir en la construcción de un ferrocarril bioceánico que uniría Perú y Brasil, conectando el Océano Pacífico y el Atlántico para exportar materias primas, productos manufacturados y energéticos para su industria y su gran población a un costo y tiempo menor. Se estima que los estudios de viabilidad económica, técnica y ambiental debieron estar listos para mayo del 2016 y el costo sería de 10 mil millones de dólares (Ver Figura 2).

Esta sería una inversión de gran importancia para el Perú pues como se ve en el cuadro 11, la brecha en infraestructura en vías férreas en el periodo 2016 - 2025 es de 16, 893 millones de dólares yesta cifra es un monto considerable para un país en desarrollo.

Sin embargo, este proyecto enfrentaría muchos retos, principalmente, el ambiental, ya que pasaría por gran parte de selva virgen; por otro lado, en su posible recorrido podría desplazar y afectar a muchas comunidades nativas; y, por último, el mayor problema es, con gran probabilidad, la decisión política para llevarlo a cabo, debido a que, a diferencia de China, los gobiernos de Perú y Brasil son muy lentos para poner en marcha los proyectos de inversión y, usualmente, hay diferencias de opinión entre el gobierno central y los gobiernos locales.

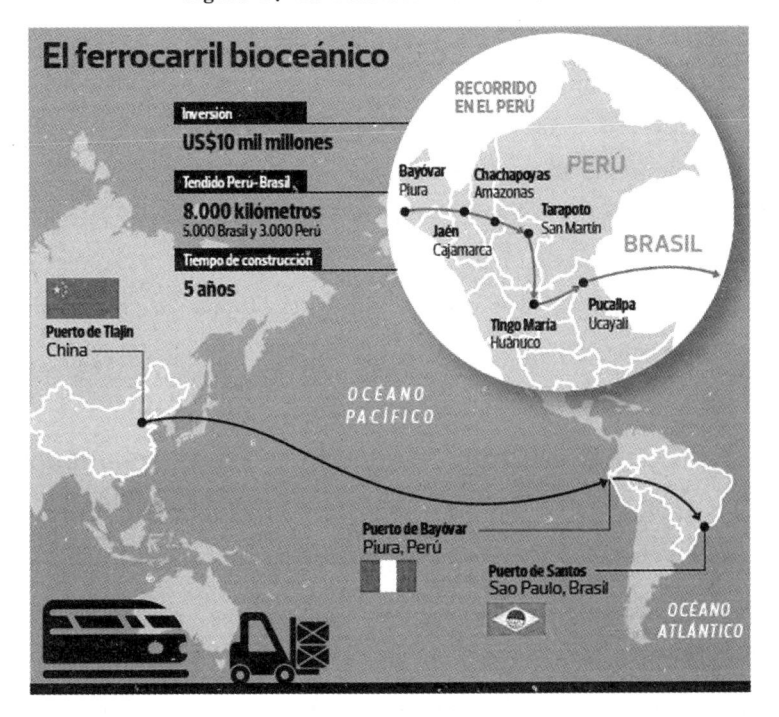

Figura 2: La ruta del Tren Bioceánico

Fuente: El Comercio. 2015. Blog Vía China "La ruta de la seda se extiende a Sudamérica". *El Comercio*. Lima, 17 de mayo http://elcomercio.pe/blog/viachina/2015/05/la – ruta – de – la – seda – se – extiende – a – sudamerica.

Las compañías chinas tienen experiencia en la construcción de vías férreas de alta tecnología y ellos se beneficiarían de esta oportunidad y también podrían contribuir a la industrialización del Perú (si en el Perú se construye parte de los rieles y los vagones del futuro tren). En un artículo publicado en la revista Velaverde se menciona el caso de la empresa China Railway Group Limited (CREC), que ha construido las dos terceras partes de las vías férreas de China; esta empresa ha desarrollado una tecnología que le ha permitido construir en los lugares más inhóspitos del país vías férreas, atravesando desiertos, bosques y montañas. Esta compañía construyó hace diez años el tren al Tíbet, el cual atraviesa en su punto más alto los 5072 metros sobre el nivel del mar, cifra mayor en 200 metros al punto más alto que atraviesa el ferrocarril central andino en el Perú.

En todo caso, debe recordarse que el año 2015, durante la visita a América Latina del Primer Ministro Li Keqiang, se estableció tres fondos para financiar la industria y la infraestructura en la región, y uno de esos fondos, el Fondo de Inversión China - Latinoamérica para la cooperación industrial tiene 20 mil millones de dólares.

D) TLC entre China y el Perú, y las relaciones comerciales y económicas de China y el Perú

El TLC entre Perú y China está vigente desde el 2010. Este es un acuerdo bastante completo y comprende capítulos sobre acceso a mercado, procedimientos aduaneros, defensa comercial, medidas sanitarias y fitosanitarias, inversiones, entre otros.

A seis años de la implementación del TLC Perú China, analizando el aspecto comercial, de la evolución de las exportaciones de Perú a China, se tiene que, en términos generales, las exportaciones a China han aumentado, de un monto de 5436 millones de dólares en el 2010 a 7332 millones de dólares en el 2015, como se ve en el Cuadro 12. Sin embargo, la mayor parte de este incremento se debe a las exportaciones de minerales, que, como se puede apreciar, aumentaron de 3474 millones de dólares a 5128 millones de dólares en ese mismo lapso. Como se sabe, estos productos no se han beneficiado del TLC al ser productos que no tenían casi aranceles o barreras para su ingreso a China.

Donde sí se nota los efectos positivos del TLC es en el aumento de las exportaciones al mercado chino de productos agroindustriales, como las frutas. Por ejemplo, el 2010 se exportó frutas y frutos comestibles a China por 8 millones de dólares, y, el 2015, este monto subió a 88 millones de dólares. La uva, que es el principal producto exportado a China en este rubro, tenía por ejemplo un arancel de 13% antes del TLC. Con la implementación del TLC este arancel empezó a disminuir año a año y a enero del 2015 se redujo a cero.

Otro producto que ha experimentado un aumento en sus ventas al mercado chino es el de pieles y cueros, que pasó de 571 mil dólares en el 2010 a 21.9 millones de dólares en el 2015. Estos productos, que tenían un arancel de entre 5% a 7% antes del TLC, con la entrada en vigencia del acuerdo, el arancel se convirtió en cero en forma inmediata.

El problema del porqué, a seis años del acuerdo, ha aumentado muy poco el valor de las exportaciones peruanas a China (excepto como se dijo en algunas frutas y pieles y cuero), es que no tenemos una oferta exportable adecuada y suficiente, en cantidad, al mercado chino (o estable en el tiempo, como sucede con los productos pesqueros). Además, en algunos productos donde el Perú es competitivo, como las uvas, paltas, mangos, el proceso de conseguir su ingreso al mercado chino ha tomado un largo tiempo, y en otros casos, como en el de los arándanos, aún no está pendiente. Los exportadores peruanos se quejan de que China pone trabas o demora demasiado la aprobación de los requisitos fitosanitarios que se necesita para ingresar esos productos a su mercado.

Cuadro 12: Exportaciones de Perú a China del 2010 al 2015, en dólares

Descripción del producto	Perú exporta hacia China - Valor en 2010	Perú exporta hacia China - Valor en 2011	Perú exporta hacia China - Valor en 2012	Perú exporta hacia China - Valor en 2013	Perú exporta hacia China - Valor en 2014	Perú exporta hacia China - Valor en 2015
Todos los productos	5436667.00	6972639.00	7843946.00	7354028.00	7024630.00	7332901.00
Minerales metalíferos, escorias y cenizas	3474750.00	4601234.00	5545992.00	4847770.00	4840592.00	5128883.00
Residuos y desperdicios de las industrias alimentarias; alimentos preparados para animales	846097.00	1044321.00	890416.00	866478.00	687653.00	875104.00
Cobre y sus manufacturas	658561.00	739646.00	952692.00	1091661.00	954809.00	827094.00
Preparaciones de carne, pescado o de crustáceos, moluscos o demás invertebrados acuáticos	55224.00	122874.00	113299.00	92253.00	161663.00	93673.00
Frutas y frutos comestibles; cortezas de agrios (cítricos), melones o sandías	8005.00	20748.00	32900.00	48298.00	86934.00	88265.00
Cinc y sus manufacturas	73072.00	125740.00	97733.00	103547.00	38904.00	63499.00
Combustibles minerales, aceites minerales y productos de su destilación; materias bituminosas; ceras minerales	98308.00	99072.00	-	58100.00	58.00	58620.00
Madera, carbón vegetal y manufacturas de madera	83287.00	57851.00	52360.00	54936.00	66105.00	56160.00
Lana y pelo fino u ordinario; hilados y tejidos de crin	20183.00	18858.00	19725.00	23949.00	32399.00	25032.00
Pescados y crustáceos, moluscos y demás invertebrados acuáticos	18764.00	29629.00	30729.00	34237.00	34287.00	24857.00

Descripción del producto	Perú exporta hacia China - Valor en 2010	Perú exporta hacia China - Valor en 2011	Perú exporta hacia China - Valor en 2012	Perú exporta hacia China - Valor en 2013	Perú exporta hacia China - Valor en 2014	Perú exporta hacia China - Valor en 2015
Pieles (excepto la peletería) y cueros	571.00	3528.00	5776.00	6562.00	6432.00	21946.00
Grasas y aceites animales o vegetales; productos de su desdoblamiento; grasas alimenticias elaboradas; ceras de origen animal o vegetal	26819.00	27170.00	26520.00	27525.00	29182.00	20187.00
Semillas y frutos oleaginosos; semillas y frutos diversos; plantas industriales o medicinales; paja y forraje	13720.00	16442.00	23836.00	36326.00	32527.00	17701.00
Materiastrenzables y demás productos de origen vegetal, no expresados ni comprendidos en otra parte	10173.00	9687.00	7577.00	10933.00	13758.00	10756.00
Productos químicos inorgánicos; compuestos inorgánicos u orgánicos de metal precioso, de elementos radiactivos, de metales de las tierras raras o de isotopos	7797.00	5036.00	6060.00	11776.00	12641.00	5847.00

Fuente: TRADEMAP, Elaboración Propia.

Por el lado de las importaciones, estas han aumentado en forma continua desde la implementación del TLC. Como se vio en la parte B, sobre la evolución de la relación económica y comercial entre el Perú y China, los industriales peruanos han mostrado su inconformidad con la competencia china, en varios casos desleal, y algunos productos chinos han sido sujeto de medidas antidumping por parte de las autoridades peruanas. Aun así, hay quejas de que la imposición de medidas antidumping es un largo proceso y, debido a esta demora, la industria nacional queda indefensa frente a los productos chinos demasiado baratos.

Habría que agregar a si mismo que, gracias a los productos baratos chinos, muchos peruanos han podido acceder a bienes a los que antes no les habría sido posible acceder por lo caro que era comprarlos de otros países. Así, productos como ropa, artefactos eléctricos, y, últimamente autos, han podido llegar a más consumidores peruanos.

E) Conclusiones

El comercio entre el Perú y China refleja las ventajas comparativas actuales de los dos países. El Perú exporta principalmente materias primas a China e importa de este país manufacturas. En los últimos años el comercio ha aumentado de manera significativa, a tal punto que China es el mayor socio comercial del Perú, el mayor destino de las exportaciones y fuente de importaciones. El alza en el precio de las materias primas elevó en gran medida el valor de las ventas a China, y la baja en los precios de estas, desde el 2012, hizo disminuir en algo el valor de las exportaciones, que se ha visto compensado por el aumento en el volumen de venta de los minerales (cobre e hierro principalmente).

Las inversiones chinas han aumentado también en forma considerable gracias al apetito por recursos naturales, y esto ha hecho que China se convierta en el mayor inversor en el sector minero y energético en el Perú, así como en la fabricación de harina de pescado. La mayor parte de esa inversión proviene de empresas estatales.

Por último, a seis años de vigencia del TLC entre los dos países, si bien es cierto que el valor de lo exportado a China aumentó, este incremento se debió mayormente a un aumento del precio o volumen de los productos mineros o energéticos. Aún se exporta poco otros productos distintos a las materias primas, como las frutas que tienen un potencial mayor, aunque esto se ve restringido por la demora en la extensión de los permisos fitosanitarios del gobierno chino.

Bibliografía

— BCR, Banco Central de Reserva del Perú Memoria Anual 2015 http: //www. bcrp. gob. pe/publicaciones/memoria – anual/memoria – 2015. html.

— INDECOPI, 2015, Anuario de Estadísticas Institucionales, https: //www. indecopi. gob. pe/estadisticas.

— MEM, Ministerio de Energía y Minas. Cartera estimada de proyectos mineros Reporte de marzo de 2016 http: //www. minem. gob. pe/minem/archivos/file/Mineria/INVERSION/2016/CEP% 2003 – 2016_ . pdf.

— MINCETUR 2015: "Reporte de Comercio Bilateral Perú – China", diciembre del 2015, Ministerio de Comercio Exterior y Turismo.

— OCDE/CAF/CEPAL, 2015: "Latin American Economic Outlook 2016: Towards a new partnership with China", OECD Publishing, Parishttp: //www. keepeek. com/Digital – Asset – Management/oecd/development/latin – american – economic – outlook – 2016 _ 9789264246218 – en#page2.

— Trademap http: //www. trademap. org/Index. aspx.

— RevistaVelaverde: Mirando a la China (21 de julio, 2016), Lima. http: //www. revistavelaverde. pe/mirando – a – la – china/.

中国和秘鲁的经贸关系：回顾与展望

王 飞[①]

秘鲁是拉丁美洲和加勒比地区经济发展最具活力的国家之一。自1971年同中国建立外交关系以来，秘鲁一直是中国在该地区重要的贸易伙伴。2004年秘鲁承认中国市场经济地位，2008年两国建立战略伙伴关系，2010年中国同秘鲁签订了自由贸易协定，2013年两国关系提升为全面战略伙伴关系，2014年中秘又建立了经济合作战略对话机制，秘鲁成为拉美唯一一个与中国建立上述三种双边机制的国家，进而推动两国关系一步一个台阶发展、壮大。

一 中秘建立外交关系以来的贸易关系

秘鲁是拉丁美洲第三个和中国建立外交关系的国家。21世纪以前，双边贸易额有限，20世纪90年代实现突破，2000年以来迅猛发展。秘鲁在中秘贸易中一直保持贸易顺差。全球金融危机期间，中国和秘鲁签署了自由贸易协定，提升了两国经贸合作的水平和质量，贸易规模不断扩大，使中国成为秘鲁最大的贸易伙伴国。双方贸易量从

[①] 作者系中国社会科学院拉美研究所助理研究员、博士。

2009年的65亿美元增加到2015年的160亿美元，并未受到经济不景气的影响。但是，因两国间贸易结构失衡，经贸摩擦也时有发生。

（一）中秘贸易总量与贸易结构

中秘建交之前，两国贸易联系仅有少量的民间往来。1971年建交后，双边贸易快速发展。当年，中国首次从秘鲁进口鱼粉15万吨，使双边贸易额增至1930万美元。1971年两国签署《经济和技术合作协议》，1972年双方签订政府间贸易协定，1983年签署贸易协定补充协议书，1988年又签订《经济和技术合作协定》。但由于历史的原因，两国贸易额在20世纪80年代之前一直在1亿美元上下徘徊，直到90年代才实现突破。

2005年1月，中国与秘鲁签署了8项合作文件，进一步推动两国在多个领域的互利合作。中秘双方还宣布建立全面合作伙伴关系，标志着两国关系迈入新的发展阶段。2015年5月，李克强总理出访秘鲁。在此期间，中秘双方签署经贸、投资、基础设施建设、质检、科技、航天、通信等领域的政府间和企业间多项合作协议。

1984年中国和秘鲁的双边贸易总额为0.64亿美元，其中中国出口0.06亿美元，进口0.58亿美元，贸易逆差0.52亿美元。此后，双边贸易总额缓慢增长，2002年双边贸易总额为9.78亿美元，中国出口2.47亿美元，进口7.32亿美元，贸易逆差4.85亿美元。1984年到2002年期间，贸易总额在1989年、1990年、1993年、1998年和2001年五个年份同比下降，其余年份均实现了增长。2003年，中秘双边贸易总额突破10亿美元，达到11.14亿美元，此后贸易总额大幅增长。2003—2012年，除2009年贸易总额出现负增长外，其余年份的同比增长率均为两位数。2015年，双方贸易总额达到145.36亿美元，其中中国出口63.55亿美元，进口81.81亿美元，贸易逆差18.26亿美元。自1984年以来，在中秘双边贸易中，中国一直处于逆差地位。

贸易结构方面，中国从秘鲁进口以矿产品为主，出口则主要是工业制成品和劳动密集型产品。作为传统农业国，秘鲁出口到中国的主要是矿产品、农牧产品等，秘鲁从中国进口的主要是机电、机械设备、化工原料、高新技术产品和纺织品。据统计，2011—2014年，中国出口到秘鲁最多的产品是电机、电气、音像设备及其零附件和锅炉、机械器具及零件两大门类，分别达到116.8亿美元和91.82亿美元，占中国对秘鲁总出口的22.98%和18.07%。此外，车辆及其零附件、铁和钢以及钢铁制品也是中国出口到秘鲁比较多的商品门类。

相对于中国对秘鲁的出口，从秘鲁进口的商品种类更为集中，2011—2014年，中国从秘鲁进口的矿石、矿渣和矿灰总计346.57亿美元，占中国从秘鲁总进口的65.96%。排在第二和第三位的是食品工业的残渣及废料、配制的饲料和铜及其制品，分别达到85.16亿美元和54.04亿美元，占比分别为16.21%和10.28%。

（二）中秘自由贸易协定

与大多数拉美国家一样，秘鲁在20世纪最后20年经历了经济的衰退和低迷。进入新世纪之后，托莱多和加西亚两届政府利用优越的外部环境，对经济政策进行了务实性的调整，秘鲁成为拉美地区最具经济活力的国家之一。通过实行稳健的财政政策和灵活的货币政策，秘鲁在维护国内稳定的同时，积极扩大对外开放，与外国签署自由贸易协定，大力吸引外国投资，加深对世界经济的融入。

2009年4月28日，中国和秘鲁在北京签署《中国—秘鲁自由贸易协定》，2010年3月正式实施，这是中国达成并实施的第八个自贸协定，也是在拉美继中国—智利自贸协定后开始实施的第二个自贸协定。该协定也被视为当时中国所有自由贸易协定中最全面的一个，除涉及传统领域外，还包括知识产权保护、贸易救济、原产地规则、海关程序、技术性贸易壁垒、动植物卫生检测等。

基于两国之间的比较优势，秘鲁向中国出口低附加值的初级产品和原材料，从中国进口高附加值的制成品。由于中国的市场经济地位未获得WTO的承认，中国和秘鲁的自由贸易协定仍然是南南合作模式。从中国方面来看，主要是保证自己的原材料资源供给，而秘鲁则主要为了吸引更多来自中国的直接投资。根据该协定，秘鲁出口到中国 99% 的商品实行了关税减免，其中免税商品达到了 83.5%。秘鲁在纺织品、服装、鞋以及金属制品等目类下将此前从中国进口的 592 种属于"敏感商品"的标签撤销，总金额约占其总进口的 10%。《中秘自贸协定》的实施使中国出口的机电产品、轻纺产品、交通工具、化工产品等商品，秘鲁出口的矿产品、鱼粉、水果、鱼类产品等在双边贸易中获益。根据不完全统计，自中秘自由贸易协定签署以来，广东、浙江、湖北、山东、福建、江苏等省份的贸促会以及各省下属的地市贸促会都签发了中国—秘鲁自贸区优惠原产地证书，使这些地区的大量出口产品获得关税优惠，降低了贸易成本，提升了企业海外市场竞争力，涉及的产品主要包括轻工、电子、家电、机械、汽车、化工、蔬菜、水果等。投资方面，两国为对方投资企业及投资人员提供各项便利，如市场准入后的公平公正待遇、国民待遇和最惠国待遇。此外，该协定还对投资企业和企业法人收益的自由汇出、建立投资者与东道国之间的投资争端仲裁机制等事宜做出了相应规定。

（三）全球金融危机下的中秘贸易

中秘两国在双边关系方面定位于战略伙伴关系，并进而提升为全面战略伙伴关系，彼此在对方的对外经贸合作全局中的地位大幅提升。中国和秘鲁之间的自由贸易协定签署于全球金融危机不断深入蔓延的 2010 年，对两国共同应对危机、推动双边经贸关系发展起到了至关重要的作用。双边自贸协定提升了两国经贸合作的水平和质量，贸易规模与产品范围均实现了不断扩大，还推动了中国对秘鲁直接投资的迅速上升。

全球金融危机使经济脆弱的秘鲁在对外贸易方面遇到了不小的冲击，出口额从 2008 年的 310 亿美元下降到 2009 年的 270 亿美元。得益于中国自 2009 年下半年开始的矿产和鱼粉的大量购买，秘鲁出口萎缩在 2010 年得到控制，出口总额恢复到 2008 年的水平。金融危机并没有影响中国和秘鲁两国之间的贸易。2010 年，中秘自贸协定签订当年，中秘两国贸易总额达到 99.18 亿美元，同比增长 54.4%；2011 年继续增长了 26.2%，并且中国首次超过美国成为秘鲁最大贸易伙伴和出口市场。2014年，秘鲁从中国进口额达到61.01亿美元，中国又成为秘鲁最大的进口来源国。中国和秘鲁自由贸易协定正式生效之初，两国双边贸易总额占秘鲁总贸易额的12%左右，2015年这一比例已经上升到了20.37%，中国成为秘鲁第一大贸易伙伴、第一大进口来源国和第一大出口目的地。

全球金融危机以来，特别是在国际市场持续低迷不振和大宗商品价格不断暴跌的情况下，无论从进口还是出口来看，秘鲁与中国的贸易表现好于其与美国和巴西等传统贸易伙伴，这在一定程度上有助于抑制秘鲁出口的衰退。2008—2015年，秘鲁对华出口总量占其全部出口总额的比重从14.4%提高到24.61%，其中除2011年略有下降外，其余年份均保持了增长；同期秘鲁从中国进口的总量占其全部进口的比重则从9.27%提高到16.79%。中国不仅是秘鲁矿产品和鱼粉的最大买家，也逐渐成为秘鲁非传统产品的重要出口目的地。来自秘鲁的大鱿鱼、葡萄、海藻粉等产品丰富了中国的美食，相关产业为秘鲁创造了大量就业机会。

得益于中秘自贸协定，尽管全球金融危机之后，秘鲁的对外贸易结构发生了一些变化，但是其与中国的贸易结构保持了相对稳定。2010年，秘鲁出口前三位的商品种类分别是矿产品（39.1%）、贵金属及制品（22.5%）和贱金属及制品（11.5%），2015年植物产品的出口比重超过贱金属及其制品的出口，成为秘鲁第三大出口种类。2010—2015年，秘鲁出口到中国的主要目类未发生变化，依次是矿产品、食品、饮料和烟草、贱金属及制品。除矿产品占比略有提升外，另外两大目类均出现小幅下降。相较于秘鲁出口到世界的主要商品目类，其出口到中国的特点更加明显，矿产品的集中程度更高且比重不断增加，中国成为其矿产品的第一大出口目的地。食品、饮料和烟草是秘鲁出口到中国的第二大种类商品，同时也是未来提高其出口潜力的重要组成。

全球金融危机以及中秘两国签订自由贸易协定后，中国和秘鲁之间的双边贸易并未受到全球经济不景气以及大宗商品价格低迷的影响，主要进出口商品目类的占比保持稳定，两国在贱金属及其制品大类下存在产业内贸易。

二 中秘建交以来的投资关系

秘鲁是拉丁美洲地区经济发展较为稳定、开放度较高的国家。中国对秘鲁的投资始于20世纪90年代初,首都钢铁总公司成为第一个进入拉美的中国企业。中国对秘鲁的直接投资在双边自贸协定签订之后实现了大幅增长,但规模仍然有限;投资领域日益多元化,但仍以矿业为主。相较中国在秘鲁的直接投资,秘鲁流入中国的直接投资还比较有限。

(一) 秘鲁的投资环境

在拉丁美洲,秘鲁被公认为是宏观经济稳定、营商环境优越、对待外资友好、金融市场发达以及贸易自由度较高的国家。通过分析世界银行的"营商环境指标"和世界经济论坛的"全球竞争力"指标都可以得到一致结论:秘鲁的投资环境在拉美处于领先。秘鲁政府的主要工作目标就是创造有利于私营企业发展的友好的、透明的政治和经济环境。

秘鲁在宏观经济环境方面的改善最为明显,有利于国家形象的塑造以及降低主权国家风险,为进入秘鲁的外国企业提供一定的保证。

秘鲁是全球投资系统最为开放的国家之一,政府通过采取一系列必要的措施,制定一致的投资政策来消除外国投资商可能面临的任何障碍,吸引国外投资所有经济行业。此外,秘鲁还通过法律的形式保护投资商的权益、减少政府对外国投资的直接干预。

(二) 中国和秘鲁的相互投资

目前,越来越多的企业通过经由离岸金融中心等"避税港"进行投资,造成各种外国直接投资的统计口径不同,不同报告方的数据之间存在明显的差异性。这里主要选取有代表性的数据来源,从投资总量和投资领域两个方面分析中国和秘鲁之间相互投资的特点。中国在秘鲁的投资增长速度快，但规模有限，以矿产品为主。相较于中国在秘鲁的投资，秘鲁在中国的投资较为有限，产业分布也较为集中。

1. 中国在秘鲁的投资领域和总量

20世纪80年代之前，中国在秘鲁的投资非常少。1980—1988年间，中国在秘鲁的投资总额从2500美元增加到18000美元。进入90年代以后，秘鲁政府推进私有化改革，并且全面开放采矿业，积极吸引外国资本在秘鲁投资。1992年，中国首钢集团与秘鲁国有铁矿签订了价值1.18亿美元的合作协议，成为中国在拉丁美洲的首个大型投资项目，秘鲁也成为中国企业首个进驻的拉美国家。中石油在1993年和1994年分别中标秘鲁塔拉拉7区块和6区块油田项目，秘鲁成为中国矿业和油气行业"走出去"的第一站。1994年7月，中国和秘鲁签署了双边投资条约，并于1995年2月生效，但此后中国企业进入秘鲁的速度放缓。2007—2008年，以中铝集团、紫金矿业和江西铜业与五矿有色联合投资体分别获得秘鲁三块铜矿的开采权为标志，中国对秘鲁的第二波大规模投资开始启动。这三块铜矿依次为胡宁地区特罗莫乔项目、皮乌拉省里奥布兰科项目和卡哈马卡地区加莱诺项目。

2007年之前，中国在秘鲁的投资主要集中在矿业领域和渔业领域，占比分别达到48%和40%。2007年以来，矿产依旧是中国企业在秘鲁的主要投资领域，能源成为第二大投资领域。中国在秘鲁投资的又一个特点是多个项目采取收购其他公司股份的形式，中国成为秘鲁第一大矿业投资来源国。2015年，矿业依然在中国投资中占据主要地位，但同时也表现出一些新的特点，即金融领域的增长极为迅速，投资多样化取得突破。目前，中国在秘鲁有9个重大项目和2处开采中的矿权。中国成为秘鲁矿业领域最重要的战略投资合作伙伴。

除了矿业领域，石油、金融和渔业同样是中国在秘鲁直接投资的重要领域。据统计，自1993年第一次中标以来，中石油通过多次并购，在秘鲁拥有多个石油区块的控制权。此外，在金融领域，中国工商银行于2013年在秘鲁设立分行，成为进入秘鲁金融系统的首家中资银行。工银秘鲁也是工商银行在南美大陆正式成立的第一家全资子银行。渔业领域也是中国企业在秘鲁主要的投资产业。2006年，中渔集团（China Fishery）斥资1亿美元收购3家秘鲁鱼粉厂，2015年在秘鲁中北部及南部分别拥有16.9%及14.7%的捕捞配额，成为秘鲁最大以及全球领先的鱼粉公司之一。2013年，中国水产集团总公司获得了秘鲁最多的凤尾鱼配额，并一跃成为全球最大的鱼粉生产商。

据统计，2008年11月，在秘鲁的中资公司有30多家，累计投资达8亿美元。2015年11月，中资企业在秘鲁的累积投资已经增长到140亿美元，秘鲁成为中国在拉丁美洲投资规模第二大的国家。截至2015年10月，已有超过170家中国企业在秘鲁设立了分公司或办事处，涉及领域涵盖能源、采矿、电力、运输、基础设施建设、通信、金融服务。中国成为秘鲁手机和电信设备、交通工具、工程和矿业机械等产品的主要供应者，华为、中兴、江淮、比亚迪、福田、万新、宗申、联想、三一等一大批中国品牌得到秘鲁消费者的认可。

2. 秘鲁在中国的投资

秘鲁对华直接投资的项目数和总金额都较为有限。从2004年到2012年，每年的项目数在3个左右，项目金额在2004—2006年保持在1200万美元以上，从2007年开始项目金额出现明显下降，2009年和2010年只有4万美元和2万美元。可以说全球金融危机对秘鲁对华直接投资造成了较大的影响。从企业登记数和投资额来看，在中国的秘鲁企业从2004年的49家上升到2006年的53家之后开始下降，2011年和2012年均只有22家。秘鲁企业在中国的投资额也出现下降，2006年实现2.98亿美元的投资之后，2010年只有6697万美元，2012年恢复到9678万美元，大致与2004年持平。秘鲁在华企业涉及农业、纺织业和少数制造业。

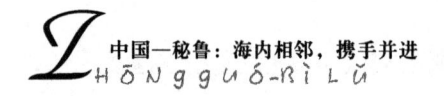

三 中秘经贸关系的未来

当前,秘鲁是拉美地区唯一与中国拥有三种关键性双边机制的国家,即自由贸易协定(2010 年)、全面战略伙伴关系(2013 年)和经济合作的战略对话委员会(2014 年),这为两国进一步互惠合作提供了坚实的基础。

2015 年 5 月,李克强总理应邀访问巴西、哥伦比亚、智利和秘鲁四国,积极推进中拉产能合作。中国和秘鲁经济互补性强,合作基础良好,双方以自贸协定为依托,充分发挥各自优势,优化贸易结构,推动双边投资。双方应共同努力,在矿业、能源、石化、农业以及基础设施等领域加深合作,不断提高两国经贸合作水平。

秘鲁在能源矿产、基础设施建设、医疗卫生以及服务业等领域存在投资潜力。中国企业在秘鲁投资应重视其丰富的资源优势,重点关注能源矿产的开发、农业、林业以及基础设施建设等领域的合作机会。在中秘自由贸易协定框架下的合作,应该以优化双边贸易商品结构为主要目标,逐步提高贸易便利化水平,深入挖掘双边贸易潜力。促进秘鲁传统优势产品出口的同时,积极探索在服务贸易和电子商务等领域的合作,开拓高附加值产品的出口,帮助秘鲁融入以中国为中心的亚洲以及全球价值链。此外,积极推进产业对接,促进中国在秘鲁的投资多元化,引导投资更多流向生产性领域,推动秘鲁传统产业的现代化。

首先,深化能源和矿产领域合作,通过投资带动发展。秘鲁矿产资源十分丰富,是世界上 12 大矿产国之一。主要矿产包括铜、银、锌、钨、锡、铅等,其中铜储量排在世界第三位,银和锌的储量排在全球第四位,锡和金的储量则全球第五。秘鲁在矿业部门的投资一直是重点,而中秘经贸合作的主要领域之一也是矿产资源的开发。自 1992 年首钢秘铁成立开启了中国在秘鲁投资的先河以来,中石油等国企纷纷进入秘鲁,并且均集中在矿产资源开发领域。当前,中国企业在秘鲁的投资以矿产和油气开发为主，秘鲁向中国出口的产品主要集中在铜、铅、铁、锌等资源。未来，两国在矿产资源开发领域仍然有较大的发展空间。中国企业对秘鲁能源和矿产领域的投资，可以带动勘探和相关基础设施建设，特别是扩建和改造主要港口，能够真正带动秘鲁经济发展。

其次，加强基础设施建设合作，助力经济可持续发展。经济快速发展已经促使秘鲁政府越来越重视基础设施方面的规划，重点发展交通运输、电力、电信、居民住宅和水利建设。主要项目包括修建纵贯南北的 7000 多公里公路干线，增强南北方的联系；新建 1000 座桥梁；建设利马地铁系统；建设覆盖全国的光纤通信设施；修建新的铁路网络，使铁路运能增加 20 倍；进一步扩建主要港口，提高其吞吐能力；新建、改造和扩建部分机场以满足航空业的需求。根据秘鲁国家基础设施推进协会（AFIN）的估计，要完成 2016—2025 年的预定计划，秘鲁的交通基础设施还需要 574 亿美元的资金投入。公路建设方面的资金缺口最多，为 318 亿美元，其次是铁路的 169 亿美元，以及港口的 62 亿美元和机场的 23 亿美元。中国和秘鲁以及巴西的"两洋铁路"规划已经开始，将有利于降低物流成本、促进人口和货物流动、改善地区发展的不平衡、调整高度集中于利马的中心发展模式、推动安第斯山区铜矿的建设。

再次，深挖大农业潜力，多样化双边贸易结构。为进一步发挥秘鲁产业的比较优势，未来两国应该拓展在农业和林业方面的合作。根据秘鲁的规定，外国投资者在秘鲁可以自由买卖土地，从事种植业、养殖业或农副产品加工业的自然人或公司法人只需缴纳 15% 的所得税，这是一般所得税税率的一半。此外，自然人或公司法人在尚未开展商业活动前，因进口或在当地购买生产原料等而缴纳的普通消费税可以获得退税。中国拥有丰富的农业生产技术和管理经验，可以利用秘鲁大量闲置或地产的农田，种植粮食和棉花、咖啡等经济作物，也能参与建设大型果园，种植芒果、菠萝等热带水果，利用中国的高端需求以及反季优势，提高对华贸易的出口多样性。根据中国和秘鲁之间的自由贸易协定，2015 年起中国从秘鲁进口的鲜葡萄开始享受零关税。目前，中国已经是秘鲁主要的葡萄出口市场，目前占其鲜葡萄总出口量的 26%，零关税之后出口量得到进一步提高。2013 年，中国和秘鲁签署了"植物检疫协议"，可以出口鲜芦笋到中国，2016 年 4 月，这一协议得到实现，秘鲁出口了第一船新鲜芦笋到中国。第一船鲜芦笋总计 800 千克，此后每隔半个月都有同样数量的鲜芦笋出口到中国，并且在 8 月份进行评估后扩大出口量。秘鲁可开发木材种类繁多，潜力巨大。据统计，在秘鲁所有 2500 多种林木品种中，只有 600 多种被妥善分类，而得到开发利用的仅有 195 种。中国的家具企业可以考虑在秘鲁建厂，利用当地的木材进行加工生产，返销国内或转销其他国家。

最后，跨境电商也是未来双方经贸合作的重点方向。2015 年 12 月，秘鲁出口商协会、秘鲁中资企业协会、秘鲁的电商物流服务公司和中国的南美快线电子商务公司在秘鲁首都利马签订了《中秘跨境电商项目合作协议》，来自 100 多家秘鲁企业的代表出席签字仪式及两国跨境电商项目推介会。随着跨境电商的启动合作，将极大推动贸易发展，促进秘鲁出口商向中国市场出口高质量的商品。秘鲁出口商协会的会员企业将通过中国的电商平台，直接将其产品销售给中国消费者。中方物流公司在中国大型电商平台上建立"秘鲁国家馆"，有资质的企业经秘鲁出口商协会审核通过后可申请将其产品放入"秘鲁国家馆"，供中国消费者选购。

中秘经贸合作的新前景与建议

李仁方[①]

中秘建交 45 年以来，双边经贸关系发展顺利，2009 年两国签署了双边自由贸易协定，进一步推动双方经贸合作迈向成熟稳定发展阶段。

一　中秘经贸关系发展历程

1971 年 11 月 2 日，中国和秘鲁正式建立外交关系，两国经贸关系从此揭开了新的篇章。回顾 45 年发展历程，中秘双边贸易大致经历了四个不同的发展阶段。

1. 缓慢发展阶段（1971—1990 年）

1970 年中秘双边商品贸易额仅为 14 万美元，1971 年骤然增加到 2370 万美元，中秘建交对两国贸易的短期影响巨大，但此后贸易增长速度相当缓慢。1971—1990 年中秘双边商品贸易额超过 1 亿美元只在 1988 年出现过一次，期间年平均增长速度仅为 6%。在近二十年里，中秘双边商品贸易总额仅有 8.77 亿美元，秘鲁对华贸易始终

---

① 作者系西南科技大学拉美研究中心研究员、经济管理学院副教授。

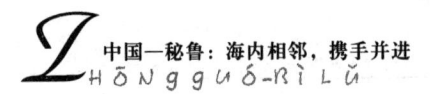

保持顺差，累计顺差达到6.66亿美元。

2. 快速发展阶段（1990—2001年）

进入20世纪90年代以后，随着中国石油和首钢集团投资秘鲁，中秘两国贸易也进入快速发展阶段。在1990—2001年间，中秘双边商品贸易额稳步增加，年平均贸易额达到5亿美元，年均增长速度达到26%，秘鲁对华贸易顺差累计超过15亿美元。

3. 高速发展阶段（2001—2012年）

自21世纪以来，全球经历了大宗商品持续繁荣时期，中秘贸易也因此出现了高速繁荣发展阶段。在2001—2012年间，中秘双边商品贸易额增长了19倍，年均增长速度高达35%。这期间秘鲁仍然长期保持对华贸易顺差，累计顺差额超过了41亿美元。

4. 迅速回落阶段（2013—2015年）

随着大宗商品贸易进入低谷时期，资源类商品贸易深受影响，近几年里中秘双边商品贸易额迅速回落。2012—2015年期间仅累计增长2.18%，而且秘鲁对华贸易还非常罕见地出现了连续三年逆差，累计逆差额超过了42亿美元。

二　中秘商品贸易结构的演变

中秘贸易结构既受两国各自资源禀赋优势及其演变的决定性影响，也受到两国经济贸易合作关系不断发展的深刻影响。

从秘鲁对华进口商品结构来看，因近些年来中国需求激增而使第3部门商品（矿物燃料、润滑油及有关原料）进口比重急剧减少，其他商品进口结构占比则基本保持稳定或有所增加的状态。尤其值得注意的是，第6部门商品第66、67和69类（主要是金属原料制成品）和第7类商品（机械及运输设备）的进口结构占比上升显著，这反映了中国产业技术升级及其对秘鲁投资增加而在秘鲁资本品进口方面发挥了积极带动作用。第6部门商品第62和65类（橡胶、纺织物等原料制成品）和第8部门商品（服装、鞋类等杂项制品）进口虽有所增长，但其进口结构占比现已处于回落阶段，对秘鲁劳动密集型产业发展的冲击力也正在减弱。

从秘鲁对华出口商品结构看，第 0 部门商品（食品和活动物）和第 2 部门第 26 类商品（纺织纤维等）出口占比下降幅度大，但在非矿产品出口中所占比重不小；第 2 部门商品第 24、29 类（木材和动植物原料等）和第 6 部门第 65 和 68 类商品（纺织品和有色金属等）出口增长较快；第 2 部门第 28 类商品（金属矿及金属屑）出口占秘鲁对华出口比重长期一枝独大的格局未有明显改善，尤其是 2004 年以来始终占比超过 50%，2007 年甚至达到了 77%。秘鲁对华出口结构形成与其在矿产领域具有的资源禀赋优势不无关系，工业化不足也影响了秘鲁对华制成品出口增长。

三　中秘贸易结构变化与秘鲁经济增长

1. 中秘贸易增长有利于秘鲁经济发展

随着 2009 年中秘自由贸易协定签署，两国贸易保持高速持续增长势头。2011 年中国超越美国成为秘鲁最大的出口目标市场，2012 年又成为秘鲁最大的进出口贸易伙伴国。最近几年里，美国深受金融危机影响，经济复苏乏力，中美两国对秘贸易额差距也持续扩大，中国市场对秘鲁经济发展影响正在变得越来越重要。这再次说明了中秘经贸合作对促进秘鲁经济增长具有非常积极的影响。

2. 现阶段中秘贸易结构的反思与认识

长期以来，中拉贸易中初级产品占比过高问题受到了拉美各界广泛关注，这个问题在中秘贸易尤其典型。在 1993—2015 年秘鲁对华出口贸易中，食品和活动物、金属矿及金属屑、有色金属这三大类产品占比之和始终保持 92% 以上。虽然秘鲁在这三类产品上对华出口都在持续增长，但金属矿及金属屑、有色金属二类出口占比都在持续上升，近几年已超过了 80%，而食品和活动物出口出现了相对下降趋势。

中国—秘鲁：海内相邻，携手并进

针对初级产品在中拉贸易中占比过高的问题，拉美一些学者及政府官员持批评态度。比如，2016年9月初在圣地亚哥召开的中国与拉美经贸关系研讨会上，联合国拉美经委会官员表示，以初级产品贸易为主导的中拉经贸关系是不可持续的。库钦斯基总统自当选以来多次强调要推进秘鲁工业化发展，其根本宗旨还是在于改变以初级产品出口为主导的秘鲁经济结构。

当前中拉贸易中初级产品占比过高的问题之所以受到拉美各界的议论，大致原因有三点。一是历史上欧洲殖民者曾经与拉美各国进行过进口初级产品、出口工业品的类似"贸易"，结果拉美地区经济没有实现繁荣，反而相对变得更加落后了。二是很多拉美学者认为中国当前向拉美地区进口初级产品、出口工业品的贸易模式对拉美各国来说存在贸易不公平问题，历史事实似乎已经"证明"了这种贸易模式是对拉美国家的"剥削"行为。三是不少拉美学者认为初级产品在中拉贸易占比过高，会损害拉美国家工业化发展能力。

事实上，用这种简单的历史相似性来解释当前的中拉贸易关系（尤其是中秘经贸关系）严重地违背了基本的分析逻辑。首先，欧洲殖民者最初到达美洲大陆的数百年里，他们与美洲之间都不是纯粹的贸易关系，而是赤裸裸的掠夺关系。不论是库斯科的黄金还是波多西的白银，也不论是南太平洋岸边的鸟粪和硝石还是安第斯山脉的铜矿，这些资源基本都曾遭遇了欧洲殖民者的长期暴力掠夺，美洲人在这些资源"贸易"中究竟所获几何呢？被切开了血管的拉丁美洲可能在如此残酷的掠夺之下发达起来吗？对于这个问题，秘鲁的发展历史可以充分印证。反观当前中拉和中秘经贸关系，这里没有欺诈、欺压和暴力掠夺，中国在拉美所获得的任何一丁点资源产品都完全建立在平等的市场交易基础之上，与当年欧洲殖民者行为有着根本的差异。

其次，"出口工业品、进口初级产品"贸易模式并不必然导致贸易不公平，拉美国家对英美等国出口初级产品之所以遭遇不公平问题，关键是西方国家以政治、军事、市场、传媒等手段掌控了全球资源市场交易体系，尤其是控制了资源产品定价权。中国从拉美地区大规模进口资源类产品不过 20 年左右时间，尽管如今已是世界上资源产品需求大国，但尚无能力主动影响国际资源产品价格。资源产品定价权迄今为止仍然掌控在西方发达国家手中，中国仅仅是这个市场上的价格接受者，也是一个不公平价格的受害者。在目前尚未完全结束的大宗商品繁荣周期里，中国在全球资源产品市场上贸易条件远不如秘鲁、巴西等资源出口大国。从贸易利益分配角度看，尽管中拉贸易延续了"出口工业品、进口初级产品"模式，但中国绝非中拉贸易中的所谓"剥削者"，而是贸易利益分配中的"奉献者"，是过去 20 年全球资源产品不公平价格体系下的真正受损者。当然，拉美各国也并非这个不公平的资源产品价格体系的最大受益者。

最后，当前多数拉美国家形成以初级产品出口为导向的经济结构，这既是各国正常发挥资源禀赋优势的结果，也与很多国家未能构建起工业化发展基础关系深远。在过去 20 多年里，拉美国家如果拒绝回到基于自身资源禀赋优势的发展轨道上来，那么她们能否坚持在进口工业化道路上取得成功呢？历史已经回答了拉美各国民众，坚持以自身资源禀赋优势来推动本国经济发展，这绝对不是错误的选择。

从拉美各国实现工业化发展的基础条件来看，可持续增长能力不足是个很大问题。一是拉美各国国内储蓄率太低，难以为工业化形成稳定的资本动力。2015 年秘鲁国内储蓄率为 23%，同期中国接近 50%。较高的社会福利水平和大量贫困人口又削弱了秘鲁公共积累能力。二是劳动力受教育程度不高，难以为工业化供给充足的熟练工人。目前秘鲁成人识字率为 94%，接受中等教育和高等教育的劳动力人口占比分别为 19.5% 和 1.1%，这与东亚国家以及发达国家相比都存在差距。三是基础设施落后，尚难以支撑工业化发展需要。秘鲁国土面积 128.5 万平方公里，海岸线长达 2200 多公里，但铁路总里程数仅有 2020 公里，2014 年货柜吞吐量 223 万 TEU，尚不及智利同期 60%。2012 年秘鲁通电人口比率为 91.2%，2015 年每百人互联网用户为 40.9 个，如此基础设施显然是秘鲁实现工业化发展的羁绊。

3. 中秘贸易结构变化趋势符合秘鲁经济发展要求

要实现库钦斯基总统倡导的秘鲁工业化发展计划，扩大并深化中

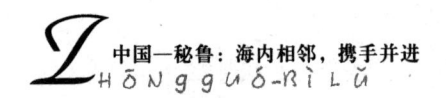

秘经贸合作是重要途径，从市场共享到产业融合是中秘经贸合作的新方向和新前景。中秘贸易经过 20 多年持续快速增长，尤其是 2009 年签署并全面实施中秘自由贸易协定，中秘贸易关系已经进入很好的阶段，基本实现了两国企业共享双边市场的目标。中秘未来经贸合作的方向是以产能合作推进产业融合，基于两国产业链的延伸与衔接而不断深化双方在产业内贸易，从而稳步促进秘鲁工业化发展。

事实上，过去 20 多年里中秘贸易结构变化本身已经在顺应秘鲁工业化发展方向。比较 2000 年和 2015 年秘鲁对华进出口贸易结构可以发现，2000 年秘鲁对华进口额前两位产品为杂项制品、机械及运输设备，对华出口前两位产品为食品和活动物、金属矿及金属屑；2015 年秘鲁对华进口额前两位产品为机械及运输设备、金属制成品，对华出口前两位产品为金属矿及金属屑、食品和活动物，制成品出口额上升到第三位，并已接近食品和活动物的出口额。

从中秘贸易结构变化的分析可知，随着中国对秘鲁投资增长和双边贸易规模增长，秘鲁加大了机械及运输设备和金属制成品等资本品的对华进口力度。正是因为对中国物美价廉的资本品进口持续增长，秘鲁的矿业开采能力和工业制造能力都得到了显著增强，其矿产品和制成品对华出口也随之实现了快速增长。中秘贸易结构的变化趋势反映，双方贸易与投资的扩张正在推动两国产业链延伸与衔接，产业内贸易正在增长。显然，中秘贸易结构的变化趋势顺应了秘鲁实现经济增长和推动工业化发展的需要。

四 以中秘产能合作进一步推动市场共享与产业融合发展

现阶段秘鲁经济发展需要在两方面加大努力。一是加快经济结构和贸易结构的多元化，以尽快摆脱大宗商品进入低谷期给秘鲁经济发展带来的短期困扰。二是积极增强可持续经济增长能力，稳步推进工业化发展，以突破工业化进程中面临的诸多关键约束。当然，这也是库钦斯基政府在未来五年里需要完成的重要经济发展任务。

秘鲁要实现经济结构和贸易结构多元化，短期在于促进农业发展，扩大农产品出口，尤其要加大对华农产品市场开拓力度，而长期则在于稳步推进国家工业化发展。以农产品出口扩张来部分平衡矿产品出口下降给经济增长带来的负面影响，智利在这方面做出了很好的榜样。当前秘鲁实现农业快速发展，一要加大农业投资力度，改善农业生产和贸易的基础设施；二要培养农业技术人才，提升农业种植和农产品加工技术；三要发展农产品储藏和加工业，不断延伸农业产业链。秘鲁要推进工业化发展，近期内需要从增强可持续经济增长能力着手，一要持续改善基础设施，二要扩大教育覆盖面并提升教育质量，三要积极稳妥地发展原料加工业和初级工业设备制造业。

不论是实现农业发展和农产品出口扩张，还是为工业化发展而增强可持续经济增长能力，秘鲁都需要加强和巩固与中国良好的经贸合作关系。在西方发达国家经济复苏乏力的背景下，中国经济继续保持快速增长态势，优质农产品进口需求持续增长，这为秘鲁扩大农产品出口提供了巨大的市场空间。随着发达国家需求减弱和中国海外投资能力增强，如今中国已成为秘鲁矿业与能源领域最重要的外资来源国，华为、中兴等企业还参与了秘鲁的网络与通信设施建设。实际上，中国资本还在秘鲁积极寻求基础设施、农业和农产品加工业、矿产品加工业等几个重点领域的产能合作机会。

中秘产能合作是两国企业将产业链相互向对方国家市场的延伸与拓展，这不仅会大大促进两国产业内的贸易增长，而且将实现两国产业紧密融合发展，进一步细化两国产业分工，全面提升两国经济运行效率。通过中秘产能合作，秘鲁既可以共享中国经济增长的福利，也可以借助于中国产业升级、技术进步和海外投资来推进本国工业化发展进程。从可实现的预期效果看，中秘两国企业若能在多领域达成投资与贸易合作，这将不仅有利于中国企业在海外发展，也有利于秘鲁加快实现经济结构和贸易结构多元化，还将为秘鲁工业化发展构建坚实的可持续经济增长能力。

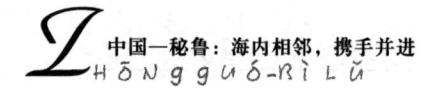

五 实现中秘经贸合作发展新前景的几点建议

1. 加强中秘人文交流，增进相互理解与认知

尽管秘鲁是目前拉美地区华人抵达最早、华人人数最多的国家，但两国民众之间在语言与文化的相互理解和认知方面明显不足，这在很大程度上妨碍了两国民间交往和商务往来。中秘两国要加大旅游、商务、教育等领域的开放力度，积极促进双方人员往来；要加强学术界对对方国家人文研究，帮助本国国民理解和认知对方国家；要全面推动学术、企业、文化、青年、妇女、媒体等多层次交流与合作。

2. 加大教育合作力度，推进人才与技术培训

针对现阶段中秘两国都存在人才培养不能满足双方经贸合作发展需要，以及秘鲁国内人才培养也难以满足其自身经济社会发展需要的问题，中秘两国应加强教育合作力度，扩大留学生互派规模和各类奖学金名额数量，不断推进两国人才与技术培训领域合作。

3. 努力实现基础设施合作，积极推动重点项目建设

落后的基础设施是制约秘鲁实现工业化梦的重要因素，而中国正在积极寻求与拉美国家开展基础设施项目合作，秘鲁可以利用中国资本建设一批有明显经济带动效应的基础设施。对于中秘两国正在努力推动的两洋铁路建设项目，对秘鲁经济发展有明显带动作用，秘鲁应积极推动该项目秘鲁段路线建设。

4. 优化矿业产业链配置效率，探索矿产品加工业合作

库钦斯基总统积极主张在秘鲁发展矿产品加工业，该主张已获得首钢秘铁、五矿秘鲁等中资企业积极响应。这是中国矿业企业在全球范围内优化产业链配置效率的重要行动，两国企业要积极探索基于矿业产业链分工的跨国合作模式。

5. 全面拓展中秘农业与农产品加工业合作

现阶段扩大农产品对华出口对秘鲁经济稳定发展显得越来越重

要，中国企业要抓紧契机加强与秘鲁农业企业和农产品企业之间的合作。中国企业加大对秘鲁农业及农产品加工业投资力度，不仅有利于帮助秘鲁企业拓展中国农产品市场，也有利于中国实现优质农产品供给结构优化。

第四部分

两国全方位关系发展的灿烂前景

跨越大洋——秘鲁与中国

范 蕾[①]

在大洋彼岸的美洲大陆，南美国家秘鲁是与中国关系最悠久的国家。秘鲁是拉美国家中华人移民最早、同新中国建交最早、开展经贸往来最早的国家之一。秘鲁与中国的关系可以追溯至16世纪晚期，海上丝绸之路连接了太平洋两端相距遥远的秘鲁和中国。数百年来，秘鲁与中国的关系从最初的政治相互扶持演变为密切的经贸往来，建立起全面战略伙伴关系。中秘两国致力于加强中秘两国发展战略对接，全方位提升中秘合作，"共同谱写中秘关系的新乐章"。

一 新中国成立初期的中秘关系
—— 内外因素阻滞下的艰难突破

中华人民共和国是在美苏冷战、世界分裂为东西两大阵营的大背景下诞生的。1949年春，中国共产党领导人确定不继承国民党政府同各国旧有的外交关系，而要在新的基础上与各国另行建立新的外交

[①] 作者系中国社会科学院拉丁美洲所研究员。

关系①。同年9月,中国人民政治协商会议通过的共同纲领规定:"凡与国民党反动派断绝关系,并对中华人民共和国采取友好态度的外国政府,中华人民共和国中央人民政府可在平等、互利及尊重领土主权的基础上与之谈判,建立外交关系。"1949年10月1日,毛泽东主席在开国大典上向全世界宣告:凡愿遵守平等、互利及相互尊重领土主权等项原则的任何外国政府,本政府均愿与之建立外交关系。

在美苏冷战的大环境中,中国选择站在苏联一边。中国与拉美的联系是中国与苏联、社会主义阵营关系的延伸,从苏联与拉美共产党和左翼政党的已有关系中发展与拉美的联系。从50年代中期实施"和平共处五项原则"的和平主义外交以来,中国外交的独立性和自主性逐渐体现。20世纪50年代,中国对拉美外交的考虑有以下几点:一是以发展民间外交为对拉美政策的主攻方向;二是通过发展对拉美关系实现对美国的战略牵制;三是在舆论上声援支持拉美民族独立解放运动的正义斗争。

这段时期的中秘关系呈现如下特征:(1)秘鲁与台湾保持"外交关系",对中国存在疑虑;(2)中国以多种形式的民间外交为主线,即与对华友好人士建立联系,使其成为沟通桥梁,推动各界人士访华,突破零星联系和接触,促进相互了解与友谊;(3)中国以与左翼政党的交往为切入点,借参加国际会议或访问苏东国家之机突破美国阻挠发展对秘关系。1952年,秘鲁与智利、墨西哥、哥伦比亚、巴西等11个拉美国家派代表团参加亚太和平会议。1956年,秘鲁等国记者参加赫尔辛基国际新闻工作会议后访华。1959年上半年,智利、委内瑞拉、秘鲁等12个国家共产党或人民党的代表陆续访华,参加新中国成立十周年庆典。1959年10月,秘鲁—中国友好协会成立。1959—1961年,访华秘鲁人士60余位。

---

① 周恩来:《我们的外交方针和任务》,《周恩来外交文选》,中央文献出版社1990年版,第48页。

二 20世纪六七十年代的中秘关系
——建交开辟新局面

1959年,古巴革命胜利,拉美政治形势发生变化。1960年,中国提出"挤进去""建立据点""发展实验性经贸关系"和"扩大文化交流"的对拉策略,深化民间交往。1960年3月16日,"中国—拉丁美洲友好协会"成立。20纪世60年代后期,部分拉美国家民族主义色彩较浓的政府上台执政,要求实现本国经济独立的呼声日益高涨,在外交上对美国的离心倾向加强。

70年代,世界两极格局呈现两大变化:一是东西方关系缓和,苏联力量上升;二是第三世界国家崛起,多元化趋势初现。基于对70年代国际格局发展态势的判断及与苏联关系的恶化,中国开始用"三个世界"的划分标准来确定国家身份,把拉丁美洲视为第三世界。"第三世界"理论以中国是"第三世界"一员为出发点,把美、苏视为第三世界国家在国际上的主要对手,把广大发展中国家作为可以同中国站在一起的、反对霸权主义的主要国际力量。

这一时期,秘鲁对外政策的主要特点是:(1)超越地理范围的限制,承认社会制度和意识形态的多样性,主张不同政治制度国家和平共处,与社会主义国家建交或发展关系。1968—1969年,秘鲁先后与罗马尼亚、南斯拉夫、波兰、匈牙利、保加利亚、捷克斯洛伐克和苏联等一系列社会主义国家建立了外交关系,与古巴也实现了关系正常化。(2)认同和维护第三世界立场,加强同第三世界国家的关系。在国际上积极捍卫200海里海洋权,支持建立国际经济新秩序。(3)谋求对外经济多元化,减少对美国的依赖,促进拉美和安第斯地区经济一体化。(4)拉开与美国的距离。国有化措施、征收美国公司财产秉承上述对外政策思路,贝拉斯科政府打破了传统的对华政策,积极发展同中国的关系。

中秘两国政府表现出深化关系的共同意愿和诚意,开启双边关系新局面。在1970年5月发生的秘鲁钦博特市大地震中，中国向秘鲁捐献了150万元人民币，成为第二大捐助国。1970年年末，在北京广播电台工作的秘鲁记者安东尼奥·费尔南德斯·阿尔赛回国探亲，周恩来总理让其向秘鲁政府传递中秘接触和建交的"八点原则"备忘录文件。秘鲁政府在收到中国政府的意愿之后，表示完全同意中国的八点原则建议，并开始筹划与中国进一步接触和商洽建交事宜。

1971年4月，中国第一个官方代表团在外贸部副部长周化民团长率领下访问了秘鲁。在机场欢迎中国代表团的仪式上，秘鲁政府官员正式对外宣布：秘鲁同意中国关于中秘建交的八点基本原则，并把宣布文本交给了中方。秘鲁总统贝拉斯科接见了中国代表团。中秘双方还达成了共同协议，决定在两国互设商务代表处，起到"临时大使馆"的作用。此后，秘鲁贸易代表团和秘鲁渔业部长哈维尔坦塔莱安巴尼尼将军于6月先后访华，两国签署了会议纪要，商定"中国向秘鲁购买鱼粉十五万吨到二十万吨，鱼油二万吨，交货期自即日起至1972年年底"。

此时，基辛格秘密访华的消息也极大地鼓舞了秘鲁的对话态度。1971年8月，秘鲁授权其驻加拿大大使塞萨尔·德拉富恩特同中国驻加拿大大使黄华商谈两国建交事宜。11月2日，黄华和拉富恩特两位大使分别代表中秘两国在渥太华签署建交公报，同日，中国政府和秘鲁政府发表联合公报，宣布建立大使级外交关系。两国刚刚互设的商务办事处立即更名为大使馆。1971年12月15日，秘鲁共和国政府任命爱德华多·巴尔德斯·佩雷斯·德尔卡斯蒂略为秘鲁共和国驻中华人民共和国特命全权大使，中华人民共和国政府任命焦若愚为中华人民共和国驻秘鲁共和国特命全权大使，两国开启了友好合作的新时期。1972年2月，中国在秘鲁设使馆；同年3月，秘鲁在中国设使馆。

"中秘两国建交以来，关系发展得比较快。"秘鲁常驻联合国代表哈维尔佩雷斯德奎利亚尔的话道出了秘鲁愿意发展与中国关系的原因。"我的国家正在欢迎一个最大的国家，这个国家正在不屈不挠地为加速自己的进步而奋斗。这个国家没有因为她目前的力量和潜力，而是在反对国际经济关系中存在的非正义现象这一经常性的斗争中，选择它必须去占领的阵地。发展中的国家所以怀着希望和信任的心情欢迎中华人民共和国，其原因就在这里。"

建交后，双边贸易发展较快。1971年12月，在矿业与能源部长费尔南德斯访华期间，中国政府向秘鲁提供了4250万美元20年无息贷款。中国还同意购买100万美元的铜、铅和锌。1972年，两国签订了政府间贸易协定。1976年两国在北京签订了中国购买秘鲁铜、锌、铅、鱼粉和秘鲁购买中国大米、石蜡的合同。1977年双方又签订了为期三年的贸易合同。80年代前，两国贸易额一直保持在1亿美元左右。

建交后，中秘两国在文化、科技、教育、军事等领域的交流从无到有、逐步推进。1972年10月，秘鲁陆军参谋长梅尔卡多中将率军事代表团首次访华。1974年3月，中国人民解放军总参谋长向仲华率中国军事友好代表团回访秘鲁。1977年，两国互设武官处，双边军事往来进一步增多。在文化交流方面，1972年4月成立了秘鲁—中国文化协会，并从1973年起互派留学生和访问学者。

中秘两国在国际事务中相互支持，互惠互益。1971年8月，秘鲁外长和总统先后宣布，决定同中国建交并支持中国重返联合国。9月13日，秘鲁和南斯拉夫外长发表会谈联合公报，指出应尽早承认中华人民共和国在联合国的合法权利。在第26届联合国大会就恢复中华人民共和国合法权利问题进行表决时，秘鲁等7个拉美国家投了赞成票。秘鲁《纪事报》评论说，由于第三世界国家的支持，联合国大会通过了恢复中华人民共和国在联合国的一切合法权利的提案。中国恢复联合国合法席位后，以第三世界国家的立场，大力支持秘鲁、智利、厄瓜多尔等拉美国家争取200海里海洋权的斗争。1947年，智利和秘鲁率先提出把海洋管辖权扩大到200海里，此后多次举行会议并通过关于领海主权的宣言和声明，公开反抗超级大国"最大限度的公海、最小限度的领海"的海洋霸权主义，迅速发展为第三世界的运动。中国一直坚决支持第三世界国家立场。《人民日报》曾发表社论《支持拉丁美洲国家保卫领海权的斗争》。周恩来总理答记者问时明确表示,拉丁美洲国家和人民保卫200海里海洋权的斗争是正义的,确定领海范围和支配海洋资源是国家主权,任何其他国家不得干涉。[①] 中国政府代表团团长乔冠华也曾在联合国大会上发言支持。中国代表团自始至终地参加了第三次联合国海洋法会议长达9年的11期16次会议,并在会上积极开展工作,团结拉美等广大第三世界国家,支持他们维护本国海洋权益的合理要求。1982年12月,《联合国海洋法公约》达成。

三 20世纪80年代的中秘关系
——南南合作共识下的互取所需

20世纪80年代,开启民主化进程的秘鲁寻求扩大和多样化市场,而同时外贸也成为中国发展新战略中最核心的内容,中秘关系走上以经贸关系发展为主线的道路。中秘都拥有丰富的资源和一定的经济技术水平,在资源和产品方面各有优势、互有需求,逐渐探索新型的互利合作关系。

中国的改革开放基于对外开放、对内搞活经济两大发展战略基本点。成为当时国家发展战略的同时,坚持独立自主的和平外交政策,在和平共处五项原则的基础上发展同一切国家的正常外交关系,尤其加强同第三世界国家的团结与合作,积极倡导建立国际政治经济新秩序。在国际事务中,高举团结反霸的旗帜,坚决反对霸权主义和强权政治,主张并维护世界和平。广大拉美国家成为中国新时期南南合作战略的重要组成部分。中国对拉美政策的核心目标是巩固和扩大中国在拉美的外交空间。中拉关系的重要内容是经贸务实合作、开拓拉美市场、共同推动国际政治经济新秩序。1985年,中国总理访问拉美四国,提出中国和拉美国家的八个共同点。总体而言,80年代中国

---

① 《支持拉丁美洲国家和人民捍卫民族独立和国家主权的斗争》,http://www.fmprc.gov.cn/mfa_chn/ziliao_611306/wjs_611318/2159_611322/18983.shtml。

的经济和政治新诉求与拉美的目标具有较高的契合度,中国在拉美地区转型中持有的立场和态度有效地拉近了中拉之间的距离。

随着中拉双方的外交转型,以及与中国建交的拉美国家数量的增加,中国领导人开始通过首脑外交展示中国对外开放的姿态,促进拉美国家对中国外交政策和中国国情的了解,进而带动中拉务实合作。尽管秘鲁遭受政治和经济双重困局,但中秘仍保持着正常的政党和立法机构交往。

这一时期,中秘经贸关系虽然仍处于起步阶段,但是继续发展。1983年,中国与秘鲁成立了经济和贸易混委会。1988年,中国与秘鲁签订了《和平利用核能合作协议》。

为适应国内政治环境和国际形势的变化,为经济发展创造有利环境,秘鲁政府调整对外政策,主要特征是:(1)地区团结、反霸权主义旗帜更加鲜明;(2)多元化和务实外交进一步增强,经济议题在外交中的地位强化,突破意识形态界限;(3)在政治、外交和经济上努力加强同第三世界其他国家的联系和合作;(4)降低对美国的经济依赖,促进国内经济发展,提高自力更生的能力。基于上述外交路线,同处在改革开放道路上的中国成为秘鲁发展对外经贸关系、强化南南合作、实现多元化外交的重要选择。

同为发展中国家,随着南北关系的恶化,在南南合作的框架下,中秘在南北对话问题上立场基本契合。两国都主张建立公正、平等的国际政治经济新秩序,维护发展中国家发展权利。双方均认为南南合作是克服危机、发展经济的有效途径之一和推动南北对话的必要基础,因此在国际和地区事务中相互支持。中国支持拉美国家债务谈判立场。1986年,中国总理在会见来访的秘鲁部长会议主席路易斯·阿尔瓦·卡斯特罗时表示,包括秘鲁在内的卡塔赫纳集团提出的以发展经济增强偿债能力的主张和由债务国、债权国共同承担责任的要求是正当合理的。解决发展中国家外债问题的根本途径在于改革不合理的国际金融和贸易体系,建立公正的国际经济新秩序。1987年,拉美26国一致邀请中国参加77国集团会议。

此外,中秘民间交往和教育、科技等领域的合作也日益深入。

1983年，北京与秘鲁首都利马建立第一个中拉间友好城市。1986年11月，中秘签署了双边文化合作协议。1988年1月，中秘签署了双边科技合作协议。1989年2月，应秘鲁政府之邀，中国在秘鲁天主教大学东方研究学院成立中文教学中心。1990年2月，中秘共同举行政府间科技合作混委会第一届会议。中秘都曾派团赴对方国家进行科学考察。

四 20世纪90年代的中秘关系
—— 政治互信增强，中资企业进入秘鲁

20世纪90年代，中秘两国的积极态度和行动开启了双边关系的崭新局面。这是因为：

其一，中秘两国国内外局势的变化。90年代，中国所处的国际形势发生变化：一是冷战结束；二是欧洲国家开启一体化进程；三是多极化渐成趋势。为突破对中国的外交孤立和封锁，中国加大对拉美等第三世界外交工作的力度。在秘鲁，国内形势趋好，呈现经济发展和社会相对安定的局面，因而在对外关系上得以拓展全方位、多元化的外交，并且确立了对中国友好的方针，为发展两国关系奠定了更好的基础。

其二，中秘两国的共同需要。在全球化不断深入的背景下，中秘两国都有进一步加强联系和合作的需要和愿望。政治上，两国同属于发展中国家，没有根本的利害冲突，在很多国际事务中持相同或相似的立场。经济上，两国都面临着加快发展经济造福于本国人民的任务，而且两国的经济结构具有很大的互补性。

90年代，中秘之间政治互信增强，中秘高层访问、接触频繁。秘鲁实现了与中国建交后国家元首的首次访华。此外，秘鲁第一副总统兼参议长圣罗曼于1991年3月访华，第一副总统马克斯于1995年6月访华，外长费尔南多·德特拉塞格涅斯于2000年3月访华。中国高层也多次访问秘鲁和与秘鲁总统会晤。1990年9月，钱其琛外长访问秘鲁。1995年10月，李鹏总理率中国政府代表团对秘鲁进行正式访问，这是中国国务院总理首次访问秘鲁，期间双方签署了《中国银行向秘鲁共和国提供1.5亿美元出口买方信贷的协议》等文件。1996年3月，中国国务委员兼国务院秘书长罗干访问秘鲁。8月，全国人大副委员长陈慕华访问秘鲁。9月，国务委员李贵鲜访问秘鲁。1998年5月，全国人大副委员长田纪云访问秘鲁。9月，吴邦国副总理访问秘鲁。同年11月和次年9月，江泽民主席在马来西亚和新西兰出席亚太经合组织领导人非正式会议期间，都曾与秘鲁总统会晤。1999年10月，全国政协副主席白立忱访问秘鲁。中秘立法机构的交流也迈上新台阶。1990年7月，秘鲁众议院成立了"秘鲁—中国议员协会"。同年8月20日，中国全国人大成立"中国—秘鲁友好小组"。秘鲁议会议长玛尔塔·查维斯·德奥坎波于1995年9月访华，议会第一副主席托雷斯于1996年9月访华。此外，两国外交部于1992年建立政治磋商制度。

同一时期，中国与秘鲁签订政府间贸易协定，双边贸易往来大幅度增加，中国企业走进秘鲁，标志着中秘经贸关系进入新阶段。根据秘鲁促进出口委员会2005年2月16日的统计数据，1993年双边贸易额为2.315亿美元，到2000年已经增加至7.331亿美元。1998年5月，秘鲁促进出口委员会与中国贸促会签署合作协议。拉美国家以私有化和经济自由化为主的经济改革为中国企业对拉美投资提供了机遇，拉美因此成为中国企业最先走出去的地区，而秘鲁成为中国企业最先走出去的拉美国家之一。

这一时期，中秘在文化、艺术、教育、体育等领域的交流与合作全方位展开。1991年7月，秘鲁总统颁布最高法令，确定7月25日为"秘鲁—中国友好日"。1995年12月，秘鲁科技人士代表团访问中国，期间两国签署《中国国家科学技术委员会和秘鲁国家科学技术理事会科技合作项目计划谅解备忘录》。1996年12月，中国国家体委与秘鲁体委签署体育合作协议。1997年2月，中国的舰艇编队应邀访问了秘鲁卡亚俄港。8月，中国文化部副部长艾青春访问秘鲁，签署中秘1997—1999年文化交流计划。11月，中秘两国政府签署文化交流与合作协议。1998年10月，中国中央军事委员会委员、中国人民解放军总参谋长傅全有访问秘鲁。2000年3月，两国签署保护和收复文化财产协定。

五 新世纪中秘关系的跨越式发展

新世纪以来，借中拉关系跨越式发展的东风，中秘关系呈现出欣欣向荣的大好局面，两国关系不断升级。2005年2月，中国和秘鲁建立"共同发展的友好伙伴关系"。2008年11月，两国关系升级为"战略伙伴关系"。2013年4月又升级为"全面战略伙伴关系"。这一时期中秘关系呈现出"由政治推动，由经贸主导，逐步向人文、科技、军事及多边领域全方位扩展"的特征。

中秘关系局面大好与中秘双方各自发展的需要密不可分。

一方面，中国开始从战略高度重视发展与包括秘鲁在内的拉美国家的关系。其一，秘鲁成为中国企业"走出去"的重要目的地。2004年，国务院总理温家宝主持召开了全国对发展中国家经济外交工作会议，强调必须从国际政治经济的大势、从国内经济社会发展的大局、从外交工作的大战略和总方针，充分认识对发展中国家经济外交工作的重要性，以"相互尊重、平等相待、以政促经、政经结合、互利互惠、共同发展、形式多样、注重实效"为指导原则，推动对发展中国家的经济外交工作上一个新水平。拉美国家作为资源禀赋最好、消费潜力巨大、政治较为稳定的发展中地区，成为开展经济外交和中国企业"走出去"战略的重要阵地。作为政治稳定、投资环境良好的拉美国家，秘鲁成为重要目的国之一。

其二，中国加入世贸组织，进一步融入全球经济体系，经济竞争力进一步提升。而拉美作为新兴市场，中国对初级产品和原材料需求的扩大带动拉美国家的出口而使其获得巨大利益，秘鲁的矿产品和食品成为其对中主要出口产品。

其三，随着中国的崛起，中国与世界的关系正在发生历史性变化。为此，中国开始调整外交战略。2012年，温家宝总理在拉美经委会演讲时提出"中拉整体合作"的理念。同为不结盟运动、太平洋经济合作理事会、亚太经合组织等多边组织的成员国，秘鲁在"中拉整体合作"框架下扮演着重要角色。

另一方面，秘鲁国内政治和经济生态发生变化，对外政策更加正面、积极。其一，秘鲁经济保持连年增长的态势，基本保持持续的高速发展，经济增长带动中国对秘鲁的出口，投资环境的改善也有利于中国对秘鲁的投资。其二，新世纪以来，秘鲁既有"可行的秘鲁"党、阿普拉党等执政，也有民族主义党为主的"秘鲁胜利"联盟掌舵，"为了变革秘鲁人"党候选人库琴斯基在2016年大选中获胜。但是，不同政党都秉承务实思路，强调外交为经济发展服务，大力实施对外关系多元化，重视拓展与亚太国家的关系。其三，秘鲁与其他拉美国家一样把发展中拉关系作为一种战略选择。中国经济的高速增长、庞大的市场规模是吸引其与中国发展关系的主要驱动因素，中国是其市场多元化的重要选择。新世纪以来，秘鲁的对外政策以民主和人权的原则为基础，尊重领土完整，不干涉内政，在相互尊重和互利的准则下同所有国家建立友好关系，推行国际合作，将国家的行为纳入联合国宪章的目标和原则之中，努力保持安第斯共同体国家的政治与文化本色以及拉美地区的团结。

（一）托莱多和加西亚执政期间的中秘关系

在务实外交的思路下，托莱多政府（2001—2006年）和加西亚政府（2006—2011年）在促进两国间友谊与合作方面积极作为，这种想法与中国从战略高度上重视拉美的思路不谋而合，中秘双边关系在稳定健康发展的基础上实现质的飞跃：一是于2005年建立"共同发展的友好伙伴关系"，并于2008年升级为"战略伙伴关系"；二是在贸易、投资、文化、科技合作等方面实现全面推进。此外，秘鲁于2002年5月在上海设驻华总领事馆。

两届政府期间，中秘两国高层互访、会晤和立法机构交流频繁。2001年10月，秘鲁总统托莱多以私人身份访问中国。2002年1月，秘鲁新一届国会的秘中友好小组正式成立。2月，由主席冈萨雷斯·波萨达率领的秘鲁国会对外关系委员会代表团访华。5月，秘鲁外交部长迭戈·加西亚·萨扬访华。2003年1月，中国外经贸部部长访问秘鲁。10月，胡锦涛主席在泰国出席亚太经合组织领导人非正式会议期间与托莱多总统会晤。年底，秘鲁第一夫人埃莲娜·卡普应中华全国妇联邀请对中国进行工作访问，期间签署关于水产养殖、竹藤和共同开发桑蚕等合作协议。2004年7月，全国人大副委员长蒋正华访问秘鲁。9月，秘鲁国会第一副主席安普里莫访华。全国政协副主席兼中国社科院院长陈奎元访问秘鲁。11月，胡锦涛主席在智利圣地亚哥出席亚太经合组织工商领导人峰会期间与托莱多总统会晤。12月，秘鲁外长罗德里格斯访华，期间将双边关系提升为"全面合作伙伴关系"，中国决定将秘鲁确定为中国公民旅游目的地国家。2005年6月，托莱多总统访华。11月，全国人大常委会副委员长成思危作为中拉友协会长访问秘鲁。2006年9月，全国人大常委会副委员长路甬祥作为中科院院长访问秘鲁。2008年3月，加西亚总统访华。8月，2008年亚太经合组织高官会主席、秘鲁副外长古铁雷斯访华。11月，胡锦涛主席访问秘鲁。2009年4月，秘鲁第一副总统詹彼得里访华。

　　这一时期的三次国事访问尤为引人注目。2005年，秘鲁总统托莱多访华期间与中国国家主席胡锦涛会谈，双方肯定了双边关系的顺利发展和"共同发展的友好伙伴关系"的重要意义，共同表示将继续加强多领域合作，在国际和地区事务中相互支持和配合。2008年中秘实现国家领导人互访。3月，秘鲁总统加西亚访华，与中国国家主席胡锦涛会谈。双方就两国关系和共同关心的重大国际和地区问题深入交换意见，就加强中秘传统友好、深化务实合作达成重要共识。双方发表联合新闻公报，并签署涉及经济、文化、司法、能源、动植物检疫等领域的9项合作文件。11月，中国国家主席胡锦涛对秘鲁进行国事访问，并出席在利马举行的亚太经济合作组织第16次领导人非正式会议。两国元首共同宣布中秘建立"战略伙伴关系"和两国成功结束中秘自由贸易协定谈判。

同一时期，经贸关系仍是双边关系的主旋律。2002年4月，秘鲁外长萨扬和中国驻秘鲁大使麦国彦签署了两国政府间经济技术合作协议。2009年4月，中国与秘鲁签署了《中国—秘鲁自由贸易协定》，标志着中国—秘鲁自由贸易区的正式成立。中秘自贸协定是中国与拉美国家签署的第一个一揽子自贸协定，是两国经贸关系发展史上的里程碑。2010年3月，《协定》生效实施，进一步促进了双方经贸关系的发展。中秘双边贸易额连年大幅增长。据秘鲁海关统计，2010年中国成为秘鲁第二大贸易伙伴、第二大出口目的地和第二大进口来源国，双边贸易额达到了105.4亿美元，同比增长44.0%。由此可见，中国和秘鲁的贸易互补性比较高，而竞争性比较低，这为两国自由贸易合作的开展起到了很大的推动作用。秘鲁还是中国在拉美主要投资对象国之一。

中秘两国在文化、科技、教育、旅游等领域的交流也日益增多，两国军界和相关机构官员互访频频。2002年2月，中国公安部部长、国家禁毒委员会主任贾春旺对秘鲁进行访问，与秘鲁外长加西亚·萨扬举行会谈，并签署了两国政府间《关于加强禁毒合作的议定书》。12月，中国最高人民检察院检察长韩杼滨访问秘鲁，期间与秘鲁签署了谅解备忘录，以加强两国在打击有组织的跨国犯罪、毒品、腐败和普通刑事犯罪方面的交流与合作。2003年，中秘签署《引渡条约》。2004年4月，中国国务院批准开放秘鲁为中国公民组团出境旅游目的地。2005年1月，两国签署《关于中国旅游团队赴秘鲁旅游实施方案的谅解备忘录》。2005年6月，中秘两国签署《关于支持在秘鲁合作建设孔子学院的谅解备忘录》。7月，两国国防部签署加强两军交流合作的备忘。同年，中秘签署《刑事司法协助的条约》。2008年5月12日中国四川汶川特大震灾发生后，秘鲁总统加西亚和国会主席冈萨雷斯分别致电胡锦涛主席和吴邦国委员长表示慰问。19日，秘鲁举行全国哀悼日活动。加西亚总统前往中国驻秘鲁使馆吊唁。秘鲁国会还两次通过动议表示慰问。同年，中秘签署《民事和商事司法协助的条约》。

中秘地方政府间交往也呈现可喜局面。地方政府作为次国家政府在国际交往及合作中的作用加强,成为中拉关系的积极参与者和推动力量。在全国对外友协的推动下,缔结友好城市成为中国与拉美国家地方政府搭建的主要合作平台。2007年,中国贸促会倡议召开中拉企业家峰会。每年一届,2007—2014年分别在智利圣地亚哥、中国哈尔滨、哥伦比亚波哥大、中国成都、秘鲁利马、中国杭州、哥斯达黎加圣何塞、中国长沙举行。

(二) 乌马拉执政期间的中秘关系

2011年,秘鲁民族主义党创始人及主席奥扬塔·乌马拉在大选中获胜。执政后,在对外关系方面,秉承以往政府的多元、务实外交理念。秘鲁是太平洋联盟、南美洲国家联盟、安第斯国家共同体、拉美加勒比共同体等重要多边组织的成员国,积极拓展双边自由贸易协议、参与跨太平洋伙伴关系协议(TPP),注重发展与地区内国家的关系,保持与中国的良好关系。

2013年4月乌马拉总统访华期间,习近平主席同乌马拉总统共同宣布将中秘关系提升为全面战略伙伴关系,充分反映出两国政府和领导人对发展中秘关系的高度重视和良好意愿。中秘双方本着相互尊重、互利共赢的原则,积极推进全面战略伙伴关系向前发展。

在此期间,中秘两国保持高层互访的良好态势。2012年3月,全国政协副主席、中共中央统战部部长杜青林访问秘鲁。5月,内蒙古自治区党委书记胡春华访问秘鲁。8月,中国商务部副部长率团对秘鲁进行工作访问,期间代表中国政府与秘方共同签署《中秘经济技术合作协定》以及承担小学校项目和洛阿伊萨医院技术合作项目的两项换文。11月,全国政协副主席阿不来提·阿不都热西提和全国政协副主席张梅颖相继访问秘鲁。2013年2月,秘鲁外长龙卡利奥洛访华。4月,乌马拉总统对中国进行国事访问。5月,秘鲁国会第二副主席埃古伦访华。2014年1月,秘鲁国会主席奥塔罗拉访华。7月,习近平主席在巴西利亚会见乌马拉总统。11月,乌马拉总统来华出席亚太经合组织第二十二次领导人非正式会议并进行工作访问。张德江委员长访问秘鲁。2015年4月,秘鲁第一夫人娜迪内访华。5

月，李克强总理对秘鲁进行正式访问。

乌马拉总统国事访问期间，两国元首就双边关系和共同关心的重大国际和地区问题交换了意见，共同宣布把中秘关系提升到全面战略伙伴关系。双方在两国合作问题上达成共识，都表示要继续推动高层交往，加强政策对话交流，以双边自由贸易协议为依托，充分发挥互补优势，优化贸易结构，扩大贸易规模，加强农业、矿产、基础设施建设、民生工程等领域务实合作，着力推动对双方有利的重大项目。两国还签署了中秘两国政府经济技术合作协定及农业、林业、教育、文化、扶贫、减灾救灾等领域的合作协议。

李克强总理是近20年来首位访问秘鲁的中国总理，此次访问对丰富和深化双边关系具有里程碑意义。访问期间，中秘双方签署了涉及经贸、投资、产能、质检、和平探索和利用外层空间、科学、水利及两洋铁路项目合作等文件，在联合声明中表示将实现新形势下发展战略的对接，继续扩大贸易往来，加强在中国—拉共体论坛和亚太经合组织框架下的交流与合作，拓展产能和装备制造、人文交流、旅游等领域的务实合作。

中秘两国经贸互利合作持续深化。中国成为秘鲁第一大贸易伙伴和第一大出口市场。2013年，双边贸易总额146.2亿美元，同比增长6%，其中中方出口61.9亿美元，进口84.3亿美元，同比分别增长16.1%和下降0.4%。2014年，双边贸易总额143亿美元，其中中方出口61亿美元，进口82亿美元，同比分别下降2%、1.4%和2.5%。2015年，双边贸易总额144.7亿美元，其中中方出口63.5亿美元，进口81.2亿美元。中国在秘鲁实际直接投资额已超过140亿美元，100多家中资企业涉及能矿、金融、通信、电力、物流、教育等多个领域。2015年5月，在秘鲁首都利马举行了中秘首次经济合作战略对话，成为双方加强各领域合作、推进务实合作的新起点。此外，秘鲁自2012年起连续在中国举行投资促进"路演"活动。

中秘人文交流取得重大进展。2015年3月，由中国政府援建的秘中友谊馆交接仪式在利马举行。该馆是中秘两国政府加强文化合作的具体成果，成为两国人民加深相互了解的新平台。12月，中国驻秘鲁大使贾桂德出席中秘产能合作与两洋铁路研讨会，参观秘鲁国家考古人类学历史博物馆展会，视察中国政府援建的秘鲁小学，推动两国人文合作。年底，中国海军"和平方舟"号医院船抵达秘鲁卡亚俄港，对秘鲁进行为期7天的友好访问。期间为秘鲁民众免费提供医疗的人道主义服务。

六　中秘关系的前景展望

秘鲁与我国的友好关系由来已久，经贸关系发展尤为突出。中秘关系发展具有良好基础。首先，中国和秘鲁同为发展中国家，增长与发展是双方的共同治理目标和首要任务；其次，中国和秘鲁在"开放经济""创新""结构性改革"理念上立场趋同。2016年6月5日，"为了变革秘鲁人"党候选人库琴斯基当选2016—2021年秘鲁总统。新政府的政策取向以经济增长为主，兼顾社会发展、公民安全、政府效率和社区工作等方面。9月12—16日，刚宣誓就职的库琴斯基访问中国。库琴斯基选择中国作为首访对象，证明秘鲁新政府将以中国为外交重心之一，同时预示着中国将在秘鲁经济复苏进程中扮演极为重要的角色。从这个角度看，中秘全面战略伙伴关系可以在互利共赢的基础上继续拓展和深化。

其一，要巩固和增强政治互信，这是中秘全面战略伙伴关系深入发展的基本路径。应继续把政治互信作为中秘关系的根本。在多边场合就国际金融体系改革、2015年后发展议程、气候变化等重大问题加强磋商和协调，维护共同利益，达成广泛共识，致力于构建更加公正、合理的国际体系。利用亚太经合组织、中国—拉共体论坛等多边机制，推进中拉之间和亚太国家间合作，营造中秘关系发展的良好宏观环境。

其二，要在积极审慎基础上，推动双边经贸关系发展。考虑到新政府的务实性和两国结构的互补性，双方还有很大的合作空间，可以在现有基础上进一步推动双边经贸关系发展。

一是充分发挥市场手段，推动中秘经贸合作在现有基础上再上一个台阶。秘鲁新政府有发展经济的迫切愿望。根据此状况，要积极推动中国企业，采取市场化方式，积极参与基础设施建设和其他行业发展。在基础设施建设中，将交通、电力等秘鲁发展本国经济亟需改善的基础设施作为重点，尤其是推动中资企业和金融机构积极跟踪横跨巴西、玻利维亚和秘鲁的两洋铁路，将两洋铁路作为装备走出去的重要抓手，在方式上更多采用PPP、BOT等市场方式。在其他行业上，除了传统能矿产业以外，秘鲁新政府关注的农业、旅游等经济部门，教育、医疗等民生关切都可以作为扩展合作的切入点。此外，结合中国的钢铁生产优势与秘鲁的钢铁需求缺口的中秘产能合作，也是实现经贸关系转型升级的要素。

二是发挥好我国的资金优势，积极推动我金融机构进入秘鲁。在推动我金融机构积极支持中资企业在秘鲁开展业务同时，推动与秘鲁金融机构开展多种方式合作，在这个过程中，利用好中秘自贸区优势，积极与秘鲁开展货币互换，积极推动人民币贷款，推动人民币国际化。支持开发性金融机构与政府签署协议，通过市场化方式参与基础设施融资。根据秘鲁新政府的施政纲领，探讨双方共同出资建立资源开发及基础设施合作基金、电信开发基金或油气开发基金等基金的可行性，通过基金运作完成资源开发规划和融资平台建设。

三是全方位、多层次塑造在秘中企新形象，做好风险防控。秘鲁的社区问题是中资企业的困扰。从目前政策取向看，新政府上台后，社区的话语权只会加强而不会减弱。要积极推动企业考虑当地利益，坚持绿色发展、创新发展、惠民发展的理念和实践，同时做好相关风险防控。在政府层面上，通过推进高层对话，完善信息平台，与秘方加强沟通协调等方式，为企业营造更好营商环境；同时利用多种信息技术手段加强国家形象和中企形象正面宣传。在企业层面上，推动预先了解当地法律法规、文化习俗和价值观、环保理念，让企业切实做到在当地遵纪守法的同时，推动企业做好风险评估和预案；推动企业重视针对不同岗位的语言、专业知识、安全、技术等岗前培训；鼓励中方员工与当地社会、本地员工和谐相处，接触、融入当地生活；开放处理矛盾冲突和突发事件,积极接受媒体、社会组织的善意采访,保持交往和沟通渠道的畅通,宣传企业正面形象;鼓励企业利用法律手段解决问题。

其三,要通过多种形式,积极树立中国的国家形象。借中秘建交45周年之机,探讨建立政府间文化交流常规机制,定期交流成果,提升两国在文化领域的务实合作水平;以孔子学院和合作教育机构为基点,发挥媒体正能量,加深秘鲁民众对中华优秀传统文化的了解和认识;开展深度人文交流,多渠道宣传以传统文化为渊源的新时代中国价值理念;进一步便利中秘间人员往来,促进两国人民的相互理解和沟通,加深相互信任和认同,为中秘关系的整体发展构建坚强支柱;帮助华人华侨实现自我价值,发挥好华人华侨在中秘关系发展中的积极桥梁作用。

友谊越重洋　携手谱新章
——纪念中秘建交45周年

陈久长[①]

中国和秘鲁都是世界文明古国，中秘邦交始于清代。1971年中华人民共和国和秘鲁共和国建交，开启了两国关系的新时代。

建交45年来，双边关系稳定发展，两国高层互访逐渐增多，经贸合作不断扩大，科技文化交流和民间往来日益活跃。随着我国改革开放的深入进行，同属发展中国家并面临共同任务的秘鲁重视对华关系，两国关系在各个领域都取得了长足进展。

我于1993年9月至1996年11月出任中国驻秘鲁大使。在这三年中，我经历和见证了两国友好合作关系和两国人民传统友谊的发展历程。

高层交往不断　政治互信增强

中秘建交4年来，在相互尊重，平等友好的基础上，两国的关系取得了长足的进展。中秘两国领导人先后互访。1991年，秘鲁总统

---

① 作者系中国前驻秘鲁大使。

首次访华，1995年，中国总理首次访秘。多年来，两国领导人和政府、议会、司法机构、武装部队、群团组织，以及地方政府等高层官员互访频繁，加深了相互之间的了解和友谊。同时，双方在国际和地区事务中相互协调和配合，中秘关系日益密切。

以国际人权斗争为例，1995年3月和1996年4月，联合国第52届和53届人权大会在日内瓦举行。以美国为首的西方国家在前四次抛出反华提案被击败后，不甘心失败的美国又密谋策划，在后来的人权大会上又一次次挑战中国。

秘鲁是联合国人权委员会的成员国。1995年人权会上，秘鲁政府出于坚持独立自主原则和对华友好，一改过去对美国反华提案采取的"弃权"态度，投票支持中国。秘鲁在南美国家中独树一帜引起了美国的强烈不满。下届大会抛出反华提案能否取得秘鲁的支持，就成了美国和欧盟极力争取的一个重点目标。

鉴此，1996年新年伊始，我们便密切关注形势的发展，并加紧做好同秘鲁相关部门的沟通工作，争取秘鲁再次投票支持我国。通过约见、拜会，阐明我国在人权问题上的原则立场和方针政策，介绍我国在人权事业方面取得的成绩和进步，争取同情和支持。从各方的反应来看，秘鲁各级官员的态度都是积极的。他们均称：秘方坚持独立自主和不干涉原则，重视秘中友好。出席联合国人权会议的秘鲁代表团团长说，美国也经常对秘鲁的人权问题说三道四。美国总想当世界的主人，对别国的内部事务横加干涉。比如，美国对拉美国家的反毒斗争任意"评分定级"，这是不能接受的。

3月27日，我国国务委员兼国务院秘书长对秘鲁进行友好访问。在双方会谈中谈及两国在人权领域合作的问题时，秘方领导人表示：秘鲁的对外政策基于两条重要原则：一是尊重国家主权；二是反对干涉别国内政。秘鲁作为主权国家，不接受损害和干涉别国内政的行为。目前秘中关系日益发展，秘鲁反对任何国家利用人权问题干涉中国内政。

第二天下午，我欣喜地获悉来自日内瓦的消息：在人权会上就中国代表团提出的对美国反华提案"不采取行动"动议的程序性表决中，秘鲁投票"支持中国"。中国以27票支持、20票反对、6票弃权而大获全胜。

双边贸易扩大　经济合作发展

早在1971年11月，秘鲁动力和矿业部长率团访华，双方签订了经济技术合作协定。根据该协定，中国向秘鲁提供经援贷款1700万英镑，主要用于打井和提供打井、抽水设备。1972年8月，我外贸部部长率团访秘，双方签订了贸易协定。1976年，两国在北京签署合同，确定我国购买秘鲁的铜、锌、铅和鱼粉，秘鲁购买我国的大米、石蜡等产品。1977年，双方在北京签订了为期三年的贸易协定。1985年7月，我国政府特使、国务委员出席秘总统就职典礼时，赠送100台手扶拖拉机。1986年6月，秘鲁部长会议主席访华，双方达成中国以10万吨大米换购秘鲁5万吨鱼粉的协议，并签订了中国援助秘鲁打80眼机井，提供224套抽水设备的合同。还签有中方帮助秘鲁修建一座年产3万吨水泥的小立窑水泥厂、4000公顷水利灌溉工程和兴建医疗卫生站等协议。1988年11月，我经贸部部长率团访秘，签订了两国政府经济技术合作基础协定。

1990年9月，我国外交部部长访秘，签订了中国向秘鲁提供630万美元长期无息贷款协定，用于帮助秘方建设成套项目、提供单项设备和技术援助。1991年4月，秘鲁总统访华时，签订了中国向秘鲁提供1000万美元长期无息贷款协定，并赠予秘鲁价值200万元人民币的3200台家用多功能电动缝纫机。1992年12月，中国首都钢铁公司以1.18亿美元，购买了秘鲁国营铁矿公司98.4%的股份和长期开发利用矿区内所有矿产资源的权利。1994年6月，秘鲁总统访华时，双方签订了关于鼓励和相互保护投资协议。

秘鲁是中国在拉美地区的重要经济合作伙伴之一。20世纪90年代初期，秘鲁政府推行石油私有化政策。在中国，随着改革开放的深入发展，我国石油天然气总公司率先走出国门，在拉美地区从秘鲁起步，逐步向其他国家扩展，为合作双方特别是当地经济发展做出了积极贡献。

文化交流频繁　传统友谊日深

1988年1月，秘鲁外交部长访华，两国签订了政府间科学技术合作基础协定。1990年7月，双方举行中秘科技合作混合委员会首次会议，商定了第一个双边科技合作项目计划。合作内容涉及水产养殖、农村保健、生物技术、制药、新材料、沙化区治理、农村工业、农业机械、化工、核能利用、蔬菜和植物保护、鱼加工和综合利用等项目。

1991年5月，中国国家科委副主任率科技代表团访秘。1992年7月，秘鲁国家科委主任率团回访，考察了解常规能源、生物技术、沙化区治理、微电子等多方面的情况。1995年12月，两国举行第二次科技混委会会议，商定了第二个科技合作项目计划。1996年2月，中国科学院考察团访秘，对高原地区进行了实地考察。

文化交流更加活跃。1986年11月，中国驻秘鲁大使和秘鲁外交部长代表两国政府签署了文化合作协定。此后，双方代表在北京和利马多次签署文化交流年度执行计划。

1978年以来，中国新闻代表团、中国拉丁美洲友好协会代表团、中国教育代表团、中国文化代表团、中国社会科学院代表团等先后访秘。秘鲁方面，有秘中文化协会代表团、新闻代表团、记者协会会长、教育代表团等团组和相关人士先后访问了中国。

中国访问秘鲁的艺术团组有：中央歌舞团、东方歌舞团考察小组、重庆杂技团、上海歌舞团、中国民族艺术团、扬州木偶剧团、中国民间歌舞团、中国武术团和中国气功团等。秘鲁方面，有国家交响乐团指挥访华，并指挥中国中央芭蕾舞团交响乐队举办音乐会。还有青年小提琴手参加了中国举办的1986年国际小提琴比赛。

两国互办文化艺术展多次。中方在秘鲁举办的展览有：中国艺展、中国陶瓷展、中国美术画展、中国工艺品展等。秘方有多个画家的油画作品和秘鲁出土文物在华展出。

轰动秘鲁的"中国五千年文明展",于1995年6月在利马国家博物馆隆重举行,展期两个月。该展较全面、系统、集中地介绍了中国五千年历史发展中最具代表性的优秀文化艺术成果,是当时中国在世界各地举办的文化展中规模较大的一次。

"中国五千年文明展"开幕式,于6月1日在利马市中心的秘鲁国家博物馆分两场举行。中午一场共有500多名宾客出席,其中有秘鲁教育部长、卫生部长、全国文化委员会主任、国家博物馆馆长、国会议长、国家检察院总检察长,以及秘鲁各友好组织代表和各界友好人士。还有一些外国驻秘大使和国际组织驻秘官员。中国对外文化交流协会副会长、前文化部副部长专程率团来利马与会。

开幕式在序幕厅举行。主席台以大型长城壁毯为背景,中秘两国国旗分立两旁。随着贵宾们进入大厅,一长串鞭炮声开道,秘鲁全国性华侨组织中华通惠总局的瑞狮队入场,在热闹的锣鼓声中,四只栩栩如生的雄狮进行了活灵活现的表演。

正式仪式从军乐队高奏中秘两国国歌开始,随即中国对外文化交流协会副会长和秘鲁教育部长先后致词、剪彩。众多精美的展品和编钟的现场演示打动了观众,人们纷纷在展品旁照相留念。

同日,在夜幕降临之际,举行了"文明展"的第二场开幕式。这一场观众更多,且绝大多数是华侨、华人、华裔和利马的普通民众。

"中国五千年文明展"占地面积达3000平方米,展出了13大类1670件展品。除序幕厅外,第一展厅是"古代建筑艺术厅"。厅内陈列着万里长城雕塑和多座中国历代著名建筑物模型;

第二展厅是"古代文化厅"。展品有被誉为"世界八大奇迹"之一的秦兵马俑、秦铜马车(仿制品);

第三展厅是"现代艺术厅"。人们在这里可以观赏绚丽多姿的挂屏、屏风、雕刻、刺绣和各种艺术吊挂;

最后一个展厅是"现代陶瓷厅"。这里有玲珑剔透的中国陶器、

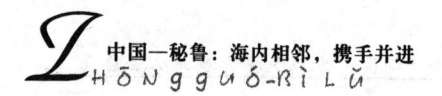

瓷器、漆器、玉器和景泰蓝等工艺美术精品。

"中国五千年文明展",在秘鲁掀起了一场罕见的"中国热"。据不完全统计,两个月中,观众总数为116000人次,平均每天1900人次。为配合"文明展",秘鲁电视11台还举办"中国电视月",连续播放了20部中国故事片和纪录片。

秘鲁各对华友好团体、友好人士和华侨、华裔组织围绕"文明展",开展了各式各样、丰富多彩的介绍中国的活动。秘鲁青年组织玻利瓦尔志愿队,在国家博物馆举行"第十一届秘中青年友好周",身着中国民族服装的男女青年热情地接待来宾,能容纳500人的大厅座无虚席。

秘中文化协会在展览现场主办中医义诊活动。从7月初起,每星期二、四、六、日下午,由四位中医师轮流值班义诊。每逢义诊时间,诊室外便排起了长龙。

"中国五千年文明展"在秘鲁人民心中留下了美好的印象和深刻的记忆。中国是什么?有的说,中国是一个"神奇的世界"、一个"智慧的王国"、一个"人类文化的摇篮"!有的说,"文明展"反映出"中国的奇迹""东方的魅力"。有的说,"中国的成就是世界的财富、人类的骄傲"。秘鲁国家文化委员会主任评称:"这是秘鲁历史上第一次举办如此高质量和如此精美的展览!"国家博物馆的工作人员称赞:"中国'文明展'给博物馆带来了生气,以前从未这么热闹过!"

迈入新世纪　迎来新发展

长江后浪推前浪。随着新世纪的到来,中秘关系全面提升。2001年7月至2011年7月,亚历杭德罗·托莱多总统、阿兰·加西亚总统、乌马拉总统相继执政。三位总统都对中国进行了国事访问,中国领导人也先后访问过秘鲁。通过会谈,两国领导人就进一步加强中秘的交流与合作,促进两国全面合作伙伴关系持续深入发展达成了广泛共识，签署了多项合作协议。十多年来，双方高层互访不断，进出口贸易逐年增加，经济合作领域继续扩大，科技文化交流成果累累，在国际事务中密切磋商、相互支持与配合。三位秘鲁总统为发展中秘关系作出了重大贡献。

2016年7月，在大选中获胜的库琴斯基接任秘鲁总统。令人欣喜的是，库琴斯基总统在就职仅两个月后，于9月12日至16日对中国进行了国事访问。这是他上任后的首次出访。他在与习近平主席会谈时说，他首次出访选择中国是因为秘鲁人民钦佩中国坚持独立自主发展道路，通过自己的努力成为世界第二大经济体、最大工业国和国际事务中的重要国家。同时，今年也正值秘中建交45周年纪念。通过会谈，两国元首都赞同从战略高度和长远角度看待和发展两国关系，共同推动两国全面战略伙伴关系迈上新台阶。会谈后，两国元首还见证了文化、新闻等双边合作文件的签署。可以说，一个中秘关系更大发展的春天已经来临！

中国和秘鲁中期关系发展的前景
(2016—2021)

[秘鲁] 卡洛斯·阿基诺①

【内容提要】

中国和秘鲁关系越来越好主要反映在2010年签署自由贸易协定以来贸易和投资额不断增长以及2013年双方一致同意成为全面战略伙伴上。第一，分析秘中两国关系的比较优势；第二，突出分析贸易经济关系发展过程；第三，分析中国企业对秘鲁投资影响；第四，分析现行自由贸易协定对两国经济贸易关系的冲击；第五，结论。

关于中秘关系比较优势，作者认为，一国的比较优势是指他生产（出口）的商品利用比其他国家还低的成本或资源的一种能力。是该国拥有财富多少的反映，也是经济发展，工业发展程度的反映，还是生产商品效率的反映。秘鲁向中国出口主要是原材料，从中国购买的多数是工业制成品，这就反映了两国各自具有的比较优势。

此后，作者通过一系列图表说明秘鲁各种传统原料产品出口在世界贸易中所占数量、金额和比重。然后又介绍了秘鲁向中国出口以及从中国进口的产品数量、金额和比重情况。强调2015年以来，中国经济作为世界发动机作用发生了变化。从过去向世界出口大量制成品

---

① 卡洛斯·阿基诺，秘鲁著名亚洲经济专家。目前为秘鲁国立圣马尔科斯大学经济学院教授，任该校经济研究所所长，秘鲁外交学院特聘教授。

进口大批原材料变成现在鼓励并提高国内消费,大量进口外国,包括秘鲁在内的那些经过附加值提升的产品的国家。所以,作者认为秘鲁应该利用这种机遇把自己非传统出口商品,如水果、蔬菜,甚至各种罐头、红酒等投入到中国市场。然而秘鲁在这方面做得显然不够。2010年10月,中秘两国签署了自由贸易协定。到2014年,中国在秘鲁的拉斯班帕斯矿投资了60亿美元。从此两国贸易反倾销的争执缓解。

文章介绍,秘鲁从1990年开始对外就实行开放政策,大幅度降低了关税,使进口大幅提升和引进了大量外国投资。秘鲁政府还采取了公共部门私有化措施。在此期间,也吸引了中国的一些公司和企业购买并投资秘鲁厂矿企业。也就是在此后,秘鲁的矿产品及鱼粉等产品开始大量出口到中国。还有一个因素是前不久,几乎各类原材料出口价格2003—2006年在国际上普遍上涨。应该承认这种上涨也是中国经济和市场开放等因素带给秘鲁的机遇。当各种原料出口价格自2012年开始下降的时候,也由于中国经济开始调结构而减速造成的这种情况。此后对秘鲁经济的确造成了影响。当然与秘鲁产品结构调整没有及时跟上有关系。

关于中国企业在秘鲁投资遇到的问题,作者主要列举了几个情况,归纳起来是关于中国矿业企业与当地土著民众领地、生物多样物种平衡遭打破、工会涨薪之类的纠纷。

据2015年年底秘鲁Proinversion机构的统计看,中国对秘鲁投资呈如下特点:中国在所有外国国营企业投资榜上排在第17位。却在矿业领域的直接投资占全国总额的75%。在金融领域的投资占全国总额的24%。在全国商业领域的投资总额仅占0.2%。中国在矿业领域的投资排在全国的第一位,总投资额达190多亿美元,占全国总投资额(560亿美元)的32%。中国还在秘鲁水力发电、石油天然气开采、鱼粉业均有可观的投资和经营参与。

文章结论认为,秘鲁和中国贸易的确反映了两国间的比较优势。并使中国成为秘鲁最大贸易伙伴、最大进出口目的地。原材料价格上涨大幅提高了向中国销售商品的价格,而这些产品价格自2012年开始下跌，却也使秘鲁出口值下降，矿业出口量增加（主要指铜和铁）。中国对秘鲁投资可观的增长主要是中国对自然资源的需求旺盛，才使得中国成为秘鲁矿业和能源以及鱼粉生产部门最大投资者，但中国的投资均来自国有企业。两国自由贸易协定生效六年来，如果说秘鲁向中国出口值大幅提升，也就表现在矿业和能源产品价格上涨和数量增加上，不同于原料产品的出口，其他商品却增加得很少，比如水果，它在这方面还受到中国政府卫生检疫许可发放延迟的限制。

（蔡维泉[①] 编译）

[①] 蔡维泉，中国前驻阿根廷大使馆政务参赞，前驻多米尼加商务代表处代表。

Perspectivas de la relación entre China y el Perú a mediano plazo (2016 - 2021)

Carlos Aquino

China es el socio comercial más importante del Perú, el mayor inversor en el sector minero y de hidrocarburos, con el cual el Perú tiene un Tratado de Libre Comercio. Todo indica que esta relación se fortalecerá, teniendo en cuenta además la relación histórica de larga data que existe entre ambos.

En el mediano plazo hay una gran posibilidad de avanzar en la relación China - Perú, mediante el fortalecimiento de los vínculos económicos y la cimentación de un intercambio con más beneficios para ambas partes. Del 2016 al 2021 es un periodo interesante, pues el año 2021 será el bicentenario de la independencia del Perú y el 50° aniversario del establecimiento de relaciones diplomáticas entre Perú y la República Popular China.

En el presente artículo, en primer lugar se hace una revisión del estado actual de la relación económica Perú China; en segundo lugar, un análisis de lo que podría mejorarse en esta relación; a continuación, un examen de los mecanismos para lograr esto; y, por último, se darán algunas conclusiones.

A) Estado actual de la relación económica y tareas para una profundización de la cooperación estratégica integral entre China y Perú

En la actualidad, China es el mayor socio comercial del Perú; aproximadamente un quinto del total de lo que el Perú exporta e importa es con China. Según datos de la "Memoria 2015", publicación del Banco Central de Reserva del Perú, Cuadro 20, el 21.5% de lo que el Perú exportó al mundo y el 22.5% de lo que el Perú importó del mundo en el año 2015 fue con China.

Este comercio ha crecido en forma sostenida desde la década pasada, pues, por ejemplo, el 2003 se exportó a China solo 696 millones de dólares, pero el monto exportado aumentó a 2267 millones de dólares el 2006, gracias principalmente a que los precios de las materias primas, que es lo que el Perú sobre todo exporta a China, empezaron a subir en forma continua desde ese año 2003. Por ejemplo, el precio del cobre subió desde un promedio de US 72.6 cts./lb en el 2003 y alcanzo un pico de US 385.3 cts./lb en el 2011, el del hierro sube desde US 15.9 por Tm en el 2003 a US 111.3 por Tm en el 2011. El cobre y el hierro son dos de los principales productos que el Perú exporta a China, junto con la harina de pescado. De esta forma, en el año 2012 el Perú llegó a exportar a China un monto de 7841 millones de dólares, el máximo alcanzado hasta este momento.

Como ya se ha mencionado, lo que el Perú exporta a China es, en su mayoría, materias primas. En el 2015, como se puede apreciar en el Cuadro 1, de los 7332 millones de dólares exportados a China, unos 6989 millones de dólares, lo que equivale a un 95.3% del total, fueron productos tradicionales, esto es, materias primas, y entre estos, los productos mineros constituyeron los más importantes. El cobre, el plomo, el zinc y el hierro fueron los principales productos mineros exportados el 2015.

Justamente, el hecho de exportar ante todo materias primas a China e importar de ahí manufacturas define lo que es un comercio asimétrico, y es algo que debe cambiar. Los precios de las materias primas, los minerales en especial, empezaron a bajar desde el 2012 en adelante, y esto ha afectado el monto que el Perú exporta. El precio del cobre cayó hasta un promedio de US 211.7 cts. /lb, el 2015, y el del hierro bajó hasta un precio promedio de US 30.1 por Tm el mismo año (un tercio del precio al que se cotizaba en el 2011)[1].

El Perú debería vender a China productos con mayor valoragregado. Para lograrlo, se requerirá que se empiece a industrializar las materias primas que se exportan. Esta idea también significa exportar productos distintos a las materias primas. En los últimos años, las exportaciones a China de productos agropecuarios han aumentado, como las frutas, por ejemplo. Así, las exportaciones de esos productos pasaron de 61 millones de dólares en el 2013 a 103 millones de dólares en el 2015, como se ve en el Cuadro 1. Destaca el caso de la uva, que es el principal producto agrícola que se exporta a China, y cuyas ventas pasaron de 46 millones de dólares a 85 millones de dólares del 2013 al 2105[2].

En el tema de la inversión, en 1992 se produjo la primera inversión de China en el Perú, la de Shougang Corporation, que compró la compañía Hierro Perú. Es la única mina de hierro del Perú. En 1994 China National Petroleum Company compró algunos lotes petrolíferos en el norte del Perú, en Talara, de la compañía estatal Petroperú. Pero es desde la segunda mitad de la década pasada que las compañías mineras chinas empezaron a invertir en mayores montos.

---

[1] Según datos del Anexo 13, de la "Memoria 2015", publicación del Banco Central de Reserva del Perú.

[2] Según datos del Cuadro en la página 8 del "Reporte de Comercio Bilateral Perú - China", diciembre del 2015, Ministerio de Comercio Exterior y Turismo.

中国—秘鲁：海内相邻，携手并进

Cuadro 1: Comercio entre Perú y China, 2013 al 2015, en millones de dólares, y variaciones en %

Sector	2013	2014	Var 2014/2013	2014	2015	Var 2015/2014
Exportaciones (FOB)	7354.0	7042.6	-4.2%	7 042.6	7 332.8	4.1%
Tradicional	6987.8	6569.9	-6.0%	6 569.9	6 989.2	6.4%
Minero	6032.5	5848.5	-3.1%	5 848.5	6 019.2	2.9%
Cobre	4472.1	4369.8	-2.3%	4 369.8	4 458.7	2.0%
Plomo	382.1	421.6	10.3%	421.6	662.3	57.1%
Zinc	305.4	396.4	29.8%	396.4	535.1	35.0%
Hierro	855.8	614.8	-28.2%	614.8	329.4	-46.4%
Metales Menores	4.5	31.7	609.6%	31.7	21.6	-31.9%
Oro	12.8	14.2	11.1%	14.2	12.1	-14.9%
Petróleo y gas natural	58.1	0.1	-99.9%	0.1	58.6	-
Petróleo, derivados	58.1	0.1	-99.9%	0.1	58.6	-
Pesquero	892.7	715.9	-19.8%	715.9	893.1	24.7%
Harina de Pescado	865.5	688.3	-20.5%	688.3	873.2	26.9%
Aceite de Pescado	27.1	27.6	1.8%	27.6	19.9	-28.1%
Agrícola	4.5	5.4	20.1%	5.4	18.4	239.8%
Café	-	-	-	-	0.0	-
Algodón	-	0.0	-	0.0	-	-100.0%
Resto	4.5	5.4	19.4%	5.4	18.3	241.3%
No Tradicional	366.2	472.8	29.1%	472.8	343.5	-27.3%
Pesquero	163.6	230.7	41.0%	230.7	137.8	-40.3%
Agropecuario	61.4	110.1	79.4%	110.1	103.7	-5.8%
Maderas y papeles	55.5	66.2	19.3%	66.2	56.2	-15.2%
Textil	23.4	29.9	27.7%	29.9	22.0	-26.2%
Químico	32.3	23.7	-26.6%	23.7	10.1	-57.4%
Pieles y cueros	4.1	4.2	2.8%	4.2	8.1	91.5%
Sidero-metalúrgico	20.9	6.0	-71.4%	6.0	3.4	-43.1%
Minería no metálica	0.2	0.5	96.1%	0.5	1.1	133.8%
Metal-mecánico	4.5	1.4	-69.2%	1.4	0.9	-33.2%
Varios (incluye joyería)	0.3	0.1	-54.5%	0.1	0.1	10.6%
Artesanías	-	0.0	-	0.0	0.0	-
Importaciones (CIF)	8413.1	8918.0	6.0%	8918.0	8660.8	-2.9%
Bienes de Consumo	2 569.3	2 569.8	0.0%	2 569.8	2 490.6	-3.1%
Materias Primas y Productos Intermedios	1 968.6	2 260.5	14.8%	2 260.5	2 207.8	-2.3%
Bienes de Capital y Materiales de Construcción	3 874.7	4 086.8	5.5%	4 086.8	3 961.8	-3.1%
Diversos	0.5	1.0	111.9%	1.0	0.7	-31.0%
Saldo Comercial (X-M)	-1 059.1	-1 875.4	-77.1%	-1 875.4	-1 328.1	29.2%
Intercambio Comercial (X+M)	15767.1	15960.7	1.2%	15960.7	15993.6	0.2%

Fuente: Tomado del "Reporte de Comercio Bilateral Perú – China, diciembre del 2015, Ministerio de Comercio Exterior y Turismo, página 5.

http://consultasenlinea.mincetur.gob.pe/Rep_ Comer_ Bilat/index. html.

Los proyectos emblemáticos y más importantes son el de Toromocho y Las Bambas, de empresas chinas; en el primer caso, de Aluminum Corporation of China (CHINALCO) y, en el segundo caso, de MMG's (Minerals and Metals Group), cuyo mayor accionista es China Minmetals Corporation (CMC). Estos dos proyectos implican inversiones muy grandes; la primera, Toromocho, por un total de 5000 millones de dólares, y la segunda, Las Bambas, por un total de 10000 millones de dólares. Según el Ministerio de Energía y Minas del Perú, en su Reporte de Marzo del 2016 titulado "Cartera Estimada de Proyectos Mineros", de un total de 58346 millones de dólares de inversión en el sector minero, las empresas chinas aportarían un 32.9% del total, o unos 19189 millones de dólares, cifra que convierte a China en el principal inversor extranjero en el Perú en ese sector.

La inversión minera china está concentrada fundamentalmente en el sector minero, de petróleo y gas, y también hay una empresa china en el sector de producción de harina de pescado. Como podemos observar, estos son sectores de recursos naturales, recursos que China necesita para satisfacer la demanda de su industria (los minerales, petróleo y gas), y de alimentación del ganado o para el uso en la acuicultura (la harina de pescado). Hay una tarea pendiente para atraer inversión china a otros sectores de la economía, como el del agro, la infraestructura física, o la industria manufacturera. Otro sector es del turismo; a pesar de que muchos turistas chinos viajan al extranjero, más de 100 millones al año, solo unos miles de ellos vienen al Perú.

B) Oportunidades y retos de la profundización de relaciones económicas bilaterales en el proceso de transformaciones estructurales económicas de China y el Perú

Ahora, en la coyuntura actual ¿cómo se puede profundizar la cooperación integral entre China y el Perú? China atraviesa en la actualidad una etapa que se denomina la nueva normalidad. El motor del crecimiento de la economía china ya no lo constituyen las exportaciones y la inversión en manufactura, sino el consumo interno y los servicios. La economía china está en un proceso de transformaciones estructurales, en un proceso de urbanización creciente, que presenta oportunidades para el Perú ya que hay nuevas necesidades de los consumidores chinos, en particular, de una creciente clase media con cada vez mayor poder adquisitivo.

Lo antes señalado está claramente delineado en el 13.° Plan Quinquenal de Desarrollo de China que cubre el periodo del 2016 al 2020. Este Plan busca doblar el tamaño de la economía china al 2020, desde el nivel del 2010, con un crecimiento promedio de 6.5% durante esos cinco años; tener una mayor población urbana al 2020 de un 60% del total; y aumentar el peso del sector servicios a un 56% del tamaño de su economía al 2020.

De esta forma, con el aumento del nivel de ingreso, del poder adquisitivo de los habitantes chinos, la demanda por alimentos, como frutas, vino aumentará. La demanda por pisos parquet o pisos de madera también crecerá por la enorme construcción de viviendas en marcha. Esos son productos que, por ejemplo, el Perú podría vender a China pues ya los produce (aunque a menor escala aún). El asunto es preparar una oferta exportable a China basada en el conocimiento en particular de los gustos de los consumidores chinos y las condiciones del mercado de esos productos.

Por lo tanto, en el presente contexto global de precios menores de las materias primas, donde el boom de los precios altos ya es cosa del pasado, y con las nuevas características de la demanda interna, del mayor consumo interno de China, el Perú tiene nuevas oportunidades y retos.

De cara a este escenario, y como ya se dijo anteriormente, el Perú necesita industrializar sus materias primas, darles mayor valor agregado. En este tema, hay dos hechos que pueden ayudar a que eso se haga realidad. Por un lado, el Presidente chino Xi Jinping manifestó, durante el Primer Foro de la Comunidad de Estados Latinoamericanos y Caribeños (CELAC) – China, que se realizó en Beijing en enero del 2015, que China busca colaborar con el desarrollo de la región de Latinoamérica[3].

De igual manera, el año pasado, durante la visita a Latinoamérica del Primer Ministro Li Keqiang, se anunció que China había establecido tres fondos para el financiamiento de la industria y la infraestructura de la región, "El mayor de los fondos, el Fondo China – LAC de Inversión para la Cooperación Industrial cuenta con 20,000 millones de USD"[4].

Por otro lado, más recientemente, el Presidente peruano Pedro Pablo Kuczynski, quien asumió la conducción del país el 28 de julio del 2016, anunció que en su visita a China a mediados de septiembre, que será su primer viaje oficial al extranjero, buscará el apoyo de China para industrializar las materias primas que el Perú exporta. Dijo que pedirá el apoyo de inversionistas chinos para establecer plantas de fundición de metales, de cobre por ejemplo, para darle mayor valor agregado a los productos que el Perú exporta[5].

El Perú es un país que mantiene una relación de Asociación Estratégica Integral con China y además tiene un Tratado de Libre Comercio con ese país. De esta forma, existen los mecanismos que

---

[3] Ver Diario Universal online: "En reunión China Celac se acordó un plan quinquenal de cooperación" http://www.eluniversal.com/noticias/politica/reunion-china-celac-acordo-plan-quinquenal-cooperacion_ 70031.

[4] Ver Dialogo Chino: "China aumenta préstamos a Latinoamérica" http://dialogochino.net/china-aumenta-prestamos-a-america-latina/?lang=es (accedido el 16 de febrero del 2016).

[5] Ver Telesur online: "Primera visita oficial de PPK será en septiembre a China" http://www.telesurtv.net/news/Primera-visita-oficial-de-PPK-sera-en-septiembre-a-China-20160727-0046.html.

deberían ser aprovechados para poder avanzar en el tema de la industrialización de las materias primas. De concretarse este objetivo, ambos países podrían obtener un beneficio mutuo. Perú saldría beneficiado al poder producir bienes con más valor agregado, creando al mismo tiempo más empleo; y China puede verse también favorecida, en tanto que sus empresas industriales buscan expandirse en el exterior. Además, el Perú ofrece un mercado en crecimiento, aunque, si bien es cierto, la población de 31 millones del Perú no representa un gran mercado, la producción hecha en el Perú puede ser exportada a muchos países con ventajas, ya que el Perú tiene Tratados de Libre Comercio con EE. UU., la Unión Europea, la mayoría de países de Latinoamérica, e incluso con Japón y Corea del Sur.

Ahora bien, el Perú necesita, fundamentalmente, mejorar su infraestructura física y humana para poder industrializarse. Hay una carencia de infraestructura física pues no hay suficientes puertos, aeropuertos, carreteras, vías férreas, para poder transportar los bienes, por citar un caso, del interior del país a las ciudades o para llevarlos al extranjero. En este sentido, por ejemplo, China puede colaborar también.

Un proyecto que está ahora en consideración es la construcción del tren bioceánico que uniría Brasil con el Perú y, a la vez, el Océano Atlántico con el Pacífico. Este proyecto sería de enorme utilidad para el Perú, porque conectaría la Selva del Perú con los Andes y la Costa peruana, lo que haría posible que productos de la selva, de la región del Amazonas, como madera, soya, café, y otros tantos puedan tener un mercado en la ciudades costeras del Perú, donde se concentra la mayor parte de la población peruana, o en la China misma. China tiene un enorme interés en financiar este proyecto y ha presentado el estudio de factibilidad económica para ello a los gobiernos de Perú y Brasil. Es un proyecto que demandaría una enorme inversión con beneficios para todos los países involucrados, Brasil, China y el Perú, pero los desafíos para su construcción son enormes también.

Los principales desafíos son el ambiental, ya que atravesaría una parte de Selva virgen, y el reto es no causar daño al medio ambiente; otro desafío es que en el trayecto habrán comunidades nativas que podrían ser desplazada de su hábitat natural si el trazado de la línea ferroviaria los afecta; pero, quizás, el mayor desafío es la decisión política de llevarlo a cabo, de ponerlo en ejecución. A diferencia de China, los gobiernos centrales y locales tanto de Brasil como del Perú se toman mucho tiempo en desarrollar un proyecto, y a veces hay diferencias entre los distintos niveles de gobierno.

El tema del mejoramiento de la infraestructura humana también es muy importante. Si el Perú quiere tener una mayor industria, producir bienes con mayor valor agregado, necesita contar con más mano de obra calificada, mas técnicos y más profesionales que ayuden a transformar esa materia prima. Este es un campo en el que también China podría colaborar con el Perú pues ha demostrado que desde que emprendió sus reformas económicas en 1979 pasó de exportar productos simples, con poco valor agregado, a exportar productos cada vez más sofisticados, gracias a una mayor oferta de mano de obra calificada y al desarrollo de su ciencia y tecnología. En este aspecto de desarrollo de los recursos humanos, China podría colaborar con el Perú.

Aparte del acuerdo de Asociación Estratégica Integral y del Tratado de Libre Comercio que existe entre el Perú y China, los dos países son miembros del foro de Cooperación Económica Asia Pacífico, APEC, cuyas reuniones se celebran el 2016 en el Perú. En el APEC, existe el mecanismo de Cooperación Económica y Técnica, y es dentro de este marco en el que los dos países podrían trabajar en el desarrollo de los recursos humanos, materia en la que China puede ofrecer su experiencia al Perú.

Otro sector del que también el Perú puede beneficiarse, dado el creciente poder adquisitivo de la población china, es el turismo chino, como ya se comentó. Muchos ciudadanos chinos viajan al extranjero pero pocos llegan al Perú. La razón, aparte de que el Perú sea un destino lejano y tampoco haya vuelos directos, radica en que para los turistas chinos es difícil obtener una visa que les permita visitar el Perú. Lo que debería hacerse, como lo han hecho ya los países de la Alianza del Pacífico como Colombia, México y, últimamente, Argentina, es que Perú conceda la visa a los ciudadanos chinos que ya tienen la visa para ir a EE. UU. o a los países de la Unión Europea.

C) Intercambios entre los pueblos de China y Perú y la profundización de cooperación estratégica entre ambas partes

Un aspecto muy importante para profundizar las relaciones económicas entre los dos países y queestas sean de mayor beneficio recíproco es la necesidad de un conocimiento mutuo más profundo. Es interesante notar que, aunque el Perú y China tienen fuertes lazos históricos, el conocimiento entre los dos pueblos es aún menor. Como se sabe, el Perú fue el primer país en Latinoamérica en recibir en forma masiva inmigrantes chinos desde 1849 en adelante. Se calcula que hasta 1872 llegaron unos 100000 chinos al Perú. Esto ha hecho posible que la comunidad de descendientes chinos en el Perú sea la mayor en Latinoamérica. Se dice incluso que quizás un 5% de los peruanos sean descendientes de chinos. Asimismo, el Perú fue el primer país en la región latinoamericana en establecer relaciones diplomáticas con China, en 1874, con el Imperio Qing de entonces. Por último, en 1971, Perú se convierte en uno de los primeros países en Latinoamérica en establecer relaciones diplomáticas con la República Popular China.

En consecuencia, la tarea es incrementar el entendimiento mutuo entre los dos pueblos. Esto se puede hacer a través de los intercambios culturales, académicos, de estudiantes, políticos, etc. A título de ejemplo, es una iniciativa muy loable por parte del gobierno de China la de declarar este año 2016 como el Año del Intercambio Cultural China y los Países de Latinoamérica. Se está ofreciendo ya una serie de eventos culturales, en China y el Perú para promover la música, el arte y todo tipo de manifestaciones culturales. Delegaciones de ambos países viajan para ofrecer esos eventos.

Un aspecto importante en la tarea de difundir la cultura china en el Perú es la existencia de los Institutos Confucio. En el Perú existen cuatro Institutos en cuatro Universidades, que son instituciones privadas, y se habla de la posibilidad de establecer un Instituto Confucio en una Universidad pública. Estos Institutos se han vuelto muy populares entre los jóvenes peruanos, que van a aprender el idioma y la cultura china ahí. Por otro lado, en China aumenta el número de Institutos de Estudios sobre Latinoamérica en las Universidades, y también el número de Facultades de idioma español[6].

Otra forma de aumentar el intercambio y conocimiento mutuo es a través del intercambio de estudiantes en las Universidades. China ofrece un creciente número de becas para estudiantes peruanos de pregrado y también de posgrado.

D) Conclusiones

Es interesante notar que el Perú inauguró un nuevo gobierno este año para el periodo del 2016 al 2021, en el que el Presidente Pedro Pablo Kuczynski ha manifestado su voluntad de estrechar más las relaciones entre el Perú y China, así como de buscar la cooperación china

---

[6] Estuve invitado del 2 de julio al 15 de julio último en Sichuan para dar Conferencias justamente en dos Universidades que tienen Institutos de Estudios de Latinoamérica, la Universidad de Sichuan, y la Universidad de Ciencia y Tecnología del Sudoeste.

para la industrialización de las materias primas que el Perú exporta, con el propósito de cimentar una relación de mayor beneficio mutuo. Su primer viaje al extranjero será a China, lo que evidencia la enorme importancia que otorga a ese país, nuestro principal socio comercial y el mayor inversor en minería y energía, en la actualidad.

Por otro lado, y como anteriormente se mencionó, en China se inauguró, este año, el 13.° Plan Quinquenal de Desarrollo que cubre el periodo 2016 al 2020. Este Plan, que elevará el nivel de ingreso de los ciudadanos chinos y que tiene como motor del crecimiento económico el consumo interno, presenta enormes oportunidades que el Perú debe aprovechar; y para eso se necesita una mayor industrialización, un mayor conocimiento del mercado chino, dentro de una relación que será de mutuo beneficio para ambos países, mediante la utilización de los instrumentos existentes, como el Tratado de Libre Comercio, la Asociación Estrategia Integral y también el mecanismo de Diálogo Estratégico sobre Cooperación Económica existente.

De esta manera, al contar con los mecanismos existentes y la voluntad política de ambas partes, las posibilidades de incrementar en el mediano plazo las relaciones entre el Perú y China, en un ambiente de mayor beneficio mutuo, son viables.

中国与秘鲁人文交流45年：回顾与展望

冯 春[①]

人文交流是指通过人员交流、文化交流实现不同国家、不同民族、不同文明之间的交流与对话。开展人文交流主要旨在促进交流双方对彼此文化习俗、价值观念、行为方式等的认知和了解，达到消除偏见和误解、增进互信和友谊的目的，最终实现不同国家、不同民族、不同文明的互学互鉴与和谐共生。目前，我国十分重视人文交流，并将其视为与政治对话、经贸合同等重要的、能促进中国与世界各国关系稳定发展的第三大支柱。2015年，李克强总理首次访问秘鲁，将中秘人文交流纳入中秘全面合作的新领域，并出席中国—拉美人文交流研讨会等人文交流活动，在文化、教育等领域签署一系列合作文件。中秘两国的人文交流成为促进两国全面、深入合作的重要渠道和纽带。本文将通过回顾、梳理和展望中秘建交45年来的人文交流的历史、现状与未来以期为加强中秘人文交流提供新的思考。

[①] 作者系西南科技大学拉美研究中心研究员、博士（在读）。

一 中国与秘鲁人文交流的时代背景

自 1971 年中华人民共和国和秘鲁共和国建立以来，两国在人文交流方面交往频繁。45 年来，中国的文学、教育、新闻、体育和艺术等 60 多个团组相继访秘。中国与秘鲁通过部长级会议、论坛研讨、人员交流、举办艺术节和展览等形式，开展了多层次、多渠道的人文交流合作，有力增进了中国和秘鲁对彼此文化的了解、尊重和欣赏，为中秘关系发展奠定了坚实的基础。早在 1982 年，两国就签署了《关于中秘互免对方持外交护照者签证的换文》；1986 年，两国签署文化合作协定，将文化确定为双方重点合作领域；1997 年 11 月，两国签署《人才交流与合作协定》；2003 年，两国政府又签署了《关于公民相互往来的协定》；国务院于 2004 年批准开放秘鲁为中国公民组团出境旅游目的地；2005，两国签署《关于中国旅游团队赴秘鲁旅游实施方案的谅解备忘录》；2005 年，中秘两国签署《关于支持在秘鲁合作建设孔子学院的谅解备忘录》。到 2010 年中国已在秘鲁建立了四所孔子学院。孔子学院推广汉语和传播中国文化，打造中国"文化名片"，加强了双方互信，形成了辐射效应，已经成为中国和秘鲁教育交流的重要平台和特色品牌。2011 年，中国和秘鲁签署一项体育合作协议和一项谅解备忘录。

自 2013 年中秘建立全面战略伙伴关系以来，两国政治互信不断深化，各领域合作成果丰硕，传统友好关系更加牢固，中秘人文交流成为两国实现全面政治互信和战略互信的重要支柱。2015 年，李克强总理在秘鲁出席中拉文明互鉴系列活动时说中国与秘鲁有文化的相似性，就像"老乡"一样。李克强总理高度肯定和总结了两国在历史和文化上渊源，更为两国的民间友谊结下了深厚的情意。2016 年，秘鲁在中拉文化交流年的框架下举办了丰富多彩的文化活动，包括秘鲁民族舞蹈演出、秘鲁美食节、绘画展等等。中拉文化交流年的相关活动为积极推进中秘两国文明交流互鉴和中秘人文交流开启了新篇章。

秘鲁总统佩德罗·巴勃罗·库琴斯库刚上任就宣布,选择中国作为首次出访的目的地。2016年9月12日至16日,库琴斯库对中国进行国事访问。访问期间,两国元首就"中华人民共和国和秘鲁共和国关于深化全面战略伙伴关系"发表联合声明,一致认为双方将共同办好中秘建交45周年系列庆祝活动,并以此为契机,不断扩大双方在文化、教育、科技、卫生、救灾、体育等人文领域交流与合作,进一步增进两国人民传统友谊。双方愿进一步加强文明交流互鉴,积极推进在对方国家设立文化中心,并继续共同办好2016中拉文化交流年相关活动;中方赞赏秘方为不断提高两国人员往来便利化水平所做出的努力。双方将继续共同努力,进一步提高两国人员往来便利化水平[①]。联合声明显示出中秘两国元首对中秘人文交流的重视,并为两国共同加强中秘人文交流提供了政治支持。

二 中国与秘鲁的文化合作与交流

中国与秘鲁在音乐、舞蹈、美术、摄影、图书、书法、文学、新闻、出版、图书馆、博物馆乃至广义文化的很多方面如服饰文化、建筑文化、饮食文化、养生文化等等,都开展了交流。双方的文化交流,目前多以官方层面为主,民间层面的交流正在逐渐增加。

中秘在2004年共同签署了《中国政府和秘鲁政府2004—2006年文化交流执行计划》(以下简称《计划》),以加强和落实中秘两国在文化领域各方面的交流与合作。《计划》本着进一步发展和加强中秘两国间业已存在的友好关系及促进两国人民相互了解的愿望,就双方在音乐、戏剧、舞蹈、民间艺术以及视觉艺术、电影、文学、博物

---

① 《中华人民共和国和秘鲁共和国关于深化全面战略伙伴关系的联合声明》(全文),中央政府门户网站,http://www.gov.cn/xinwen/2016-09/14/content_5108092.htm,2016-09-14。

馆、保护现存文化遗产、图书馆学、档案和体育等方面的具体合作交流措施作出了详细解释①。

（一）文艺演出传递友好情谊

近年来，不少中国文艺团体相继访问秘鲁并为秘鲁观众带去了极具中国文化特色的歌舞、音乐、杂技等演出，比如，中央民族歌舞团、上海歌舞团、广州歌舞剧院、广西民族歌舞团、天津歌舞剧院、沈阳杂技团、南京杂技团、昆明杂技团、成都杂技团、内蒙古杂技团、"文化中国·四海同春"艺术团等。

2005 年，中央民族歌舞团首次在拉美国家开展了全面介绍我国民族文化和民族工作成就的大型文化活动，也是中秘两国建交以来我国在秘鲁举办众多展览演出活动中规格最高的一次。秘鲁当地主流媒体给予了罕见的关注。国家电视台、《秘鲁人报》、《商报》以及拉丁频率电视台、泛美电视台、环球电视台和国家电台等媒体都做了大量报道和专题节目采访②。

2015 年，"2015 欢乐春节·彩蝶女乐秘鲁巡演"从利马市政剧院演到秘鲁北部城市皮乌拉，为边陲民众献上了一场江南丝竹盛宴。这是皮乌拉自 1532 年建城以来迎来的第一个国际知名演艺团体。白河铜业公司特意组织两辆大巴将 100 多名社区代表请来观看演出。他们中很多人是平生第一次走出山区，第一次坐上大巴，第一次走进剧场观看演出。皮乌拉民众对中资企业的热情友好与精诚合作精神交口称赞。

2016 年，秘鲁中华通惠总局在秘鲁举行了"秘鲁中华通惠总局热烈庆祝中华人民共和国成立 67 周年、秘鲁中华通惠总局成立 130 周年、中秘建交 45 周年大会"。中秘两国知名人士、相关领导、各

---

① 《中国代表团访问秘鲁 两国签署文化交流合作协定》，新华网。http://news.xinhuanet.com/world/2004-06/23/content_1541635.htm. 2004 年 6 月 23 日。
② 《展现"软实力"，让世界感受中国魅力》，中央民族歌舞团博客。http://blog.sina.com.cn/s/blog_3f2ada6a010007kz.html. 2006-12-20。

国华侨华人社团代表、珠江交响乐团、岭南音乐团、钢琴演奏家元杰、中国绅士三高组合男高音歌唱家，秘鲁华侨华人各界代表1200多人出席庆典活动。

此外，一些中国著名的艺术家和民间艺术团也访问过秘鲁，比如，中央音乐学院教授陈自明，他是中国著名的研究拉美音乐的专家、中国拉丁美洲友好协会理事，前秘鲁驻华大使古铁雷斯亲自为他颁发了"中秘音乐贡献奖"；2011年，中国上海民族乐团著名二胡演奏家马晓晖在秘鲁天主教大学举办"二胡与世界握手"独奏音乐会；2016年，一场由"钧天云和"乐团呈现的中国古琴音乐会在秘鲁首都利马举行，悠扬的琴声尽展中华千年古乐的魅力。

也有一些秘鲁艺术家访问过中国。比如，80年代，秘鲁著名指挥家莫拉尔到中央芭蕾舞团交响乐队，给乐队训练了三个星期，期间开了三场曲目不同的交响音乐会。2013年，秘鲁的著名音乐大师哈维尔·埃切科帕尔在中山公园音乐堂举办专场音乐会，让中国充分领略了秘鲁音律之美。

中秘文艺交流中最具特色的是将中秘两国艺术完美地结合起来的三次演出，第一次是2014年，秘鲁驻华使馆文化处举办的一场中国传统器乐与秘鲁民间音乐结合的视听盛宴；第二次是2015年，秘鲁天主教大学孔子学院和秘鲁天主教大学东方文化研究中心举办的中国传统音乐钢琴演奏会，中国传统民乐皆由秘鲁钢琴演奏家演奏；第三次是2016年，由孔子学院拉美中心为秘鲁艺术家提供资助的中国话剧《乌合之众》。话剧的导演和所有演员都由秘鲁艺术家担任。

（二）文艺展出与交流增进文化理解

中国和秘鲁均拥有灿烂悠久的历史文明，文化资源丰富、文物古迹众多，两国在文化遗产的保护和传承方面具有很强的相似性。中国与秘鲁在文化和艺术领域开展了一系列富有成效的交流合作，尤其自2000年中秘两国政府签署《中华人民共和国和秘鲁共和国政府保护和收复文化财产协定》以及2013年中国国家档案局和秘鲁国家档案馆签署"合作框架协议"以来，两国在馆藏保护、文物修复、打击

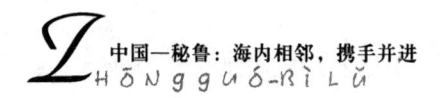

走私以及博物馆管理等领域开展了全方位合作协议,促进了两国在文艺展出领域的合作日益增多。

第一,在文物交流领域,两国开展了一系列有影响力的交流活动。2015年,正在秘鲁访问的李克强总理出席了中国—拉丁美洲文明互鉴系列活动,指出中秘古文化图形的相似性;2013年,中国国家文物局访问了秘鲁文化部,提出将文物展作为传播文化的重要载体,以加深两国民众对彼此历史文化的了解;2016年,中国文物交流中心和秘鲁国家考古人类学历史博物馆在秘鲁开展了"天涯若比邻——华夏瑰宝秘鲁行";2012年,上海文史馆赴秘鲁智利开展文化交流;2015年,中国文化信息协会向秘鲁国家博物馆赠送了由中国五位顶级书法家联袂创作的《和谐中华》书法作品,分别在秘鲁驻华大使馆和秘鲁外交部展览中心展出;2006年,国家博物馆和秘鲁国家文化委员会在北京联合主办了《失落的经典——印加人及其祖先珍宝展》,这是秘鲁在国外举行的最大规模的文物展;2008年,在澳门展出了300多件秘鲁远古时期至印加帝国时期的文物。

第二,摄影展是宣传两国人文风情的重要途径。比如,2004年,秘鲁了举办了"迷你北京"摄影图片展。北京和广州举办了"2012秘鲁文化艺术节"。2012年,秘鲁天主教大学艺术学院在秘鲁展出了中国传统婚礼摄影展。2013年,中国驻秘鲁大使馆在秘鲁主办了"美丽中国"大型主题图片展。2014年"中国北纬30度"图片展在秘鲁利马巡展。2016年,在北京展出了"秘鲁记忆"1890—1950摄影展。

第三,书法展为宣传中国文化添墨加彩。2012年秘鲁政府批准成立了秘鲁书法家协会,这是秘鲁共和国唯一的书法艺术研究及创作、展赛、交流的合法组织,由秘鲁华人书法家及秘鲁本地汉字书法家及汉学家共同组成。2004年,在秘鲁首都利马的国家博物馆举办了题为《从甲骨文到计算机》的中国汉字展。2016年,中国著名书法家周斌到秘鲁天主教大学展示中国书法魅力,推广中国书法文化。同年,上海市书协国际交流委员会在秘鲁开展大字书法展。

（三）新闻出版提升合作内涵

2016年，中国与秘鲁签署了《中国中央电视台与秘鲁国家广播电视台合作协议》。根据协议，中央电视台与秘鲁国家广播电视台将在信息共享、新闻交换、专题合拍、节目版权、技术交流和人员往来等方面开展交流合作。同时，也将协助推动中央电视台西语国际频道、英语新闻频道和中文国际频道在秘鲁落地[①]。这是双方广播、新闻合作的重要形式，标志着中国与秘鲁广播、新闻合作机制的建立。

第一，两国在新闻领域不断开拓合作方式和渠道。在2009年，中国杂志社出版发行了《今日中国》西班牙文版秘鲁专刊，这被誉为中国和拉美文化交流中的一件盛事；2013年，秘中友谊基金会正式发行了《新世界日报》，该报是目前秘鲁华人唯一发行的中西双语日报。

第二，两国在图书出版方面涌现了丰富的合作成果。2007年，秘鲁东方文化学者费尔南·阿莱萨在秘鲁发表题为《中国人移民秘鲁历史有多久》的文章，证实中国人移民秘鲁历史有393年；2010年的诺贝尔文学奖获得者秘鲁作家马里奥·巴尔加斯·略萨的作品被译成中文，在中国出版；2011年，秘鲁天主教大学孔子学院秘方院长、秘鲁华裔鲁文·邓是出版了《秘鲁与中国关系》一书；2013年河北师范大学秘鲁研究中心分别出版了《秘鲁中餐馆历史及食谱》的中文版和西班牙语版；2014年，人民出版社翻译出版了秘鲁前总统阿兰·加西亚·佩雷斯的著作《儒学与全球化》。

第三，两国在图书展览和电影展方面合作成果丰富。2006年，中国福建图书展在秘鲁举行；2013年全球百家华文书店参加了第15届利马国际书展；2003年，秘鲁举办了第八届"中国电影节"；2014年，第三届秘鲁影片在北京塞万提斯学院巡映；2011年，秘鲁举办第12届"中国电影节"；2016年，秘鲁中国电影周在利马开幕。

---

① 《新闻出版广电总局副局长与秘鲁国家广播电视台签署合作协议》，中央政府门户网站。http://www.gov.cn/xinwen/2016-09/22/content_5110907.htm. 2016-09-22。

三 中国与秘鲁的教育合作与交流

中国与秘鲁建交45年来,两国在教育领域的交流与合作蓬勃发展,成效明显。其中,高等院校教育合作成为双方教育交流与合作的主渠道。早在1991年,中国就与秘鲁签署了《中华人民共和国政府与秘鲁共和国政府关于互相承认高等学校的学位和学历证书的协定》,为双边教育交流合作提供了政策上、法律上和机制上的支持和保障。自2013年起,中国政府向秘鲁提供的单方面奖学金名额从10个增至50个,帮助更多秘鲁青年有机会赴华学习交流。中国在秘鲁的教育领域掀起了一股强劲的"中国热"。

第一,在教育推广方面。2010年,中国国际教育交流与合作推介会在秘鲁举行;2015年,"北京教育推介会"在秘鲁举行;2012年,"上海教育展"在秘鲁举行,展会期间还举办了上海秘鲁高等教育论坛。

第二,在高校合作方面。秘鲁与中国高校也开展了许多合作,包括西南科技大学与秘鲁里卡多·帕尔马大学签署合作协议、上海外国语大学与秘鲁天主教大学合作建设孔子学院、河北传媒学院与秘鲁圣·伊格纳西奥·德洛约拉大学签署合作框架协议、中国地质大学(武汉)与秘鲁国立工程大学签署合作协议、华南植物园与秘鲁国立圣马科斯大学签署合作协议、华为公司与秘鲁国立工程大学签署合作框架协议等。

第三,在研究中心合作方面。中国一贯重视在高校中开设区域国别研究。目前,除了已建立了60多个拉美研究中心外,一些高校还与秘鲁高校共同建立了"秘鲁研究中心"或"中国文化中心"。如,2013年,河北师范大学与里卡尔多帕尔马大学合作成立"秘鲁研究中心";2015年,广东外语外贸大学与秘鲁圣佩德罗大学成立了"中国文化中心"。秘鲁也非常重视与中国的关系和有关中国问题的研究。2015年,秘鲁太平洋大学成立了"中国—秘鲁研究中心",主要研究中秘两国的经济问题。

第四，在孔子学院和侨校建设方面。秘鲁的4所孔院和2所侨校为传播中国文化做出了不懈努力。自2009年起，秘鲁逐渐开设了4家孔子学院，除了开展汉语教学、文化活动和展览外，在师资培养方面也做出了巨大的贡献。2015年，秘鲁里卡多·帕尔马大学孔子学院承办了第二届拉美本土汉语教师培训。2016年，秘鲁天主教大学孔子学院承办了第二届秘鲁汉语教师志愿者岗中培训。成立于1924年的拉美第一侨校"秘鲁中华三民联校"和"秘中若望二十三世学校"培养出许多杰出人才，为传播中华文化、增进两国友谊做出了重要贡献。

第五，中秘两国也在职业教育领域开展了校际交流与合作。2010年，湖南中华职教社赴秘鲁，对秘鲁的职业教育、社区群体等问题进行调研。2012年，九江职业大学率团赴秘鲁考察交流，双方就农业技术应用、中文及西班牙语人才培养达成意向性合作协议。

四 中国与秘鲁在科技、医疗、旅游、友好城市等方面的合作与交流

第一，在科技领域，中秘两国自1988年签署科学技术合作基础协定以来，在农业、林业、矿业、水产养殖、中医针灸等领域开展了专家和技术交流。1995年，两国签署"中国国家科学技术委员会和秘鲁国家科学技术理事会科技合作项目计划谅解备忘录"。1990年至今，两国已举行过两次科技混委会。

第二，在医疗领域，自2005年，中国国家中医药管理局与秘鲁卫生部传统医学签署了"合作备忘录"、2008年中国卫生部和秘鲁卫生部签署关于"卫生合作的谅解备忘录"开始，两国在卫生领域的合作日益增加。如，2010年11月，中秘两军在秘鲁举行代号"和平天使—2010"人道主义医疗救援联合作业；2015年，中国海军和平方舟医院船赴秘执行"和谐使命—2015"任务，提供免费医疗与人

道主义服务；2005年，中国第一家经过秘鲁卫生部许可并通过正规审批手续专门销售中国中成药的"国药堂"药店在秘鲁首都利马正式开张营业；2010年，广东海外交流协会组织中医专家赴秘鲁为侨胞义诊；2015年，秘鲁健身气功协会主办了第二届健身气功国际培训班，也是中国健身气功协会第三次派教师到秘鲁。

第三，在旅游交流方面，2002年，中秘两国签署了旅游合作协定，2003年两国政府签署《关于公民相互往来的协定》，2005年两国签署了《关于中国旅游团队赴秘鲁旅游实施方案的谅解备忘》，自2016年9月21日起，中国公民持有效期六个月以上的美国、加拿大、英国及北爱尔兰、澳大利亚或申根签证，或在这些国家和地区有长期居留权的，可免签进入秘鲁进行旅游或商务活动。据悉，秘鲁在2011年接待的中国游客达11896人，增长25%[1]。中秘两国的旅游政策为中秘旅游交流与合作提供了有效的保障。

第四，在青年交流方面，到2015年，"中秘青年友谊周"系列活动已举办了25届。2016年，秘鲁中文教育机构和文化组织联合倡议组成了"中秘青年文化教育发展促进会"，该促进会是非盈利组织，是秘鲁最大的中国文化传播机构，是中秘文化交流、共享、发展的平台。

第五，在友好城市合作方面，2008年，首届中国—秘鲁城市间文化发展论坛在秘鲁首都利马举行；2012年，中国友好城市代表团出访秘鲁，旨在增进秘鲁地方政府对我国城市的了解，促进中秘两国城市间建立友好关系，开展务实合作。1973年到2015年，中国与秘鲁建立了以下友好城市：广州与阿雷基帕、北京与利马、西安与库斯科、山东与拉利伯塔德等[2]。

---

[1] 秘鲁驻华大使：《秘鲁重视中国旅游客源市场》新华网，http://news.xinhuanet.com/world/2012-11/01/c_113576969.htm，2012年11月1日。

[2] 李小林、倪鹏飞、李新玉、王海波：《1973—2015中国城市竞争力专题报告》，《城市竞争力蓝皮书》，社会科学文献出版社2016年版。

五　中国与秘鲁人文交流展望及战略思考

人文交流是提升中秘关系的重要支柱，中国和秘鲁都将提升人文交流置于优先发展的战略地位，双方在加强校际合作、人才培养、学生流动、语言学习、联合科研、饮食、旅游等方面的合作具有相当大的潜力。

第一，建立长期稳定的中秘人文交流机制，官方与民间交流并举，促进人文交流合作长期稳定发展。比如，完善配套政策，投入保障资金，特别是在学生和学者的流动交流方面；加强中秘留学生的学历、学位互认及学校之间的认证；大力开展外语教学、双语教学，促进文化交流和理解；进一步扩大留学生派遣；开发中国—秘鲁人文交流信息网，进一步完善中国与秘鲁在教育、文艺、旅游、科技等方面的信息网络和数据平台；积极开展各种类型的职业技术教育和培训项目，大力促进人力资源能力建设；积极开展校际交流和联合科研，共建实验室和研究机构等。

第二，扩大中秘人文交流活动在地域上的影响力。现有的中秘人文交流主要集中在中秘两国的大城市，特别是两国的首都北京和利马。虽然，在大城市举办人文交流活动有重要的意义和影响力，但却不利于人文交流的传播和推广。因此，需要扩大和加强两国之间更大地理范围内的合作与交流。

第三，加强两国文化产业的合作，促进两国经济的发展。2003年，秘鲁国家文化咨询委员会发表了《秘鲁文化政策纲要》，希望通过文化促进政治、经济和社会的发展。秘鲁政府很关心秘鲁的出口产品、旅游业和文化产业在国外的宣传和推广。目前，秘鲁文化产业达到了47.2亿美元，相当于秘鲁国内生产总值（GDP）的2.7%，预计到2021年，秘鲁的消费可能将增长1700万美元，秘鲁人更倾向于消费文化产品①。秘鲁已拥有文化产品消费市场,也具备文化产品出口的条件和能力。中秘两国可以在文化产业方面加强合作,既能在经济上互利互惠,也能促进两国文化的交融与发展。

第四,探索两国文化的相似性,促进文化间的双向互通。人文交流的核心是文化的双向互通。在人文交流中需要寻找的是国家间的"通"和"同",从而通过文化心理的感染性、自发性和暗示性的特点,达到双向互通的目的。这也符合中国哲学中"上善若水""顺势而为"的理念。早在16世纪中叶,海上丝绸之路为中秘间的友谊架上了桥梁。据统计,秘鲁3100万国民中约十分之一人身上流淌着中国人的血液。历史上,中秘两种文化的相互碰撞,带来了两种文化的交融,文化间的相似性表现在人文历史、习俗、饮食文化、音乐等多个方面。如果能在人文交流中开发和利用这种相似性,可以更有效地培养两国文化的认同感,促进文化间的双向互通。因此,我们可以通过加强对秘鲁社会文化方面的学术研究,定期开展实地调研和互访等活动,与秘鲁学术界建立长期的学术合作,以开发在人文历史、习俗、草药文化、饮食文化、艺术、音乐等方面合作与交流项目。另外,在对外宣传方面,可以考虑将两国文化的相似点做成宣传片进行推广和传播,增进民众对两国文化的认同和喜爱。

中国和秘鲁有着广泛的共同利益。可以通过开拓新的思路、扩大交流领域、举办各式各样的人文交流活动等方式去促进和加深中国与秘鲁之间的友谊。相信在双方的共同努力下,中国与秘鲁的人文交流合作领域将更加宽广,睦邻友好将更加深入人心。中国—秘鲁关系的明天将更加美好!

---

① Ceplan:Industrias culturales alcanzan los US $ 4720 millones en Perú pero es muy pequeño,http://gestion.pe/mercados/industrias-culturales-peru-representan-us-4720-millones-segun-ceplan-2105232,2014-8-10.

中国与秘鲁教育合作与交流回顾、现状与展望

何霖俐[①]

秘鲁地处哥伦比亚南部，智利北部。与中国一样，秘鲁也是一个文化、历史非常悠久的国家。它是印加文明发展的起源地，是华侨最早到达和聚居数量最多的拉美国家之一，是南美洲开展中文教育最早的国家。中秘两国拥有灿烂古老的文明，深厚的文化底蕴为双方教育交流互鉴奠定了坚实的基础。自1971年中华人民共和国和秘鲁共和国正式建立外交关系以来，双边关系长期稳定健康发展，两国通过教育高层互访，签署教育合作与交流协议，发展双边和多边的教育合作与交流等，在教育领域的交流日益频繁。

一　秘鲁教育概况

秘鲁现行教育体制为：学前教育1—2年，小学6年，中学6年，大学4—5年，研究生1—2年。秘鲁拥有约80所私立大学和公立大学，全国著名高等院校大多集中在首都利马。最著名的国立大学是圣马科斯大学（建于1551年），亦是拉美历史最悠久的高等学府。著

---

① 作者系西南科技大学拉美研究中心研究员、博士。

名的私立大学分别是：天主教大学、利马大学、圣马丁·德彼雷斯大学、里卡多·帕尔马大学和太平洋大学。英国《泰晤士高等教育》在2016年7月7日发布了2016年度"拉丁美洲大学排名"，秘鲁天主教神学大学排名第21位。

二 中国与秘鲁教育合作与交流回顾

多年来，在中秘两国的共同努力下，双方教育交流合作成果显著，形成了合作领域宽广、内容丰富、政府主导、民间活跃的交流格局。双边教育交流与合作内容覆盖了高等教育、基础教育、职业教育和语言文化等多个领域；合作主体也包括了各级政府教育部门、各级各类教育机构以及科研机构；合作形式更是涵盖了人员交往、项目合作与机制平台建设等多个方面。

1991年12月13日，《中华人民共和国政府与秘鲁共和国政府关于互相承认高等学校的学位和学历证书的协定》达成协定：双方互相承认对方主管高等教育机构批准或注册的高等学校颁发的学位和学历证书。双方将根据各自国家的有关法律和规定颁发学位和学历证书。

为进一步加强两国间业已存在的友好关系，促进中秘两国人民的相互了解，1997年7月31日，《中华人民共和国政府和秘鲁共和国政府1997—1999年度文化交流计划》中提出"中国政府每年向秘鲁提供四个进修生或研究生奖学金名额。秘鲁政府向中方提供便利，以便中国学生在秘鲁的国立和私立大学里学习和进修获得年度奖学金。中方继续通过中国国家教育委员会派遣一名教师到秘鲁天主教大学开展中国语言、文化和文学的教育。双方鼓励大学教师和学生之间建立校际联系。双方将派教育专业人员和技术人员互访，以便相互了解对方教育现代化的进展情况。双方将鼓励大学教师的互访，通过国立农业大学、国立工程大学和特鲁希略国立大学与相应的中国大学实施研究项目"。

这一系列协议开启了中秘在教育领域合作与发展的新纪元。

三 中国与秘鲁教育合作与交流现状

(一) 高层及代表团互访

中秘建交45年来,两国教育高层一直保持着密切联系,双方互访频繁。2008年1月14日,国家教育部副部长章新胜在西安会见了来华出席"第四次亚太经合组织(APEC)教育部长会议预备会"的秘鲁代表团一行。章副部长与秘鲁教育副部长维克多·拉奥·迪亚斯·查维斯就促进中秘教育交流与合作交换了意见。

2008年11月21日,国家主席胡锦涛对秘鲁进行国事访问,受到秘鲁教育部长何塞·陈的热情迎接。

2013年4月6日,习近平主席与访华的秘鲁总统欧阳塔·乌马拉进行了会谈,共同宣布将两国关系提升为全面战略伙伴关系,中秘关系实现了新跨越。会谈之后,出席了中秘两国政府经济技术协定和农业、林业、教育、文化等领域合作文件的签字仪式。涉及教育领域的合作,为两国教育事业加深交流与合作增添了新的动力。此后,秘鲁总统也同中国教育部长进行了会晤交谈。

2013年8月28日,中国国家留学基金管理委员会代表团一行3人访问秘鲁,与秘外交部、教育部等部门的中国奖学金项目相关负责人举行了会谈,并重点就奖学金选派工作的日程安排、申请程序及责任划分等问题进行了深入讨论。

2015年5月22日至24日,国务院总理李克强对秘鲁进行访问。促进人文交流是李总理此行的一根主线,他出席了"中国—拉丁美洲文明互鉴系列活动",与两国文化界人士进行交流。李总理说,中秘、中拉文明学习互鉴土壤深厚,空间广阔,相互融合会迸发更多创新动力。他并热情地向现场听众回应说,"是的,我们是'老乡'"。

为了加强北京同利马两地学校间的相互了解,为今后开展国际教育交流与合作打下良好的基础,2010年11月13日,北京市教育代表团在秘鲁首都利马举行中国国际教育交流与合作推介会。北京理工大学、中国传媒大学、首都师范大学、北京市第八十中学、北京市第五十五中学和北京市芳草地国际学校的代表分别在推介会上介绍了各自学校的情况。秘鲁当地教育机构官员、当地部分知名学校代表及华侨华人、秘鲁学生和家长近200人参加了推介会。

2012年11月23日，中国上海教育展在秘鲁天主教大学举行，同期还举办了"上海秘鲁高等教育双边论坛"。秘鲁天主教大学副校长埃弗拉因·德奥勒特、上海市教委副主任李瑞阳、中国驻秘鲁大使黄敏慧出席开幕式。

2015年3月，北京市第二十五中学参加了由北京市教委、北京市国际教育交流中心组织的第三届赴秘鲁教育展，此次参展的有北京市教委以及相关直属单位，北京大学等11所高校和北京市汇文中学等中等教育学校8所。秘鲁国会教育委员会主席介绍秘鲁国际交流情况。中国代表团团长介绍北京留学教育概况，指出北京有出色的大学、中学、文化古迹。参展旨在宣传中国高等教育和中等教育学校的发展和成就，传播中华文明及北京悠久的历史文化，扩大北京市教育的国际影响力，使更多秘鲁的青年学生了解中国的高等教育和中等教育，并吸引更多学生来华留学及交流。

2016年2月24日，秘鲁应用科技大学国际事务处处长Josilu L. Carbonel Falcon女士率领师生代表团访问北京航空航天大学。

（二）系列教育协议

2005年6月，中秘签署《关于支持在秘鲁合作建设孔子学院的谅解备忘录》。2007年12月，中国国家汉办与秘鲁利马天主教大学、阿雷基帕大学、皮乌拉大学和里卡多·帕尔玛大学分别签署设立孔子学院的协议。

2013年4月秘鲁总统乌马拉访华期间，中秘两国教育部签订了《中华人民共和国教育部与秘鲁共和国教育部关于教育领域合作的谅解备忘录》。该备忘录对提升两国教育国际化水平，促进中秘有关教育机构开展交流与合作具有重要意义。根据协定，自2014年起，中方向秘鲁提供的全额奖学金数量将从每年10人增加至50人，秘方将向中方提供每年2人的秘鲁政府奖学金。双方保证按各自国家的规定标准为奖学金生免收注册费、学费和住宿费，提供生活费和医疗保险。中方学生的选派工作由中国国家留学基金管理委员会通过中国驻秘鲁大使馆商秘鲁教育部进行，秘方学生的选派工作由秘鲁教育部通过秘鲁驻华大使馆进行。

2016年9月12日至16日中秘发表《中华人民共和国和秘鲁共和国关于深化全面战略伙伴关系的联合声明》，指出要不断扩大双方文化、教育、科技、卫生、救灾、体育等人文领域交流与合作，进一步增进两国人民传统友谊。

（三）学生双向流动

中秘两国政府间签署的奖学金交换协议和中秘教育部签署的教育合作谅解备忘录，推动了两国互派留学生人数越来越多。2012年，秘鲁教育界首次推出教育计划，接受中国留学生前去就读。高中学历，年满18岁，即可申请攻读本科专业。大专以上学历，年满20岁，即可申请攻读硕士学位，无语言基础要求，从零开始学习最纯正的西班牙语。自2013年起，中国政府向秘提供的单方政府奖学金名额大幅度增加，使更多的秘鲁青年有机会赴华深造。此外，两国在农业科技创新及应用、高技术领域、科技人才培训等方面开展的合作卓有成效。这些交流增进了两国人民的相互了解，夯实了两国友好的社会基础。

2014年起，秘方为中方每年提供2名攻读硕士或博士学位的奖学金名额。

2015年，广东省高校在读拉美34个国家的留学生共约990名，其中秘鲁128名，这些学生主要就读于中山大学、暨南大学、华南师范大学、广东外语外贸大学、深圳大学和华南理工大学等19所高校，主要学习汉语、国际经济与贸易、计算机科学与技术、医学类及管理类等专业。全省获2015年度来粤留学生奖学金的拉美国家留学生共18名。

2015年8月20日，中国驻秘鲁大使馆举办秘鲁赴华留学生见面会。驻秘鲁大使贾桂德出席。来自秘鲁多个政府部门和大学的新老留学生代表近30人参加。中国驻秘鲁大使馆文化官员在讲话中表示，教育交流是中秘全面合作的重要组成部分，每年都有越来越多留学生赴华学习，他们学成归国后在秘鲁的方方面面发挥作用。此次有近50名留学生即将赴华，举办这次活动旨在让新老留学生交流在中国留学的经验，同时也促进他们对中华文化的了解和认识。

2016年8月19日，秘鲁圣玛丽亚大学孔子学院举办奖学金申请、中国留学经验交流会，激发孔子学院学生的汉语学习热情、提高汉语学习效率和成功申请奖学金到中国留学。

作为纪念中国和秘鲁建交45周年的纪念活动之一及2016年11月秘鲁利马APEC峰会秘方组织的活动之一，著名环保机构"守望地球"与秘鲁驻华大使馆联合举办了2016年中秘青少年联合科考队远赴亚马逊展开野外科考活动。秘鲁外交部和教育部特别挑选出3名品学兼优的秘鲁高中生，与13名优秀的中国青少年同赴亚马孙上游的秘鲁帕卡亚—萨米利亚国家级自然保护区开展亚马孙生态监测联合科考，以促进中秘两国青少年科学学习交流。

2015年5月6日，中国教育国际交流协会领导在协会会见了秘鲁圣佩罗大学代表团一行。双方围绕目前中秘高等教育交流所面临的机遇和挑战进行了讨论，并就进一步加强交流与合作交换了意见。近年来该协会积极开拓与秘鲁的教育合作交流，与秘鲁高校战略联盟、秘鲁大学校长委员会等组织建立了友好合作关系。

（四）语言教学

随着中秘两国关系和各个领域的交流不断升温，目前在秘鲁兴起了一股学习汉语的热潮。越来越多的秘鲁人愿意了解中国文化，关注中国的发展，学习汉语的人日益增多。

2008年9月25日至10月1日，国家汉办代表团访问秘鲁，双方就与秘鲁天主教大学、圣母玛利亚天主教大学、皮乌拉大学共同合作建设孔子学院进行了商谈并达成相关协议。

2008年11月19日,中国国家主席胡锦涛和秘鲁总统阿兰·加西亚出席了3所孔子学院的授牌仪式,这标志着孔子学院在秘鲁的正式成立。

2010年11月12日,河北师范大学与秘鲁里卡多帕尔马大学达成协议,秘鲁正式成立了第四所孔子学院。目前,在秘鲁的孔子学院都有较好的设施,在软硬件建设方面,各学院分别配备了多媒体教室、办公室,有的还有小型图书馆和礼堂,为学生提供学习、活动场所;各学院均有中方志愿者身份的教师,有的还有中国公派教师和当地教师。使用的教材主要是北京外语教学与研究出版社出版的《今日汉语》西班牙语版,每学期视学生人数开设不同班别。

2013年4月8日,在中国进行国事访问的秘鲁总统欧阳塔·乌马拉·塔索出席了在北京公共外交文化交流中心举行的中国河北师范大学成立秘鲁研究中心签约仪式。

2013年11月28日,秘鲁里卡多·帕尔玛大学汉学研究中心揭牌仪式在大学文化中心举行。汉学研究中心的成立将聚集广大汉学家力量,吸引更多秘鲁朋友走进中国、了解中国,为中秘关系持续发展打下更扎实的根基,为中秘人民的长远友好提供更充足的后劲。

2016年9月8日首届拉美及加勒比地区孔子学院(课堂)口语大赛决赛在智利圣地亚哥如期举行。本次大赛由孔子学院总部/国家汉办、中国国际出版集团主办,孔子学院拉丁美洲中心、《今日中国》杂志社承办。来自7个国家的10名决赛选手经过激烈角逐,来自秘鲁皮乌拉大学孔子学院的陈晓娜成为本届口语大赛的冠军。

(五)高校间教育合作

目前,中国高校开始与秘鲁高校建立合作关系,两国教育领域交流日益频繁。

2009年4月19日,山东省教育厅组团对秘鲁进行考察访问,启动与南美的教育交流与合作。代表团在秘鲁天主教大学访问时,详细考察了孔子学院、影视学院、教育学院，探讨了在孔子学院文化教材、视频与电子课件、远程教育等领域的合作，并向孔子学院赠送孔子画像，提供山东大学硕士研究生奖学金一名。

2010年9月，为落实教育部《扩大教育行动计划（2010—2012年）》的文件精神，中国地质大学（武汉）与秘鲁国立工程大学签署两校合作协议。根据协议，双方将开展教学和研究人员的交流，联合开发矿产资源等方面的合作。

2013年4月8日，河北师范大学秘鲁研究中心正式成立，主要致力于研究和介绍秘鲁的文化、教育、政治和经济。河北师范大学秘鲁研究中心是秘鲁在外国大学成立的第一个研究机构。

2014年7月15日，中国科学院院长白春礼率团访问秘鲁圣马科斯国立大学，并与该校校长佩德罗·科蒂略共同出席了华南植物园—圣马克斯大学生物学研究联合实验室成立仪式。中国科学院自2008年起即与秘鲁圣马科斯大学建立了友好合作往来，此次生物学研究联合实验室的成立是对两个机构既往合作的进一步深化，今后通过这一平台，双方在人员交流和生物调研领域的合作将迈上新台阶。

2014年9月，河北传媒学院、北京第二外国语大学、广东外语外贸大学等派出学生赴秘鲁圣伊格纳西奥德约拉大学实践合作项目。

2014年11月，北京第二外国语大学也成立了秘鲁研究中心。

2016年6月5日至12日，广东药科大学校长郭姣率团先后访问了秘鲁国立圣马尔科斯大学、秘鲁圣马利亚天主教大学，与合作方大学的领导、学者及管理人员就合作研究、教师培养与互访、学生交流、合作办学、传统医药研究等方面进行了广泛交流与探讨，进一步开拓广东药科大学与南美洲高校的相互了解和友好交流。

2016年6月15日，为了积极配合国家人文交流机制，深化学校与拉美高校的交流合作，应秘鲁里卡多·帕尔马大学、秘鲁国立圣马尔科斯大学的邀请，西南科技大学校长陈永灿率团对秘鲁高校及相关机构进行了访问交流。双方就师生交流进修、人才培养、学科建设互动、科研合作、中拉人文交流等领域进行了广泛深入的探讨。陈永灿校长与里卡多·帕尔马大学校长伊万·罗德里格兹·查韦斯博士签署了两校合作协议，开启了西南科技大学与秘鲁高校开展全方位合作交流的新里程碑。

四　中国与秘鲁教育合作与交流展望

20世纪下半叶，在各国经济迅速发展的背景下，信息技术的广泛运用加强了国与国之间的交流与合作，经济全球化已经成为当今世界不可逆转的趋势和主要特征。经济的全球化带来教育的国际化，教育国际化已成为许多国家教育发展的重要战略和普遍共识。随着全球化的演进和扩张，越来越多的学生远赴国外寻求优质高等教育机会，而且流动的程度、频度和广度正呈现加速上升趋势。留学生教育规模的扩大逐渐成为全球高等教育国际化深入发展的内在要求。留学生交流作为高等教育国际化的一个重要指标和表现形式，在国际化人才的培养和本国高等教育的发展中起到了重要的作用。

随着"一带一路"倡议的持续推进，中国与秘鲁操作空间广泛，发展潜力巨大。不断推动中秘关系向深层次、多领域、全方位发展，是新时期中国发展同秘鲁关系的国家战略利益所在。中秘互派留学生、加大教师培养与互访、合作办学既是促进双方增进了解的重要渠道，也是不断发展双边政治和经贸关系的重要需求。中秘双方深入加强教育合作与交流，合力培养共需的精英人才，为开创中秘高校的交流与合作新格局具有重要意义。

然而，根据我国教育部政务办公室统计，2014年，我国赴拉丁美洲留学总人数约600人，规模仍然很小，且国别主要集中在古巴、墨西哥、哥斯达黎加等国家。中国学生（西班牙语、葡萄牙语专业学生除外）赴秘鲁留学的人数较少。因此，结合我国企业"走出去"和"一带一路"倡议，对我国赴秘鲁人才培养结构和布局进行科学分析与规划，对进一步推动中秘全面合作，具有全局性的战略意义和重大现实价值。

2016年是中国拉美文化交流年。同时，亚太经济合作组织领导

中国—秘鲁：海内相邻，携手并进

人峰会（APEC）也于11月在秘鲁举行。中国和秘鲁，虽然远隔重洋，但是双方在教育领域的发展潜力是巨大的，我们有充分的信心，可以预期中秘双方将携手共享发展机遇，互鉴教育成果，将教育领域互利合作推向新的高度，从而推动两国繁荣发展，造福两国人民。

秘鲁作者简介
Las Biografías de los Autores Peruanos

FERNANDO DE TRAZEGNIES GRANDA

FERNANDO DE TRAZEGNIES GRANDA, abogado en ejercicio y profesor principal de la Facultad de Derecho de la Pontificia Universidad Católica del Perú.

Graduado como abogado por la Pontificia Universidad Católica del Perú, con estudios doctorales en Francia, doctor en Derecho por la Pontificia Universidad Católica del Perú y "visiting scholar" en Harvard Law School.

Miembro de Número de la Academia Peruana de Derecho, de la Academia Peruana de la Lengua y de la Academia Nacional de la Historia. Es miembro correspondiente de la Real Academia Española de la Historia, de la Real Academia Española de la Lengua, de la Academia Nacional de la Historia de Argentina, de la Sociedad Chilena de Historia Academia Chilena de la Historia, etc.

En 1994 recibió el Premio Nacional a la Innovación por sus trabajos en el campo del Derecho.

Como profesor, desde hace cuarenta y tres años enseña el curso de Filosofía del Derecho; pero ha tenido a su cargo también los cursos de Historia del Derecho Peruano, Computación para abogados, así como el de Historia del Derecho Civil en la Maestría de Derecho Privado.

Como abogado, ejerce en el área del Derecho Contractual, del Derecho Comercial y muy especialmente en Arbitrajes. Ha sido Presidente de Tribunal Arbitral, miembro de Tribunal y Arbitro Unipersonal en numerosos arbitrajes nacionales; y ha participado en diversos arbitrajes internacionales.

Ha publicado 16 libros, mayormente sobre Derecho e Historia; pero esa cifra incluye también dos libros de cuentos cortos y dos novelas. Ha publicado asimismo más de 200 ensayos en folletos individuales, libros colectivos, revistas, Internet y otros medios.

El Profesor de Trazegnies fue Ministro de Relaciones Exteriores del Perú quien negoció personalmente y luego concluyó el problema de límites con Ecuador que perturbó la relación entre el Perú y ese país durante 170 años, incluyendo varias guerras. Igualmente, como Canciller de la República, negoció y logró el acuerdo con Chile para poner fin a todas las secuelas de la Guerra del Pacífico de 1879, que aún no estaban resueltas.

FABIÁN NOVAK

Abogado, Master en Derecho Internacional Económico y Doctor en Derecho por la Pontificia Universidad Católica del Perú.

Doctor "Honoris Causa" por la Academia Brasilera de Filosofía. Profesor Principal de la Facultad de Derecho de la Pontificia Universidad Católica del Perú, en la especialidad de Derecho Internacional Público y Profesor de la Academia Diplomática del Perú en la misma especialidad.

Director del Instituto de Estudios Internacionales (IDEI) de la Pontificia Universidad Católica del Perú. Árbitro Internacional.

Fue Viceministro de Políticas para la Defensa del Ministerio de Defensa del Perú (2006-2008) y Asesor Jurídico del Ministerio de Relaciones Exteriores del Perú (1996-2001).

Autor de numerosos libros y artículos publicados en español, portugués e inglés, tanto en el Perú como en Europa, en materia de Derecho Internacional, seguridad, política exterior y política internacional, tales como:

Derecho Internacional Público Tomo I: Aspectos generales (2016),

Derecho Internacional Público Tomo II: Estado como sujeto internacional (2016), *Las relaciones entre el Perú y Alemania 1828-2012* (2012), entre otros.

Coautor de libros tales como:

Las relaciones entre el Perú y la Unión Europea,

Las implicancias de China y la Alianza del Pacífico (en edición),

Alianza del Pacífico: Situación, perspectivas y propuestas para su consolidación (2015),

Cooperación en Seguridad entre el Perú y sus vecinos. Amenazas no tradicionales (2014), *Serie Política Exterior Peruana*,

Las relaciones entre el Perú y Bolivia 1826 – 2013 (2013),

As Relaçôes entre Peru e Brasil 1826 – 2012 (2013),

Las relaciones entre el Perú y Brasil: El fortalecimiento de una asociación estratégica (2012),

Perú-Colombia: construcción de una asociación fronteriza (2011), entre otros.

Es autor de artículos como:

"*Las relaciones bilaterales entre el Perú y la República Popular China (2006 – 2016)*", parte del libro *China, América Latina y el Perú: Retos del ferrocarril interoceánico*.

Actualmente es Director del Instituto de Estudios Internacionales (IDEI) de la Pontificia Universidad Católica del Perú, Presidente del Comité Jurídico Interamericano de la OEA y Asociado del Instituto de Droit International.

SANDRA NAMIHAS

Abogada de la Pontificia Universidad Católica del Perú.

Diplomada en *Derecho Internacional* por el Comité Jurídico Interamericano de la Organización de Estados Americanos (Río de Janeiro, 1998), por el Instituto del Canal y Estudios Internacionales de la Universidad de Panamá y la Organización de Estados Americanos (Panamá, 2001).

También diplomadapor la Academia de Derecho Internacional de La Haya (2005), y por la *Defense Planning and Resource Management* por el Centro de Estudios Hemisféricos de Defensa de la Universidad Nacional de Defensa de los EE. UU. (Washington, 2001).

Especialista en *Seguridad y Defensa Nacional* por el Centro de Altos Estudios Nacionales —CAEN— (2007).

Cargos desempeñados:

Ha sido Miembro de la Comisión de Relaciones Exteriores del Colegio de Abogados; Asesora del Viceministro de Políticas para la Defensa del Ministerio de Defensa (2006 - 2008);

Investigadora principal en proyectos sobre política exterior, paz y buena vecindad, amenazas a la seguridad, derecho de los refugiados, derechos humanos, entre otros;

Actualmente es Coordinadora e Investigadora Principal del Instituto de Estudios Internacionales (IDEI) de la Pontificia Universidad Católica del

Perú.

Publicaciones:

Es coautora de libros tales como:

Las relaciones entre el Perú y la Unión Europea,

Las implicancias de China y la Alianza del Pacífico (en edición),

Alianza del Pacífico: Situación, perspectivas y propuestas para su consolidación (2015),

Cooperación en Seguridad entre el Perú y sus vecinos. Amenazas no tradicionales (2014), Serie Política Exterior Peruana,

Las relaciones entre el Perú y Bolivia 1826 – 2013 (2013),

As Relações entre Peru e Brasil 1826 – 2012 (2013),

Las relaciones entre el Perú y Brasil: El fortalecimiento de una asociación estratégica (2012),

Perú-Colombia: construcción de una asociación fronteriza (2011), entre otros.

Es autora de artículos como:

"*Las relaciones bilaterales entre el Perú y la República Popular China (2006 – 2016)*",

Parte del libro *China, América Latina y el Perú: Retos del ferrocarril interoceánico*;

"*Perú-China y la consolidación de su relación en los últimos diez años*",

"*La posición oficial del Perú en torno a las zonas marítimas de la CONVEMAR a partir del diferendo marítimo con Chile*", entre otros.

CARLOS AQUINO RODRÍGUEZ

Profesor de la Universidad Nacional Mayor de San Marcos.
Economista por la Universidad Nacional Mayor de San Marcos.

-Becado por el gobierno japonés para estudios de postgrado de 1985 a 1992.

-Maestría y Doctorado por la Universidad de Kobe, Japón. (Especialidad en Economía Internacional, Economía Asiática).

-Traductor Publico Juramentado del idioma japonés, nombrado por el Ministerio de Relaciones Exteriores del Perú en diciembre de 1993.

-Profesor de la Universidad Nacional Mayor de San Marcos desde 1996.

-Profesor Visitante en la Escuela de Graduados de la Universidad Tohoku Gakuin, Sendai, Japón, de abril a setiembre del 2002.

-Profesor Visitante en la Escuela Internacional de Graduados en Ciencias Sociales de la Universidad Nacional de Yokohama, Japón, de enero a setiembre del 2003.

-Investigador Visitante en la Universidad Nacional Chung Hsing, Taiwán, octubre del 2006.

-Investigador Visitante en la Universidad Tamkang, Taiwán, febrero a agosto del 2012.

-Representante del Perú desde marzo del 2012, y Presidente desde octubre del 2012, en el grupo de expertos del Vision Group del Foro de Cooperación América Latina y Asia del Este, FOCALAE.

-Condecorado por el Gobierno de Japón en Septiembre del 2012.

-Actualmente Director del Instituto de Investigaciones Económicas.

-Profesor en la Academia Diplomática del Perú.

-Presidente Ejecutivo y Socio Fundador, Vixion Consult, Asesoría Empresarial de Alto Nivel.

Ha escrito libros:

"*El Perú y los japoneses*", 1993, *Centro Internacional de Nagoya, Japón* (en idioma japonés).

"*Relaciones Perú-Japón: Diplomacia, Inmigración, Economía y Política*", 1994 (Fundación Matsushita), Lima.

"*Introducción a la Economía Asiática*", 2000, Universidad Nacional Mayor de San Marcos, Lima.

Viaja permanente por Asia.

Ver website: http://carloskobe2005.wix.com/economia-asiatica#!home/mainPage.

MARÍA ISABEL ROSA OSTERLOH MEJIA

- *Estudiante de MBA*
  Universidad Normal de Beijing 北京师范大学 – 2017
- *Bachiller en Comercio Exterior & Marketing Internacional*
  Universidad Inca Garcilaso de la Vega – 2015

EXPERIENCIA PROFESIONAL

02/2012 – 04/2015	**Asistente de Especialista en Economías Asiáticas Carlos Alberto Aquino Rodríguez.** Organización de eventos y conferencias en la Universidad Nacional Mayor de San Marcos (UNMSM) -Asistencia a eventos a embajadas de países como Japón, Corea del Sur, Indonesia, Malasia, Turquía, Taiwán- Corrección de artículos escritos en inglés y español- Diseño y actualización de página web: http://carloskobe2005.wix.com/economia-asiatica.

08/2015 – 10/2015	**Practicante en la Embajada de la República de Indonesia en la sección comercial.** Traducciones de documentos y artículos-Ayuda y asistencia en las reuniones de negocios-Ayuda en la organización de eventos culturales y de negocios llevados a cabo en la embajada.
11/2014 – 07/2015	**Practicante en la Dirección de Migración Laboral del Ministerio de Trabajo y Promoción del Empleo.** Orientar y responder a las preguntas legales del público de manera presencial, por teléfono, o por correo electrónico acerca de los contratos de los trabajadores extranjeros que pertenecen a la comunidad andina de naciones que trabajan en Perú-Consolidar la base de datos estadística en Microsoft Excel-Asistencia a las reuniones sobre temas laborales en la Cancillería peruana-Coordinación y asistencia a las conferencias realizadas por la Dirección de Migración Laboral.

CONFERENCIAS DADAS

13/10/2016	-Relaciones de Comercio e Inversión Perú-India Universidad del Pacífico http://www.up.edu.pe/UP_Landing/simposio-internacional/DIA13.pdf
13/10/2016	-Relaciones Económicas Perú-China China Institute of Contemporary Relations (CICIR) https://www.facebook.com/MariaIsabelOsterloh/posts/10211065259256060?pnref=story

ACTIVIDADES VOLUNTARIAS

06/2015 – Presente | Miembro de la Comunidad de Estudios Chinos-Latinoamericanos (CECLA).
Proyecto para jóvenes investigadores en relaciones China-Latino América.
http://www.cecla.org/es/index.html

01/2014 – Presente | Miembro del Grupo Asia
Función: Ayudar a la difusión de los aspectos económicos, sociales y culturales del Asia Pacífico.
Agrupación de estudiantes dedicada al estudio y difusión de los aspectos económicos, sociales y culturales de los países asiáticos. Pertenece a la Facultad de Ciencias Económicas de la Universidad Nacional Mayor de San Marcos.

CONCURSOS GANADOS

12/2015 | Segundo Lugar en el Concurso de ensayos *"Your Impression of China in 2015"*.
Organizado por China Daily.

07/2015 | Segundo Lugar en el Concurso de Ensayos organizado por la Facultad de Comercio Exterior y Relaciones Internacionales de la Universidad Inca Garcilaso de la Vega.
Tema: Inversión China en el Perú: Impacto del Ferrocarril Bioceánico en nuestra competitividad como país exportador.

08/2014　　　Ganadora del Concurso de Ensayos sobre：¿*Cuáles son los principales desafíos globales que deben enfrentar un funcionario diplomático en el siglo XXI*? -Organizado por la Academia Diplomática del Perú.

07/2011　　　Primer lugar en el Concurso de Plan de Negocios "Exponegocios"：Propuesta de actividad：Exportación de Ropa de bebé en algodón orgánico y algodón Pima.
Organizado por la Universidad Inca Garcilaso de la Vega.

PUBLICACIONES

27/07/2016　　　**Interview：Peru's president-elect needs to tackle poverty, economy, crime**
Agencia de Noticias Xinhua
http：//news. xinhuanet. com/english/2016 - 07/27/c_ 135544978. htm

26/07/2016　　　**Chile y Argentina en el mercado del vino en China**
Boletín mensual del Foro SinoLatam
http：//www. sinolatamforum. com/opiniones_ detalle/0-m151-553/chile-y-argentina-en-el-mercado-del-vino-en-china

31/05/2016　　　*Una China por Descubrir*
Revista China Hoy
http：//www. chinatoday. mx/eco/analys/content/2016 -05/31/content_ 721688. htm

14/05/2016	*Exportaciones Peruanas de Quinua a la India* Revista In Markethttps：//issuu. com/diariodelexportador/docs/revista_ diario_ del_ exportador_ n_ 0/97？e =15015543％2F35649758
12/05/2016	专栏/中日两国在秘鲁投资情况的对比分析（*Comparative analysis of Chinese and Japanese Investment in Peru*） Global Finance Magazine http：//mp. weixin. qq. com/s？_ biz = MjM5NDMyNDIxOA％3D％3D&mid = 2650097294&idx = 1&sn = c7538136f1b3dff218ef7b9febd70724&scene = 0 # wechat_ redirect
31/05/2016	*On path to success with China Daily* China Daily http：//www. chinadaily. com. cn/opinion/2016-05/03/content_ 25029798. htm
21/12/2015	"*China brought me happiness and opportunities in 2015*" China Daily-Sección Opinión-From the Readers-http：//www. chinadaily. com. cn/opinion/2015-12/21/content_ 22763250. htm
11/12/2015	*Competitividad y exportaciones* Diario Gestión-Buzón-Sección Opinión-Página 21
03/12/2015	*TLC Perú-India* Diario Gestión-Buzón-Sección Opinión-Página 21

13/11/2015   *Plan Estratégico Nacional Exportador (PENX) al 2025*
Diario Gestión-Buzón-Sección Opinión-Página 21

02/10/2015   *Competitividad y Acuerdo Transpacífico-TPP*
Diario Gestión-Buzón-Sección Opinión-Página 21

15/06/2015   *Viabilidad del Ferrocarril Bioceánico Perú-Brasil*
Diario Gestión-Buzón-Sección Opinión-Página 27

08/06/2015   *¿Está de acuerdo con que INDECOPI elimine medidas antidumping a prendas chinas?*
Diario Gestión-Vox Pópuli--Sección Opinión-Página 23

05/06/2015   *Exportaciones a China*
Diario Gestión-Buzón-Sección Opinión-Página 21

20/05/2015   *¿Cree que el Perú ya pasó el punto más bajo de crecimiento de la economía?*
Diario Gestión-Vox Pópuli--Sección Opinión-Página 21

12/05/2015   *¿Percibe que los empresarios están como paralizados ante el enfriamiento de la economía?*
Diario Gestión-Vox Pópuli--Sección Opinión-Página 21

HABILIDADES TÉCNICAS

-Competente en Microsoft Office Suite: Excel-Word-Power Point a nivel avanzado.

-Diseño de páginas web.

-Idiomas aprendidos: Ingles (Avanzado) -Italiano (Elemental)

SEMINARIOS Y CONFERENCIAS ASISTIDAS

12/2015 *Mesa Redonda sobre Relaciones China-América Latina.*
Organizada por elInstituto de Investigaciones Económicas de la UNMSM, El Instituto de estudios Políticos Andinos (IEPA) y el Instituto de América Latina de la Academia China de Ciencias Sociales (ILAS-CLASS).

03/2015 **Conferencia**: *Dialogo internacional de responsabilidad social empresarial en medianas, pequeñas y micro empresas.*
Organizado por el Ministerio de Trabajo y Promoción del Empleo.

01/2015 *IV Taller de la responsabilidad social corporativa en las MYPE.*
Organizado por el Ministerio de Trabajo y Promoción del Empleo.

10/2014 **Taller de 30 horas**: *Normas Internacionales de Seguridad Social: Elaboración e Implementación.*
Organizado por The Social Protection European Union Expertise in Development Cooperation-SOCIEUX y el Ministerio de Trabajo y Promoción del Empleo de Perú.

10/2014 **Conferencia**: *El Sistema Virtual del Trabajador Migrante Andino (SIVITMA) en la decisión 545 y la contratación de extranjeros.*
Organizado por el Ministerio de Trabajo y Promoción del Empleo y la Sociedad Nacional de Industrias.

08/2014 **Conferencia**: *Situación Actual de Palestina y el Conflicto en Gaza por el Embajador de Palestina en Perú.*

Organizado por la Facultad de Ciencias Económicas de la UNMSM

06/2014 **Seminario-Taller**: *Hacia un Crecimiento Económico Sostenido de la Economía Peruana Relaciones Económicas Perú-Australia*

Dictado por el Embajador de Australia John M. LWoods.

Organizado por la Facultad de Ciencias Económicas de la UNMSM y la Embajada de Australia en Perú.

06/2012 *VI Feria "Expo Pyme" Alternativas De Financiamiento Para Las Pymes.*

Organizado por la Cámara de Comercio de Lima (CCL) y el Comité de la Pequeña Empresa.

06/2012 **Conferencia**: *Generación de Ofertas para el Comercio Exterior e Inclusión Productiva.*

Organizado por Sierra Exportadora y la Universidad Inca Garcilaso de la Vega.

11/2011 **Seminario-Taller**: *Crisis Económica Internacional y los Efectos en la Economía Peruana.*

Organizado por la Facultad de Ciencias Económicas de la UNMSM

11/2011 **Seminario-Taller**: *India en la Economía Global.*

Organizado por la Facultad de Ciencias Económicas de la UNMSM.

03/2011 *II Foro Internacional: **Corporate Promotion, Investment and Foreign Trade**.*

Organizado por la Cámara de Comercio de New Jersey y la Universidad Inca Garcilaso de la Vega.